MILITANCIAS Y POLÍTICAS JUVENILES

MILITANCIAS Y POLÍTICAS JUVENILES

Involucramientos sociales en contextos provinciales

Graciela Castro
(compiladora)

teseo

Militancias y políticas juveniles: involucramientos sociales en contextos provinciales / Graciela Yolanda Castro … [et al.]; compilado por Graciela Yolanda Castro. – 1a ed. – Ciudad Autónoma de Buenos Aires: Teseo, 2018. 328 p.; 20 x 13 cm.
ISBN 978-987-723-181-6
1.Militancia Política. 2. Juventud. 3. Identidad. I. Castro, Graciela Yolanda II. Castro, Graciela Yolanda, comp.
CDD 323.65
Imagen de tapa: Beschte Photography

Buenos Aires, Argentina
Editorial Teseo
Hecho el depósito que previene la ley 11.723
Para sugerencias o comentarios acerca del contenido de esta obra, escríbanos a: **info@editorialteseo.com**
www.editorialteseo.com

ISBN: 9789877231816

Compaginado desde TeseoPress (www.teseopress.com)

Índice

Nota preliminar

Los/as autores/as de este libro adherimos al uso del lenguaje inclusivo por cuanto consideramos la importancia de reconocer la diversidad de géneros y sexualidades. Sin embargo, cada uno de los/as autores/as ha optado por hacer uso de dicho lenguaje de distinto modo. En algunos textos aparece por medio del uso de barras que distinguen entre femenino y masculino y la mayoría ha preferido emplear tales distinciones al comienzo, con discontinuidades en su desarrollo para evitar reiteraciones que puedan hacer engorrosa la lectura.

Prólogo

Este libro es producto de la investigación denominada "Involucramientos sociales juveniles en la contemporaneidad: construcción de identidades políticas y sindicales en la provincia de San Luis", financiada por el Fondo para la Investigación Científica y Tecnológica (FONCyT) y dirigida por la Dra. Graciela Castro en el periodo 2015-2018. Sin duda, retoma la senda dibujada por los pasos cálidos y luchadores de Graciela Castro. Su marca se nota en el libro, en tanto y en cuanto es escrito a varias manos, manos de jóvenes cercanos, aquellos que se forman juntan a ella. Semillero que Graciela cuida con pasión y rigurosidad.

En primera instancia cabe destacar que este libro viene a cumplir con un objetivo pendiente en la agenda del campo de investigaciones sobre las juventudes argentinas, esto es, el desarrollo de estudios que puedan dar cuenta de las experiencias, vivencias y vicisitudes de la participación política de las juventudes de distintas regiones de nuestro país. En este marco, y en varios pasajes del libro, se evidencian los atravesamientos que opera la cultura política particular de San Luis en la formación de identidades políticas de los jóvenes, sin duda modelada por la omnipresencia de los Rodríguez Saá a lo largo de tantos años de gobierno provincial. En este escenario regional se inscribe y entrecruza el cambio dramático en la dirección de las políticas públicas, al calor de los nuevos aires que azotan a la Argentina luego del triunfo de la alianza neoliberal Cambiemos, transformaciones que han marcado decisivamente el devenir planteado en estas vidas cotidianas de los jóvenes sanluiseños y de todos los argentinos.

Una de las principales fortalezas del libro es el desarrollo de una propuesta metodológica que pone en juego distintas formas de acercamiento al campo, en un arco que tensiona encuestas semiestructuradas con conversaciones informales, pasando por entrevistas individuales y grupales y observaciones en los espacios vitales de los jóvenes. La importancia de estas opciones metodológicas exceden el plano instrumental, ya que permiten caracterizar a los/as jóvenes de carne y hueso que compartieron la travesía, mostrando una vez más que investigar es una experiencia humana que conduce ineludiblemente a una "comprensión situada y encarnada" (Bonvillani, 2018). Con los olores, los colores, los sabores de nuestros espacios, nuestros tiempos y nuestras historias, aquellas que nos hacen ser y que, por ende, merecen ser valoradas.

La estructura del libro se plantea en tres grandes secciones.

La primera, destinada a una suerte de diseño del escenario conceptual, define la posición de los autores en lo referido a las categorías centrales que articulan las preguntas que sirven de nudo argumental al libro.

Así ocurre con la problematización de las "juventudes" como una cuestión de construcción social que, reconociendo al menos dos dimensiones (la autopercepción y las condiciones materiales y simbólicas donde se desarrolla la experiencia), le permite a Yussef Becher, poner en cuestión lo que denomina una "epistemología jurídica" atrapada en el criterio etario. Se trata del ejercicio de una actitud que recorre todo el libro, recogiendo una propuesta formulada en otro espacio: "una invitación a asumir que en todo estudio que se proponga dar cuenta de la 'juventud', se hace necesaria la construcción conceptual de ese objeto de indagación, construcción que incluye una actitud de revisión de las nociones de sentido común que impregnan nuestra cotidianeidad y que nuestra condición de investigadores no nos salva de encarnar" (Bonvillani, 2016: 6).

En este conjunto de textos, se pone en evidencia la necesidad de avanzar en definiciones de la dimensión subjetiva que permitan sustraerla de la condición individualista y esencialista en la que las tradiciones del pensamiento social la han ubicado, para tensionarla productivamente con conceptos y campos problemáticos vinculados con las instituciones y los mundos culturales. En este registro, el trabajo de Graciela Castro nos invita a resituar la familia como ese escenario de producción psicosocial de las subjetividades juveniles, pero procurando en todo momento sortear la tentación normalizante que suele habitar (nos) cuando pensamos en la familia ideal, aquella que mostraba el *Billiken*, en la ilustrativa metáfora propuesta por la autora.

El trabajo de Sandra Arito, Lucrecia Cerini, Mariela Cordero y Analía Rígoli muestra en un registro conceptual lo que las autoras llaman "colonización de las subjetividades", producto de la influencia de los medios de comunicación. Quizá sea este uno de los aspectos más necesitados de exploración en sus cruces con la producción psicosocial de las subjetividades, en la hora actual.

El Estado es la institución modelizante de la subjetividad por antonomasia. De allí que dos de los trabajos ubicados en esta sección se refieran a las políticas públicas. En el caso de Laura Pautassi, su aporte es central para comprender ciertas particularidades de las políticas sociales en América Latina, en sus puntos de inflexión en el "enfoque de derechos". De este texto destaco por un lado la puesta en evidencia del cruce del género y la clase cuando se trata de dar cuenta de las desigualdades en el ingreso al mercado laboral de las mujeres, tratándose de una de las brechas más notables en materia de bienestar en nuestra región. Por otra parte, el señalamiento de la autora respecto de la distancia entre una retórica sobre los derechos y su efectivización en la vida cotidiana de los ciudadanos, se revela como fundamental en esta instancia. En este derrotero, el trabajo de Yussef Becher destinado a brindar un panorama sobre las políticas de juventudes y de género en los escenarios sociales latinoamericanos, opera en complementariedad con el de Laura Pautassi, marcando cómo en los primeros años del presente siglo en Argentina, estas brechas se cerraron al menos parcialmente. Reflexiones más que necesarias en el estado de brutal desconocimiento (y renegación) de los derechos humanos básicos en el momento actual de nuestro país, inaugurado a fines de 2015 por la alianza neoliberal en el gobierno.

Estas dimensiones abren el juego a la discusión conceptual que –puede inferirse– se ha dado el equipo de investigación a lo largo del desarrollo del estudio, a la vez que sitúan el relato que el resto del libro nos propone.

En su segunda sección, se despliegan distintas dimensiones de la experiencia de politización de las juventudes sanluiseñas en los últimos años.

En "Historias cotidianas juveniles", Graciela Castro presenta las dimensiones que permiten analizar las entrevistas que integran el trabajo de campo del estudio en el que se enmarca el libro, lo cual posibilita el despliegue de la cocina de la investigación, la trama de esa relación humana que es ante todo investigar. Estas condiciones materiales y simbólicas que dibujan el cuadro de caracterización de los jóvenes, actúan inscriptas en las significaciones que expresan acerca de la militancia. Resulta destacable la trama que la autora va tejiendo entre las miradas que tienen sobre estas militancias los agentes socializadores relevantes (como la familia y la escuela) en la vida de los jóvenes.

En el capítulo escrito a dos manos por Yussef Becher y Pablo Vommaro, los autores se preguntan por qué y cómo participan los jóvenes, en particular, los de San Luis. A partir del anudamiento de elementos del contexto nacional, provincial, local y la historia singular de los diversos espacios en los que los/as jóvenes despliegan sus vidas, el texto avanza en proponer facilitadores de la militancia (la actividad barrial, el rechazo a la autoridad, etc.), así como aspectos de la militancia que, por el contrario, operan como desincentivos (clientelismo político, corrupción).

En el capítulo de autoría solitaria de Yussef Becher, el foco está puesto en las "identidades en plural", es decir, identidades como posicionamientos fluidos, múltiples y provisorios, construcción conceptual que se constituye en el telón de fondo desde el cual el autor se pregunta por las relaciones de los jóvenes sanluiseños con las participaciones políticas. El texto producido va engarzando testimonios de los jóvenes que muestran cómo las adscripciones identitarias políticas resultan del entrecruzamiento de las experiencias biográficas, las situaciones del presente, algunos rasgos de los soportes organizativos de las agrupaciones político-partidarias en las que participan los jóvenes.

Los aportes de Graciela Castro a esta sección del libro se completan con dos capítulos. En "Espejos en reversa...", se concentra en una categoría altamente productiva: la de "otro generacional", buceando en los modos como los jóvenes estudiantes universitarios representan a otros jóvenes y, en un sentido indirecto, a la práctica política. En ese marco se concluye que, según la encuesta aplicada, los jóvenes identifican a la familia, la educación y los medios de comunicación, como las principales fuentes de producción de representaciones sociales acerca de otros jóvenes y de la participación política, en la medida en que se trata de los espacios en los cuales ellos predominantemente obtienen informaciones al respecto. En la investigación se devela que el clientelismo es una dimensión que interviene en estas construcciones psicosociales y que, por ende, tiñe de manera negativa a los jóvenes que participan en política.

La familia vuelve a develarse como un locus de socialización política relevante en "Recorridos de militancia...", esta vez en el marco de la pregunta abierta por las motivaciones para el ingreso a la práctica política de los jóvenes. Las tensiones intergeneracionales al interior de los partidos políticos en los cuales militan estos jóvenes de la investigación, así como las instancias de formación de cuadros y las identidades políticas se muestran como ejes analíticos que permiten explorar las carreras militantes en juego aquí.

En su sección final, el libro se ocupa de lo que podría denominarse tribulaciones, amenazas y castigos a los que el Estado somete a los jóvenes de San Luis.

En el primer registro de esas acciones-inacciones estatales, se ubica lo que sucede con el acceso a la salud. En el trabajo de Rocío Velazquez, la autora reconstruye algunas impresiones iniciales de su proyecto de investigación en curso, en el cual indaga sobre el acceso a la salud de jóvenes vulnerabilizados de la región. El escenario de restricción de las oportunidades sociales, laborales, educativas viene a situar el acceso a la salud como una dimensión de la precarización existencial de los jóvenes, el cual se ha visto agravado en los últimos años a instancia de la restauración neoliberal, tal como lo enuncia la autora. En este marco, el trabajo muestra las inscripciones subjetivas de las limitaciones cotidianas a la accesibilidad en las prestaciones de salud, a partir de los diálogos construidos con los jóvenes en el trabajo de campo de la investigadora.

Por su parte, Aldana Romano focaliza sobre la problemática de los jóvenes alcanzados por el régimen penal en San Luis, a partir de la reconstrucción de la representación social que construyen los agentes judiciales en la ciudad de Villa Mercedes respecto de ellos. En este marco, la autora concluye que se trata de imágenes preñadas de la idea que vincula a los jóvenes con la improductividad tanto social como económica y que, desde esta percepción de los agentes judiciales, se debe a una falta de interés y un apego al ocio, desconociendo las condiciones sociales de producción de la problemática que vincula a estos jóvenes con el delito.

La experiencia de entrecruzamiento juventudes-Estado que analiza en el texto final de este libro Yussef Becher tiene que ver con planes sociales destinados a jóvenes de San Luis. El trabajo detalla de manera minuciosa los distintos momentos que integran el devenir analizado, mostrando cómo las redes de sociabilidad –tanto las preexistentes como las que emergen del paso por la efectivización de los programas– actúan modulando los efectos de la burocracia que atraviesa su implementación.

Prologar un libro producto de una experiencia de investigación desarrollada en una universidad pública argentina, con financiamiento de una agencia estatal, es siempre un gran aliciente. En este caso lo es de modo especial. Viene a paliar el aciago momento que vivimos en el cual las 57 universidades nacionales de la Argentina están de paro desde hace cuatro semanas, asfixiadas por un recorte presupuestario inédito en los últimos años de la democracia en nuestro país. Paradas. Amenazadas. Pero anidadas, entrelazadas, abrazadas. En pie, en defensa de la educación pública, gratuita, laica y de calidad.

Todos los que participamos de este libro somos hijos de la universidad pública argentina. Ella nos acuna, nos maltrata, nos desafía, pero aun así la sabemos el único camino posible para la inclusión y el desarrollo justo de un país. De modo tal que, si me permiten sus autores, propongo rendirle un homenaje a la universidad pública argentina con esta producción colectiva que muestra los paisajes juveniles del llamado "interior". Es como mirarnos, reconocernos y cuidarnos.

A sus jóvenes, a los que están, a los que vendrán, a los que heredarán el fruto de nuestra lucha y deberán testimoniarlo.

Dra. Andrea Bonvillani
Córdoba, la que resiste y es Reforma (del 18).
Agosto de lucha, 2018.

Bibliografía citada

Bonvillani, A. (2016). Algunas pistas para pensar la "juventud" como categoría analítica en procesos investigativos. *Estudio*, N° 21, pp. 4-15.

Bonvillani, A. (2018). Etnografía colectiva de eventos: la cronotopía paradojal de la Marcha de la Gorra (Córdoba, Argentina). *De Prácticas y discursos*, año 7, N° 9, pp. 161-184.

Introducción

GRACIELA CASTRO Y YUSSEF BECHER

Este libro reúne los resultados producidos en el marco del PICT-2015-2918 "Involucramientos sociales juveniles en la contemporaneidad: construcción de identidades políticas y sindicales en la provincia de San Luis" financiado por el Fondo para la Investigación Científica y Tecnológica (FONCyT) y dirigido por la Dra. Graciela Castro. Sin embargo, vale mencionar, nuestro recorrido por los estudios sociales en culturas juveniles comienza a inicios de este siglo. Por aquellos aciagos años de crisis sociales, que desestructuraron la cotidianidad de los ciudadanos argentinos, hallamos diferentes motivaciones para bucear en los modos de relacionamientos juveniles. Desde los medios de comunicación dominantes las juventudes son estigmatizadas de modo recurrente como las principales autoras de hechos delictivos, carentes de expectativas respecto a su futuro, involucradas en consumos problemáticos, entre otras circunstancias, que las representan como el resabio de una década perdida. Por ello, nuestros estímulos para indagar en las cotidianidades juveniles son deconstruir esas miradas hegemónicas y mostrar que existen otros tipos de ciudadanías y empoderamientos, que muchas veces fueron soterrados por esas representaciones dominantes. En la década de 1990, en lo referido al mundo de la política, algunas consultoras internacionales y cientistas sociales, afirmaron que el colectivo juvenil manifestaba actitudes de desinterés o apatía hacia el activismo político. Tampoco fueron condiciones contextuales las que propiciaron reflexiones diferentes, pues la ausencia de las juventudes en el escenario político –y de políticas sociales que motivaran ciudadanías activas– era evidente en un Estado en donde lo que predominaba era un estrecho matrimonio con el mercado. Las investigaciones de inicios de la década del 2000, entre las cuales se encuentran las que desarrollamos desde nuestro proyecto de investigación en la UNSL, se ocuparon de develar otras modalidades de involucramientos sociales y políticos que se construían por fuera de los espacios instituidos o tradicionales instalados por el imaginario acerca de la actividad política. Diferentes fueron las condiciones materiales y simbólicas presentes en los doce años subsiguientes a los dos primeros de inicios de siglo. Superados, al menos parcialmente, los efectos adversos de la crisis argentina inicia un período de recuperación económica en donde las políticas igualitarias en áreas tales como empleo, educación, vivienda, asistencia, salud, fueron las principales protagonistas. Los indicadores de desarrollo social −tanto los relevados por organismos internacionales de derechos humanos como por consultoras privadas− aseveraron el significativo descenso de la pobreza y la indigencia, tal como muestran los datos de la CEPAL en su informe del Panorama Social en Latinoamérica 2014: el porcentaje de pobreza en 2002 era de 43,9%, mientras la indigencia alcanzaba a 19,3%; en 2014 por su parte, tales porcentajes mostraban 28,0% con relación a la pobreza y 12,0% de la indigencia. De ninguna manera tales datos implican resolver el problema de la desigualdad, pero su disminución pone en evidencia que desde los gobiernos progresistas de la región se implementaron políticas sociales y pleno ejercicio de derechos que posibilitaron a los sectores vulnerables acceder a condiciones que hacían posible una vida digna. Aunque no solo fueron factores favorables en lo económico, pues también comienza un proceso social en donde las políticas de derechos humanos empiezan a configurar un lazo estrecho con los sectores sociales populares postergados durante el periodo neoliberal anterior. Sin dudas, también, esas políticas colocaron como eje central el de la reconstrucción de la memoria colectiva en los reclamos por verdad y justicia por delitos de lesa humanidad cometidos durante la última dictadura cívico-militar (1976-1983). En el 2007 comienza a funcionar la Unidad Fiscal de Coordinación y Seguimiento de las causas por delitos cometidos por la última dictadura con la finalidad de acelerar las investigaciones. En 2013 la titular del Ministerio Público Fiscal, Alejandra Gils Carbó, anunció en el Espacio Memoria y Derechos Humanos la creación de una Procuraduría Especial para Crímenes contra la Humanidad a cuyo cargo fue designado el fiscal general Jorge Auat. Tal organismo implica "la ratificación y el afán de profundizar la política de derechos humanos de la Procuración General".

No fueron menores las acciones estatales dirigidas a incentivar el activismo judicial en esas causas por medio de programas estatales con significativos financiamientos. A partir de ello, las juventudes hallaron en esas políticas públicas estímulos para involucrarse y retornar a los espacios tradicionales de la política. Con sorpresa, los investigadores sociales advertimos ese regreso que encuentra su anclaje en el momento del deceso del expresidente Kirchner. Quienes nos dedicamos al estudio de las culturas juveniles, seguramente, aún recordamos esas postales en donde los jóvenes, con lágrimas rodando por sus mejillas, acompañados de las banderas de sus respectivas agrupaciones políticas –a partir del cual La Cámpora comienza a emerger como un concurrido espacio de politización juvenil– despiden los restos mortales del líder popular latinoamericano. Ese momento marca un clivaje en la construcción socio-estatal de las juventudes contemporáneas por cuanto comienza a advertirse el rol protagónico que adquiere el colectivo en políticas sociales que lo tiene como principal destinatario. A partir de ese momento, y con esas claves contextuales, se produce un reencantamiento con lo público-estatal, resignificando o apelando a nuevas estrategias de participación social y política que, sin embargo, se construyen teniendo como una importante referencia a la generación de los 70.

Es necesario recordar la precuela de la inserción juvenil en la política iniciada –aunque tímidamente– en los momentos de la crisis social, política y económica que vivió el país en 2001. A ello le continuaron acercamientos a partir del gobierno de Néstor Kirchner como así también, desde otra perspectiva ideológica, durante el año 2008 se comenzaron a conformar los agrupamientos de las juventudes alineadas con el partido Propuesta Republicana (PRO).

Reflejado ese escenario nacional, nuestros intereses investigativos, del mismo modo que lo fueron desde un comienzo, se orientaron con la clara intención de visibilizar los involucramientos sociales y juveniles en la provincia de San Luis. Puede parecer reiterativo, pero el panorama científico continúa siendo el mismo: las investigaciones que mayormente se difunden corresponden a Buenos Aires. Entonces, muchos se preguntarán ¿qué sucede con las cotidianidades de las juventudes de provincia? ¿Qué modalidades de activismo juvenil se construyen al interior de esos territorios? ¿Cómo incide el contexto nacional? ¿Qué particularidades introducen los espacios provinciales? De una u otra manera estos fueron los interrogantes –y las motivaciones de nuestras actitudes investigativas– que han estado presentes en estos casi veinte años de estudios sociales sobre culturas juveniles. En ese sentido, nos parece relevante mencionar que en el año 2008 en el marco de una convocatoria de FONCyT obtuvimos un PICTO en el cual nos propusimos relevar, mediante encuestas estructuradas y abiertas, las condiciones sociales de las juventudes sanluiseñas. Aquel fue el primer estudio empírico de tales características desarrollado en nuestra provincia. Ello nos dio la oportunidad de conocer las cartografías sociales del colectivo en torno a la construcción de su condición en las esferas de su cotidianidad referidas al empleo, la educación, la participación social, el involucramiento político, la incorporación de las nuevas tecnologías de la información y la comunicación; y al mismo tiempo, incorporar los aspectos relativos a la cultura política de la provincia de San Luis bajo el liderazgo de dos hermanos, Adolfo y Alberto Rodríguez Saá, quienes gobiernan desde el retorno de la democracia. Ello ha incidido de manera particular en las juventudes actuales por cuanto toda su experiencia vital ha transcurrido bajo la persistencia de esos mismos liderazgos. Quienes nos hemos dedicado a estudiar el tema mencionamos la presencia de factores materiales y simbólicos, ya sea mediante estrategias de dominación que apelan a lo emotivo o clientelismos que acuden a lo simbólico, que han contribuido al sostenimiento y la reproducción de esos liderazgos, en consecuencia, de los principales rasgos de esa cultura política. Los hallazgos relevados en el marco del PICTO fueron publicados en el año 2014 en el libro titulado: *Con voces propias. Miradas juveniles contemporáneas en San Luis*, compilado por Graciela Castro.

Ante una nueva convocatoria de FONCyT, en el año 2015, dando continuidad a nuestras inquietudes de investigación, planteamos la propuesta mencionada al comienzo. El objetivo del proyecto es bucear en las modalidades que asumen los involucramientos sociales y políticos juveniles en la provincia de San Luis, y el papel de las políticas sociales que tengan aquel fin o bien que contribuyan al desarrollo de las juventudes. El grupo que integra el PICT se encuentra conformado por investigadores sociales con diferentes trayectorias disciplinares y recorridos de investigación: la Mg. Sandra Arito, el Mg. Yussef Becher y la Lic. Rocío Velazquez. Asimismo, algunos de ellos se encuentran realizando sus formaciones de posgrado en maestrías y doctorados en temas de juventudes. Desde ya, en esta compilación participan otros investigadores, al igual que en el caso anterior, con diferentes recorridos disciplinares, vinculados al grupo que conforma el proyecto. Ellos son la Dra. Laura Pautassi y el Dr. Pablo Vommaro, quienes realizan sus tareas de investigación en políticas sociales y participación política de los jóvenes, respectivamente.

Luego de obtener el financiamiento, en el año 2016 iniciamos las tareas de investigación, aunque, vale señalar, con la presencia de un escenario social totalmente distinto de aquel que nos congregaba hasta 2015, pues una coalición política de centro derecha, Cambiemos, había obtenido la presidencia. Las mutaciones en las acciones estatales no se hicieron esperar: la quita de retenciones a los sectores concetracionarios del poder económico; la eliminación de restricciones cambiarias en monedas extranjeras que tenían por finalidad, entre otras, reducir la fuga de capitales al extranjero; la devaluación de la moneda nacional; el incremento de la inflación en los precios del mercado de consumo casi por encima del 40% de los del año 2015; el aumento en las tarifas de servicios públicos; el incremento sideral de la deuda externa; el desfinanciamiento de los organismos de ciencia y técnica; la desvalorización del salario ante el desproporcionado aumento y la consecuente inflación; la retracción de las políticas de derechos humanos por delitos de lesa humanidad. Sin dudas, estas claves contextuales van a incidir en las condiciones juveniles, pues es este sector social –tal como muestran los indicadores– el mayormente afectado por las políticas neoliberales. La desocupación entre los jóvenes aumentó en 2016. De acuerdo al informe del Centro de Economía Política Argentina (CEPA), entre el segundo trimestre de 2015 y el cuarto trimestre de 2016, la tasa de desempleo en jóvenes alcanzó el 21,2% llegando a un máximo de 23,63% en el segundo trimestre de 2016. Entre los programas sociales implementados durante el gobierno kirchnerista, es posible señalar que, a partir de la gestión de Cambiemos, diez de tales programas o fueron desactivados o vaciados en su implementación. Ellos son: Conectar Igualdad, Asistir, Progresar, Argentina Sonríe, Centros de Atención Judicial, FiNes, Jóvenes con Más y Mejor Trabajo, Programa de Salud Sexual y Reproductiva, Plan Qunita, Argentina Innovadora 2020.

Por ello, al modificarse el contexto social, tiene sentido preguntarse nuevamente por los involucramientos sociales, y, principalmente, ante el ingreso en la escena pública de unos nuevos actores juveniles: los que comprometen su activismo político en PRO, donde se ubican las raíces de Cambiemos, y en la actual alianza de gobierno. Si bien Propuesta Republica tiene una trayectoria anterior al año 2016, adquiere una nueva significación a partir de aquel año dado que se incorpora un relevante elemento en su conformación: el vínculo con el Estado nacional y las fracciones subnacionales. Al mismo tiempo, ante estas modificaciones en el escenario nacional, el Partido Justicialista provincial comienza a manifestar un discurso progresista al ligarse a fracciones políticas, entre las que se incluye el reciente kirchnerismo opositor, identificadas con esa orientación ideológica. Tales guiños contextuales inciden en los involucramientos juveniles y en la construcción de sus posicionamientos de enunciación políticos, por ello, ineludiblemente deben ser tenidos en cuenta en nuestras lecturas sobre los datos obtenidos.

El libro se encuentra dividido en tres partes. La primera, "Miradas teóricas", aporta herramientas conceptuales para los estudios contemporáneos sobre culturas juveniles. Por otra parte, muestra los enfoques epistemológicos a los que recurrimos para desentrañar las dimensiones de análisis que fueron tenidas en cuenta en nuestro estudio. Sin embargo, no se trata de un catálogo de categorías teóricas –al mejor estilo de los contextos conceptuales de las tesis de grado o posgrado–, sino de reflexiones sobre esas herramientas conceptuales en juego con aspectos contextuales u otras ideas teóricas que han ido emergiendo en esta tarea de investigación, pero que también son producto de recorridos previos en investigaciones sociales sobre juventudes. Los lectores podrán encontrar aportes sobre categorías teóricas tradicionales de las ciencias sociales, en conjunción con las miradas complejas propias de los escenarios contemporáneos, que, al mismo tiempo, muestra la divergente pertinencia disciplinar de sus autores. Por ello, en esta parte del libro pueden identificarse influencias provenientes de la sociología, la antropología, la psicología social y la ciencia jurídica, todo ello, a partir del análisis de aspectos relativos a las juventudes conjugadas con categorías tales como subjetividades, identidades, edades, instituciones, género y sexualidades.

En la segunda parte del libro, denominada "Involucramientos sociales", se ubican los aportes sobre el análisis de los datos provenientes de las estrategias cualitativas a las que acudimos en el proceso de investigación. Precisamente, el primer texto aclara los enfoques metodológicos y describe el modo en que fueron llevadas a cabo las actividades de investigación, en donde se anudan las cotidianidades de quienes investigamos y de los jóvenes que generosamente nos permitieron ingresar en sus rutinas. Los aportes posteriores se introducen en las significaciones y experiencias, enmarcadas en subjetividades e identidades, que las juventudes militantes y las que no se reconocen como tales construyen respecto del mundo de la política. Aparecen imaginarios, sentidos compartidos, posiciones de enunciación, figuras del activismo juvenil, mitos fundantes de los partidos políticos, que nos relatan las estrategias y los recorridos que han ido construyendo los jóvenes en sus modalidades de participación social y política.

Finalmente, la tercera parte, "Políticas e institucionalidad pública", refleja la construcción socio-estatal de las juventudes desde sus propias miradas y las de los agentes involucrados. El Estado, desde una perspectiva posestructuralista, se conforma por un conjunto de dispositivos de poder que configuran las técnicas de gobierno sobre las subjetividades, en donde las fugas, las porosidades, las resistencias subjetivas van a intentar subvertir sus límites. Allí es donde se sitúan las subjetividades juveniles, insertas en políticas e instituciones públicas, que son estudiadas en los textos que integran esta parte del libro. Tal como señalamos anteriormente, esas juventudes y sus vínculos con las políticas públicas nos permiten reflexionar acerca del modo en que pueden aportar a la construcción de involucramientos y empoderamientos sociales.

Desde el equipo de investigación, expresamos nuestro reconocimiento y agradecimiento a los/as jóvenes que generosamente y con amplia predisposición nos permitieron el acercamiento a sus historias personales vinculadas con la *praxis* política y sus involucramientos sociales. Si bien este texto constituye un avance del proyecto –que continúa durante el corriente año–, consideramos de importancia compartir tales avances con investigadores que trabajan temáticas relativas a las juventudes, como así también visibilizar circunstancias de los involucramientos juveniles en una provincia alejada de grandes centros urbanos aunque con potencial y expectativas de desarrollo e inserción para las actuales generaciones juveniles. Asimismo, expresamos el agradecimiento a la Dra. Pautassi y al Dr. Vommaro quienes gentilmente aceptaron nuestra invitación a participar en el presente texto. De igual modo, a la Dra. Bonvillani por su colaboración en el prólogo.

Nuestro reconocimiento a la Universidad Nacional de San Luis, a través de la Secretaría de Ciencia y Tecnología, en particular a la Lic. Clara Divito, a la Lic. Susana Sastre y al Sr. Marcelo Roldán, por el apoyo constante en la resolución de dificultades inherentes al programa FONCyT.

Solo nos queda invitarlos a recorrer estas lecturas que pretenden aportar a los estudios sociales sobre juventudes en los contextos locales, y aguardar los comentarios correspondientes.

I. Miradas teóricas

Familia y jóvenes: influencias en la construcción de la subjetividad[1]

GRACIELA CASTRO

Introducción

Desde pequeños escuchamos, tal vez sin detenernos demasiado, la influencia que tendría la familia en muchas de las acciones que llevamos a cabo a través de nuestras vidas. Los psicólogos la ubican en un papel de importancia y señalan, por ejemplo, que allí es uno de los espacios donde aprendemos a construir las actitudes pero también refieren al rol de las relaciones que se establecen entre padres e hijos, entre otros aspectos de relevancia. Así mismo, desde otras disciplinas científicas se han realizado aportes que convergen en la tematización de la familia en las ciencias sociales.

En esta instancia proponemos realizar una mirada desde una perspectiva socioantropológica. ¿Qué implica ello? En primer lugar, comprender a la familia como una de las instituciones dominantes que podemos hallar en la configuración de la vida en sociedad. Entonces, si partimos de entender que como sujetos humanos nacemos en un mundo que nos preexiste, que no nos cuestionamos la presencia de nuestros congéneres ni tampoco sus vínculos ni los objetos que nos rodean, nos encontramos con aquello que Schütz (1993) refería acerca de la construcción de las relaciones de intersubjetividad. En este punto podemos colocar otro

---

[1] Comentarios preliminares de este texto fueron expuestos por la autora como panelista central invitada en el V Encuentro Nacional de Estudiantes de Derecho realizado en la Universidad Nacional de San Luis, en octubre de 2017.

elemento en el puzle de la existencia humana: el contexto. Estos elementos –por ahora– nos permitirían ir adentrándonos en la relación: familia-juventudes.

Aspectos constitutivos de los ejes

Un camino para acercarnos a los vínculos de las categorías teóricas que mencionamos en el apartado anterior nos puede conducir a la noción de la categoría vida cotidiana, que la definimos como el espacio donde el sujeto construye su identidad social y la subjetividad (Castro, 1999). De modo breve es posible mencionar que en el primero de los conceptos se halla la adscripción social que cada sujeto realiza. ¿Quién aporta a esa adscripción y qué provee? Es allí donde observamos la importancia que adquieren a tal situación las denominadas instituciones dominantes. Dichas instituciones aportan normas, modos de conducirse en la vida en sociedad; funciones que devienen de cada institución y que cada sujeto incorpora como propias y como consecuencia de ser integrante de alguna de aquellas (Castro, 2000). Entre ellas incluimos a la familia, la educación, la religión, la sociedad civil (la política, medios de comunicación, organizaciones sociales). El otro elemento que indicamos –desde nuestra perspectiva teórica para la comprensión de la categoría vida cotidiana– tiene que ver con la subjetividad. Ella está enmarcada en un proyecto social-histórico; tiene que ver con los modos en que el sujeto hace la experiencia de sí mismo, en términos foucaultianos. Según Castoriadis (1993), implica una creación incesante de significaciones del mundo y la sociedad. Este proyecto sobrepasa la intersubjetividad en tanto pone en juego la autonomía psíquica de la persona y la existencia de pluralidades sociales con las normas y valores que son reflejo de cada etapa histórica. En expresión de Guattari "[...] es esencialmente fabricada y modelada en el registro de lo social" (2006: 46). Desde esta perspectiva el peso de las instituciones a través de diversos mecanismos –que van desde lo discursivo, lo social, lo tecnológico, hasta los medios de comunicación y las prácticas políticas– actúan regulando las relaciones interpersonales y las prácticas culturales.

Otro concepto teórico que nos ayuda a comprender los vínculos entre las familias y las juventudes es interpretar que la vida cotidiana de todos los sujetos es un sistema abierto. Ello surge de revisitar la teoría de la complejidad desde la perspectiva prigoginiana e implica que al considerarla como tal está atravesada por variables que provienen tanto de la propia constitución del sujeto como externas a él. Entre esas fuerzas externas que la atraviesan se hallan las instituciones dominantes –aquellas ya descriptas en párrafos anteriores– y dentro de las cuales la familia es una de sus constituyentes. Tales instituciones dominantes, a su vez, se hallan ubicadas en –y por consiguiente, las franquea– el otro concepto que nos ayuda a cerrar esta interpretación: el contexto sociohistórico. Todo ello no solo da vida, sino también introduce cambios, modificaciones y conflictos al sistema abierto que conforma la esfera de la existencia humana.

Si nos detenemos en el contexto sociohistórico argentino desde la segunda mitad del siglo XX hasta la actualidad –aunque ello no implique desconocer las relaciones e influencias que devienen más allá de sus fronteras y así siguiendo con la perspectiva de la complejidad–, es indudable la multiplicidad de hechos y situaciones que trajeron crisis, conflictos y renaceres en la vida en sociedad. Todas y cada una de aquellas situaciones dejaron marcas en las instituciones dominantes que con el tiempo fueron reclamando modificaciones en su constitución, en sus estructuras y en sus prácticas.

Si nos centramos en la familia –por ser el tema de nuestro análisis– ella también recorrió sus avatares que la llevaron en primera instancia a dejar de ser singular a pluralizar su acepción. Desde aquellas imágenes naif que

acompañaron muchas generaciones hasta la heterogeneidad en sus conformaciones actuales, extenso y complejo,
fue su devenir.

En el caso de la familia, atrás quedaron en el recuerdo
aquellas representaciones edulcoradas que mostraban las
imágenes de la inolvidable revista *Billiken*. Muchos de nosotros crecimos en entornos familiares donde, si bien nunca nos faltó una mascota –como para no alterar tanto la
imagen naif–, ambos padres cubrían sus tareas laborales
junto a las que demandaba la vida familiar. Ya en las últimas
décadas la institución fue modificando su constitución y
sus responsabilidades. Nos fuimos encontrando con familias monoparentales, ensambladas y hasta del mismo sexo.
Muchas de ellas debieron enfrentar tiempos de dictadura
donde el miedo y la angustia por la desaparición o exilios
de alguno/a de sus integrantes era una posibilidad cierta.
Luego del encantamiento por la democracia, el neoliberalismo regresó con fuerza y palabras como precarización,
desempleo y pobreza se volvieron una presencia dolorosa
que también alteró el clima familiar. En años posteriores
–bajo otro gobierno– se aprobaron leyes que permitieron
regularizar diversas situaciones de pareja y de género que
también implicaron modificaciones hacia el interior de la
conformación de esa institución dominante que denominamos familia. En el mismo sentido también fueron precisas
modificaciones legales que reconocieran y dieran sustento jurídico a las actuales conformaciones y singularidades
que presentan las familias, tal como puede advertirse en
las situaciones consideradas en la modificación del Código
Civil y Comercial de la Nación, aprobado durante 2015,
que incluye aspectos tales como: uniones convivenciales,
matrimonio, protección de la vivienda, divorcio, adopción,
responsabilidad parental, reproducción asistida, capacidad
de las personas; entre otros aspectos relacionados con las
familias.

La otra categoría que nos ocupa es la de juventudes. No es casualidad que nos refiramos a la categoría en sentido plural. Ello deviene de comprenderla como una categoría sociogeneracional que supera las nociones etarias, incorporando las variables que corresponden a la cultura, la sociedad, la economía, la política y hasta la religión. De allí el sentido de la pluralidad que la enriquece y le otorga dinamismo. Con excepción, en cuanto a la categoría anterior, las juventudes no constituyen una de las instituciones dominantes. Por el contrario, ellas son atravesadas por aquellas que incluimos en los primeros párrafos de este texto. La coincidencia entre la familia y las juventudes radica en la influencia del contexto en la constitución de ambas.

Con posterioridad a la segunda posguerra mundial, se inicia el tiempo de la tematización de las juventudes en las ciencias sociales. Las circunstancias del tiempo sociohistórico y cultural dejaron marcas que con el devenir permitieron ir desarrollando estilos y modalidades que describirían al colectivo sociogeneracional. Si bien con anterioridad a la década de 1960 desde ciertos enfoques disciplinares se acercaban al análisis de los estudios evolutivos de los sujetos, estos aún no colocaban con su propia identidad a las juventudes. Se hallaban condicionados por las edades y también por las clases sociales a las cuales pertenecían los adolescentes, dedicándose en las descripciones a las clases burguesas y urbanas fundamentalmente y casi excluyendo a las rurales y de clases bajas. A esa época corresponde la noción de moratoria social que –en particular en la psicología– tuvo su momento de anclaje. Tal concepto se vinculaba más con sectores urbanos y burgueses a quienes les resultaba apropiado disponer de tiempos o moratorias para ingresar al mundo adulto y al laboral sin que sucediese lo mismo con los sectores desfavorecidos social y económicamente.

En la década de 1960 los teóricos de la escuela de Birmingham –a partir de los estudios culturales– van colocando la mirada en las juventudes desde otras perspectivas, fundamentalmente culturales. De aquellos estudios que colocaron a los jóvenes como constructores de un estilo particular a partir de la música, la ropa, entre otros modos de consumo hasta las últimas décadas, otros enfoques se fueron agregando al estudio de la categoría, la cual condujo a que numerosos investigadores en la temática llegáramos a comprenderla como un colectivo sociogeneracional con sentido plural, tal como lo señalamos en párrafos anteriores.

El transcurrir de la segunda mitad del siglo XX y las décadas que llevamos en el actual van poniendo en evidencia los vínculos entre las juventudes y las variables que provienen del contexto sociohistórico, que nos permite asimilarlas a aquella expresión que utilizamos para referirnos a la familia como un sistema abierto, haciendo propia la expresión de Prigogine para sus estudios acerca de los sistemas físicos.

A partir de aquella noción de sistema abierto, es evidente advertir los últimos cambios que nos dejan los años del siglo pasado y el inicio del presente. Sin lugar a dudas, aquellos que corresponden a la cultura y la vida política han dejado sus huellas en las nuevas constituciones tanto de la familia como de las juventudes. En cuanto a estas últimas, su derrotero no ha sido sin sobresaltos. Desde el momento en que comenzó a visibilizarse –desde el punto de vista social y político– su involucramiento con demasiada frecuencia –desde algunos sectores de la vida en sociedad– se las asoció con una fuerte carga de estigmatización. Así, la adjetivación de *peligrosos*, *revoltosos*, *subversivos* o *violentos* ocupó amplios espacios que tendían a identificarlos en ese sentido otorgando percepciones negativas que llevaban a distorsionar al colectivo sociogeneracional. Junto a estos adjetivos, un latiguillo de diversos discursos fue considerarlos apelando al futuro, mientras el presente muestra que el desempleo entre los jóvenes en Argentina en 2017 llega al 24,6%, superando a la media de la región que indica 16%. El Instituto Nacional de Estadísticas y Censos (INDEC), por su parte, afirma que el 53,3% de desocupados corresponde a la franja entre 14 y 19 años. A estos datos se puede agregar un desagregado que agrava la situación: entre los varones tales índices llegan al 17,2% mientras que entre las mujeres se eleva a 20,1%. Diversos estudios científicos han mostrado que la situación de desempleo condiciona alteraciones no solo económicas, sino también emocionales y sociales. Podríamos agregar, asimismo, que todas aquellas alteraciones también influyen en la construcción de la ciudadanía social y política.

Junto al tema laboral y su incidencia en las juventudes, no podemos desconocer los estereotipos que han condicionado su representación. En particular en el campo de las prácticas políticas. Desde denominarlos *subversivos*, *corruptos* o *choriplaneros* solo han transcurrido momentos históricos, sin embargo es innegable y los estudios –de quienes nos dedicamos al tema de las culturas juveniles– junto a la empiria lo patentizan, las juventudes tienen un amplio protagonismo en el cual evidencian solidez y compromiso en sus argumentaciones que, sin duda, más de un adulto *seudointelectualozo* y presuntuoso podría aprender al menos vicariamente, para incorporar en sus propios discursos.

Parecidos de familia

Si reunimos las dos categorías que nos convocan, la familia y las juventudes, podemos advertir una cantidad importante de analogías que las atraviesan. En primer lugar, ser instancias que se constituyen franqueadas por variables externas a ellas. Entre estas influencias se hallan las que provienen de otras instituciones dominantes que condicionan su conformación. Así, la política, la educación, la religión, los medios de comunicación, entre otras, van influyendo en su constitución y sus maneras de transmitir valores y costumbres. En ocasiones, esa transmisión puede actuar de modo favorable y motivador en los comportamientos, en particular de las juventudes, pero en otras tantas, las experiencias familiares pueden obstruir o cargar de prejuicios los comportamientos, en particular, aquellos que hacen al involucramiento social y político.

Con respecto al tema mencionado en el párrafo anterior, desde nuestro equipo de investigación, tanto en el que corresponde a la UNSL como FONCyT, hemos podido observar la manera en que los comportamientos familiares condicionan no solo la información que, posteriormente, reproducen los jóvenes, sino también en sus involucramientos sociales. Con relación al primer aspecto, y como evidencia obtenida en la tarea investigativa, nos interesó conocer a través de qué instituciones dominantes se informaban los integrantes del colectivo sociogeneracional, específicamente en temas vinculados con situaciones sociales y políticas ocurridas en Argentina en las últimas cinco décadas (Castro, 2016) hallando que prioritariamente ubicaban a la familia como la determinante y en segunda instancia a los medios de comunicación y a la educación. Lo interesante del análisis posterior nos mostró que las informaciones acerca de los hechos sucedidos en el país en el tiempo ya señalado eran condicionantes fundamentales para posteriores actitudes y comportamientos de los jóvenes. De modo tal que, entre aquellos que en preguntas posteriores mostraban una fuerte carga de temores con relación a la participación política, podíamos hallar historias familiares en las cuales el recuerdo de la última dictadura había dejado marcas muy profundas, pero reiterando discursos y expresiones muy habituales en los medios de comunicación de entonces, lo cual tornaba tales argumentos con fuertes dosis de prejuicios y desconocimientos certeros. Una situación similar hallamos en cuanto a la representación social que construían con referencia a sus propios congéneres. Ejemplo de ello podemos hallarlo en expresiones tales como: "los políticos usan a los jóvenes y los corrompen"; "los volvieron choriplaneros y ahora no saben trabajar", etc., etc.

Si regresamos a nuestra interpretación que señalábamos en párrafos anteriores al considerar tanto a la familia como a las juventudes como sistemas abiertos y expuestos a la influencia de variables que exceden a su propia vida interior, es fácil comprender la incidencia de las otras instituciones dominantes, tales como los medios de comunicación y la educación a través de sus organizaciones instituidas, tales como escuelas, colegios y universidades. Ninguna de ellas se construye en una burbuja alejada del contexto sociohistórico. Con relación a los primeros, es indudable –y en especial en la contemporaneidad– el estrecho vínculo entre los sectores hegemónicos y financieros que han influido poderosamente en la tremenda concentración de medios, no solo en Argentina, sino en Latinoamérica y en el mundo entero, transformándose en verdaderos constructores de poder.

Por identificarme como universitaria –por mi trayectoria de décadas en la investigación y la docencia en este ámbito– la preocupación me conduce a interrogarme acerca del conocimiento que estamos construyendo y transmitiendo desde la universidad. Hace algunos años Edgardo Lander (2000) –el destacado epistemólogo venezolano– nos invitaba a preguntarnos "conocimiento para qué", "conocimiento para quién" y su papel en las universidades a las cuales invitaba a superar el sonambulismo intelectual tan típico de esta organización instituida, conservadora en sus orígenes que, como campo social, tiene al conocimiento como su bien esencial.

Ahora bien, al mismo tiempo, desde nuestra experiencia investigativa, hemos podido observar –en otra etapa de la tarea– el modo en que las experiencias familiares han favorecido al involucramiento de las juventudes en espacios de militancia política y social. En este sentido advertimos que –con excepción en jóvenes militantes del PRO– la influencia familiar había jugado un papel de suma importancia para acercar a los jóvenes a la militancia, quienes revalorizan las experiencias de sus padres hallando que en la construcción de los imaginarios políticos, el papel de los progenitores y adultos de su entorno había incidido, aunque fuese de modo vicario, para el acercamiento a la militancia.

Caminos que se entrecruzan

Hasta acá, lo que venimos expresado nos permite no solo poner en evidencia el estrecho vínculo entre la familia y las juventudes, sino también el modo en que el contexto sociohistórico influye en los comportamientos y valores de ambos. Ninguna de ellas ha estado exenta de dicha influencia en su conformación al igual que la vida cotidiana de cada sujeto está expuesta al atravesamiento del contexto, superando meras interpretaciones geográficas y colocando en el debate el papel condicionante que presentan las otras instituciones dominantes. Tales influencias adquieren relevancia si nos detenemos en la incidencia que llevan a la construcción de la noción de ciudadanía, esencial para la vida en sociedad.

Desde nuestra perspectiva, la ciudadanía no concluye en el cumplimiento de los deberes y derechos legales y políticos, sino que adherimos a la noción de ciudadanía desde una concepción social y cultural que conduzca a un empoderamiento social. Es allí donde entendemos la importancia del conocimiento, no como simple sumatoria de informaciones, sino en su potencialidad para formar ciudadanos que cuenten con los necesarios recursos cognitivos y valorativos para la inserción social y política. Al mismo tiempo, con actitudes de responsabilidad hacia su entorno ambiental y sus semejantes, agregándole la necesaria capacidad de sentido crítico y creativo para poder enfrentar la complejidad del mundo contemporáneo y la amenaza de políticas neoliberales que conducen a la destrucción de la equidad social y la dignidad humana.

A partir del recorrido teórico que hemos realizado procuramos mostrar los estrechos vínculos entre la familia, las juventudes y el contexto sociohistórico. Afirmamos en los primeros párrafos que partíamos de considerar a la categoría de vida cotidiana como un eje central en nuestro análisis. De igual modo comentamos que– desde nuestra perspectiva teórica– es en la esfera de la cotidianidad donde el sujeto construye su identidad social y la subjetividad. Esta última implica la posibilidad de elaborar significaciones acerca del mundo y las sociedades. Para ello la recurrencia de artefactos provistos por la propia sociedad resultan esenciales. He allí donde juegan sus juegos las instituciones dominantes y sus recursos para la conformación de la subjetividad. Autonomía o alienación, es el desafío y al cual cada sujeto debe enfrentar bajo los márgenes del contexto que habita.

Bibliografía consultada

Castoriadis, C. (1993). *La institución imaginaria de la sociedad.* Vol. 1 y 2. Buenos Aires: Tusquest.

Castro, G. (1999). La vida cotidiana como categoría de análisis a fin de siglo. Mimeo.

Castro, G. (2000). Cultura política en la cotidianidad de fin de milenio. *Kairos. Revista de temas sociales,* año 4, N° 6, 2.o semestre, ISSN: 1415-9331.

Castro, G. (2016). Influencia de las instituciones dominantes en la construcción de la memoria política contemporánea. Presentación realizada en el panel sobre *Juventudes y política*, realizado en el marco del XII Congreso y V Internacional sobre Democracia. UNR. 2016. Rosario.

Guattari, F.; Rolnik, S. (2006). *Micropolítica. Cartografías del deseo.* Madrid: Traficantes de Sueños.

Heller, A. (1985). *Historia y vida cotidiana. Una aportación a la sociología socialista.* México: Grijalbo.

Heller, A. (1987). *Sociología de la vida cotidiana.* Barcelona: Ediciones Península.

Heller, A. (1994). *La revolución de la vida cotidiana.* Barcelona: Ediciones Península.

Prigogine I.; Stengers, I. (1990). *La nueva alianza. Metamorfosis de la ciencia.* Madrid: Alianza.

Lander, E. (2000). ¿Conocimiento para qué? ¿Conocimiento para quién? Reflexiones sobre la universidad y la geopolítica de los saberes hegemónicos. Disponible en https://bit.ly/2w20TPk.

Realidades sociales y epistemología jurídica: edades y juventudes

YUSSEF BECHER

Introducción

Abordar el concepto de juventudes supone primero comprender las realidades sociales cotidianas en las cuales se enmarca dicha etapa cronológica social. Para ello acudimos a los elementos teóricos que proporciona la epistemología de la complejidad, pues se trata de un planteo comprensivo de las características que asumen los escenarios sociales contemporáneos. Asimismo incorporamos otros aspectos teóricos que provienen del postmarxismo y el posestructuralismo. A partir de ello se plantean reflexiones ligadas a la epistemología jurídica a fin de establecer semejanzas y diferencias. Ello, pues desde el derecho comúnmente se define a quien es o deja de ser joven a partir de criterios etarios, y en su lugar una perspectiva compleja se pregunta: ¿qué sucede con aquellos integrantes del colectivo –dado el criterio etario– que no se perciben en tanto tal? ¿Cuáles son las condiciones que inciden en esa representación? ¿Qué papel les corresponde a las desigualdades sociales? ¿Cómo incide la construcción sociocultural del género? La propuesta desde el estudio de la complejidad no supone negar la relevancia que tiene la edad en tanto clivaje en la construcción de las subjetividades juveniles, pero efectivamente reconocer su interrelación con otros condicionantes.

Los/as invitamos a realizar este recorrido con nosotros con la expectativa de no agobiarlos en su transcurso, pues vamos a proponer aspectos teóricos –lo cual suele abrumar– pero qué mejor que sentir el cansancio de haber reflexionado aunque más no sea por un par de minutos.

De lo simple a lo múltiple

Cuando Edgard Morín (1998) explica su epistemología de la complejidad, acude a una circunstancia de su vida cotidiana. Quienes estamos habituados a presentar ponencias en jornadas sabemos lo complejo que es ordenar las ideas en un texto escrito intentando respetar la estructura que se espera sin aburrir a la audiencia y los posibles lectores. Asimismo, tener que hacerlo mientras aportamos a las otras esferas de nuestra cotidianidad, ya sea la que nos es propia por nuestra profesión o con nuestros afectos. Dicha complejidad nos muestra la heterogeneidad que es característica de lo diverso y la constante intención humana de simplificarlo aunque resulte una tarea imposible.

Si trasladamos ese mismo ejemplo al ámbito de lo jurídico, podemos imaginarnos a un abogado en su estudio que debe formular una demanda ante un caso de violencia de género o de acoso en redes sociales. Ya en estos tiempos será bastante dificultoso para ese profesional del derecho fundamentar su postura –e incluso brindar una respuesta satisfactoria a quien acude a su estudio– recurriendo solo a los formalismos que son propios de las normas jurídicas. De modo que es posible afirmar que ese abogado deberá consultar conocimientos correspondientes a otras disciplinas sociales.

Si pensamos en esos mismos ejemplos pero en el ámbito de la producción científica –entre ella la que corresponde a la ciencia jurídica–, ya no es posible afirmar que un cientista social pueda llevar a cabo investigaciones sociales sin acudir a los conocimientos de otras formaciones disciplinares. Por ejemplo, ¿es posible comprender el modo en que se construyen redes de sociabilidad en torno al abuso sexual sin acudir a elementos teóricos de la sociología o la psicología? ¿Es posible entender la importancia del empleo en la construcción de procesos inclusivos subjetivos sin acudir a elementos de la ciencia política y la antropología? ¿Es posible comprender el papel de los derechos humanos en la conformación de políticas sociales universales sin acudir a elementos propios de la ciencia jurídica? Podríamos continuar con un listado exhaustivo (y un poco agotador para el lector) de investigaciones sociales en donde es necesario recurrir a los elementos de diferentes disciplinas para comprender un mismo problema de investigación. Con ello evocamos a aquel utópico deseo –pues tal parece– de encontrar la unicidad en la diversidad. El mismo Morín (1998) señalaba la complejidad de ese intento –en el cual fundamenta toda su propuesta epistemológica– sin ser estigmatizado por aquellos que se dedican con sus aportes a contribuir a la ciencia normal o madura –en los términos que lo plantea Kuhn (1974). Parece que la única opción viable para intentar abordar la diversidad sin dejar de hacer ciencia es dedicarse a la interdisciplinariedad. No es una tarea sencilla –menos aun en el contexto actual en donde el sistema de ciencia y técnica atraviesa nuevamente (cual *déjà vu*) un proceso de desfinanciamiento– contar con los recursos financieros y de infraestructura necesarios para conformar grupos de investigación con esas características. Al mismo tiempo, quienes nos desarrollamos científicamente en la interdisciplina –tal como señalaba el sociólogo francés– adoptamos categorías teóricas provenientes de diferentes áreas disciplinares y las aplicamos a un mismo problema de investigación. Dado que la realidad social es compleja, consideramos que ese es el modo apropiado de llevar a cabo investigaciones sociales, aludiendo con ello –como afirma Rosana Guber (2010)– a aquellas exploraciones en donde el sujeto es nuestra principal preocupación. A partir de ello, nos enfrentamos –como investigadores que nos ubicamos en la interdisciplina– a quienes pregonan el hermetismo científico y la hiperespecialidad, siendo aquellos espacios de donde provienen principalmente las críticas a nuestras investigaciones. Sin embargo, estamos convencidos –con el resguardo que nos proporciona la epistemología de la complejidad– que allí es donde mora el futuro de la producción científica, pues la realidad social ya no es simple, es compleja.

Todas esas realidades sociales que hemos descripto se configuran en un escenario particular: el de la cotidianidad. Ágnes Héller (1985) fue quien introdujo el análisis científico de la vida cotidiana en las ciencias sociales. De formación marxista, propuso el estudio de la cotidianidad como espacio de autonomía en donde fuera posible superar la alienación subjetiva a la que conduce el sistema económico capitalista. De modo que dicha cotidianidad se integra de distintas esferas en donde impera la heterogeneidad y la influencia del contexto social. En *Historia y vida cotidiana* Héller afirma: "… la vida cotidiana no está fuera de la historia, sino en el centro del acaecer histórico: es la verdadera esencia de la sustancia social" (p. 42). Esa historia se encuentra anclada en un tiempo y lugar particular: en nuestro caso los escenarios que nos proporciona la contemporaneidad. Con el advenimiento de la sociedad de la información (y los artefactos culturales que la acompañaron), ya no es posible referir a dicho tiempo y espacio como momentos o lugares estáticos, pues –tal como lo plantea Giddens (1994)– son fluctuantes (en referencia al tiempo) y desanclados (en referencia al espacio), al mismo tiempo ello introduce como fenómeno el de la mundialización impactando en los ámbitos económicos y políticos. A partir de estas consideraciones, y desde una perspectiva compleja de la realidad social con influencia prigoginiana, podemos definir a la cotidianidad como un sistema abierto –atravesado por variables externas e internas– en donde se construye la subjetividad y la identidad social (Castro, 2002). Aquí mismo podemos establecer algunas semejanzas con las nociones de trayectorias sociales y personales propuestas por Bourdieu (1998), por cuanto el contexto o las variables externas o internas que inciden en la vida cotidiana pueden ofrecer un escenario similar para un mismo grupo de sujetos, sin embargo, son sus propias características socioculturales las que introducirán distinciones con respecto al modo en que se construye el contenido y la estructura de la vida cotidiana.

En síntesis: las realidades sociales son complejas –tanto en el ámbito que corresponde a la construcción de subjetividades como así también al de la producción científica– dado que lo que prima es la diversidad y cada vez se vuelve más utópico intentar construir unicidad. Por ello, en el ámbito de la ciencia adquiere notoriedad la posibilidad de pensar el conocimiento desde un enfoque interdisciplinario. Asimismo, tales realidades sociales se configuran en un escenario particular: el de la cotidianidad. En ella priman dos características que le son propias: la heterogeneidad y la influencia del contexto social. La primera refiere a la multiplicidad de esferas en las cuales se construye cotidianidad, en donde es posible obtener autonomía, y la segunda, al conjunto de variables internas y externas que inciden en ese sistema abierto que confluye en la vida cotidiana. Por último (y como buen posestructuralista), Bourdieu (1998) propone considerar que si bien esos condicionantes externos o internos pueden tener similares características para un conjunto de sujetos, son las condiciones socioculturales las que van a producir distinciones al interior de la construcción de la cotidianidad. No hay modo de pensar en las realidades sociales como construcciones estables, pues son siempre fluctuantes y diferentes para cada grupo de sujetos.

La construcción social de la juventud

Si comprendemos las realidades sociales como complejas y la cotidianidad como una esfera –heterogénea e influenciada por el contexto social– de producción de subjetividad, el modo de considerar la construcción social que rodea a la juventud va a adquirir una serie de connotaciones particulares. En la conformación de dicho concepto no vamos a considerar la edad como el único clivaje que ejerce su influencia en tal construcción, aunque vamos a reconocer el protagonismo que le corresponde. Asimismo, la posibilidad de estudiarla tanto en tiempos presentes como a partir de una perspectiva generacional.

Cuando la epistemología jurídica logra consolidarse –ya en tiempos contemporáneos– y obtiene autonomía en cuanto tal, lo hace a partir de la emergencia de la ciencia jurídica como una disciplina independiente en donde el paradigma positivista y la dogmática jurídica ejercen una influencia central. Por ello, en nuestros tiempos va a ser tan dificultoso intentar determinar si la racionalidad jurídica es la misma que corresponde a la de otras disciplinas científicas tales como la sociología o la antropología (Vega, 2009). Si bien la discusión es extensa y probablemente la introducción del paradigma de los derechos humanos –cuya notoriedad es evidente en la reciente sanción del Código Civil y Comercial de la Nación– proporcione interesantes elementos teóricos para reconsiderar la centralidad del paradigma positivista, y a partir de ello, de la discusión epistemológica en torno al estatuto científico del saber jurídico. Ello, pues el conflicto en torno a determinar dicho estatuto se produce al comparar esa racionalidad positivista con la de otras disciplinas sociales. Ahora bien, ¿por qué el paradigma de los derechos humanos introduce una significativa diferencia en torno a esa discusión? Tales derechos –a diferencia de los privados– no son producto de una abstracción racional a partir de la cual se determinó el contenido de un derecho –como puede ser el de propiedad– sino que son producto de luchas colectivas que reclamaron (y lo continúan haciendo) el reconocimiento de identidades disidentes de acuerdo con cada tiempo histórico.

Dada esta centralidad positivista en la epistemología jurídica, el tratamiento de la juventud en esa área continúa circunscripto al criterio etario. El ya derogado Código Civil denominado comúnmente con el nombre de quien era su autor –ley 340 del año 1871– consideraba incapaces de hecho relativos a los menores adultos desde los 14 y –en un principio– hasta los 21 años. Ello, pues en su artículo 55 establecía que tales menores podían realizar los actos jurídicos respecto de los cuales la ley los hubiese autorizado. Al mismo tiempo, en su artículo 128 señalaba que dicha incapacidad finalizaba cuando adquirían la mayoría de edad a los 21 años o anteriormente si hubiesen sido emancipados. En ese mismo artículo se mencionaba que los menores adultos –desde los 18 y antes de cumplir los 21 años– podían celebrar contratos de trabajo o bien ejercer una profesión sin necesidad de la autorización de sus representantes. Con la incorporación al Código Civil de la Ley N° 26579 –del año 2009– se modifica la edad a partir de la cual se considera el ingreso a la adultez, que se establece en la de 18 años. De modo que ello introduce modificaciones en los artículos anteriormente citados y en algunos sobre emancipación por matrimonio (los artículos 131/32 y 166) como así también en otros relativos al matrimonio en tanto tal (artículo 168) y al ejercicio de la patria potestad (artículos 275 y 306). El nuevo Código Civil y Comercial de la Nación –Ley N° 26994 del año 2014– continúa estableciendo como límite a la minoría de edad la de 18 años. Sin embargo, se producen algunas modificaciones pues en su artículo 25 –en donde inicia una sección especial a la que se denomina persona menor de edad– se distingue entre menores y adolescentes. Los primeros son aquellos que no tienen la edad de 18 años y los segundos, los que se encuentran en el rango de 13 a 18 años. Asimismo, se establece que entre los 13 y 16 años pueden tomar decisiones respecto a su salud tanto si se trata de tratamientos no invasivos como aquellos que pongan en riesgo su integridad física (no se menciona la psicológica), en cuyo caso deben concurrir con el aval de quienes ejercen la responsabilidad parental. A partir de los 16 años el adolescente es considerado un adulto en lo que respecta al cuidado de su propio cuerpo. Por su parte, el régimen penal de minoridad –Ley N° 22278 del año 1980– establece que no es punible el menor de 16 años, como así tampoco el de 18 años de edad respecto de delitos de acción privada o reprimidos con pena privativa de la libertad que no exceda de dos años o bien con multa o inhabilitación.

Ya hemos mencionado la centralidad que tiene la edad como anclaje en la construcción social de la juventud. En los estudios sobre el colectivo social –ya sea desde perspectivas sociológicas o antropológicas o históricas– la edad también ha constituido un factor fundamental considerado en su abordaje. Cuando en la década de 1990 comienza a consolidarse el campo de estudios en torno a la temática en nuestra región uno de los principales aspectos respecto de los cuales se comienza a realizar producción científica es la construcción social de las edades. Ello, con el propósito de intentar deslindar los sesgos biologicistas en el análisis de la cuestión (Chaves y Faur, 2006). A partir de tales discursos se ha considerado la juventud como etapa centrada en lo biológico: un universal que ha existido desde siempre y de la misma manera (Chaves, 2005).

Si consideramos las realidades sociales como complejas y desplegadas en escenarios sociales cotidianos cuya característica es la heterogeneidad y la influencia del contexto social, no podemos definir la juventud a partir de la influencia de un solo factor tal como sucede con la edad. Mary Jo Maynes (2008) en su texto *Age as a category of historical analysis: history, agency, and narratives of childhood* acude al relato biográfico de Adelheid Popp –quien fuera una reconocida activista austriaca del movimiento socialista de mujeres durante el periodo previo a la Primera Guerra Mundial– en donde introduce un aspecto fundamental en la construcción social de la juventud:

> Pop recordó que cuando su familia se trasladó a Viena alrededor de 1880, cuando ella tenía diez años, tuvo que completar su registro de residencia pues su madre no podía escribir. Ella recordó que dejó la columna denominada "niños" en blanco pues "no pensaba (en ella misma) como una niña". Pop comenta: "Cuando me apresuraba a trabajar a las 6:00 de la mañana, otros niños de mi misma edad dormían. Y cuando me apresuraba para regresar a mi casa a las 08:00 de la noche, entonces los demás ya estaban en sus camas, alimentados y cuidados. Mientras me inclinaba sobre mi mesa de trabajo, dando puntada tras puntada, ellos jugaban, caminaban o se sentaban en la escuela" (p. 114. Traducción propia).

A partir de este relato podemos advertir que dos aspectos devienen centrales en la construcción social de las edades y por consiguiente de las juventudes: la autopercepción y las condiciones materiales y simbólicas en donde se construye la cotidianidad. Desde la psicología social –ámbito disciplinar al cual corresponde la categoría mencionada anteriormente– se señala el carácter intersubjetivo y contextual del proceso perceptual. De modo que en la autopercepción inciden las condiciones subjetivas del autor de tal significación. Si Adelheid Popp no se autopercibe como una niña –cuando reúne las condiciones etarias para ello– se debe a las condiciones materiales y simbólicas de su existencia. Materiales pues no realiza las actividades propias o esperables para quienes atraviesan el periodo vital y social correspondiente a la infancia, y simbólico pues es representada con el significante de trabajadora y no de niña. Ello introduce como aspecto central en la construcción social de la juventud el análisis de las desigualdades sociales. Durante mucho tiempo en la conformación de ese concepto han primado las variables de tipo económico, pero en tiempos contemporáneos es necesario reconocerlo como un fenómeno multidimensional en donde se incorporan otras esferas ligadas a la salud, la educación, la vivienda, el medio ambiente, el acceso a la justicia, el respeto o reconocimiento de la diversidad. Asimismo, es preciso reconocer que el concepto de desigualdades sociales remite a procesos sociales generales en tanto que otros como exclusión, pobreza, bienestar y condiciones de vida muestran el modo en que tales desigualdades se presentan en diferentes poblaciones o sectores sociodemográficos (Kessler, 2016). Cuando en materia de juventudes se remite a los ya clásicos conceptos de moratoria social y vital –aludiendo con el primero a aquel plazo del que gozan los integrantes del colectivo antes de iniciar la adultez en donde suelen dedicarse a estudios de nivel superior y el segundo a la mayor distancia respecto del fin de sus existencias– es necesario particularmente considerar las diferentes desigualdades sociales en las que se encuentran ancladas sus condiciones juveniles (Margulis y Urresti, 1996). No es lo mismo ser joven y pertenecer a un estrato socioeconómico elevado que a uno bajo. No es lo mismo ser joven y residir en la Ciudad de Buenos Aires que hacerlo en la provincia de San Luis. No es lo mismo ser joven varón o mujer. Sin dudas allí reside el aspecto material –con la influencia de lo simbólico– en la conformación del concepto juventudes.

Al mismo tiempo, entre los miembros del colectivo sociogeneracional pertenecientes a sectores medios y medios altos, es más frecuente la posesión de aquellos símbolos –con la decisiva influencia del mercado de consumo– atribuidos a un estilo juvenil. Desde la vestimenta hasta las tecnologías de la información y la comunicación pasando por los estilos de peinado y colores, existe en la actualidad un mercado de consumo destinado al colectivo. Dado que la posesión de esos símbolos no es universal en todos los estratos socioeconómicos, no es posible considerarlo como un único criterio a tener en cuenta en la construcción social de la juventud. Cuando Bourdieu (1978) escribía "La juventud no es más que una palabra" colocaba el énfasis en los aspectos simbólicos que conforman el concepto, pero dejaba de lado la discusión sobre las distinciones del mismo tipo que introducen las desigualdades sociales. El sociólogo polaco Zigmunt Bauman (2014) describe el modo en que el mercado de consumo construye diferencias entre unos ciudadanos que pueden acceder a los bienes que les ofrece a los que denomina como de pleno derecho y otros que tienen restricciones para lograr ese acceso a los que denomina fracasados. No es menor considerar esas distinciones y sus implicancias sobre el colectivo juvenil, pues algunos podrán adquirir los *smartphones* Apple mientras otros necesiten trabajar para aportar a la economía de sus familias. Algunas jóvenes podrán visitar las Galerías Pacífico mientras otras tengan que permanecer en sus hogares cuidando a sus hijos. Otros podrán viajar a Bariloche o Disney World mientras algunos colaboran en el empleo de sus padres. A partir de ello podemos advertir que las desigualdades sociales en su aspecto simbólico también introducen distinciones en la construcción social del concepto.

Entonces, ¿cómo definir a la juventud? Son varios los aspectos a tener en cuenta, pues como señalamos desde el comienzo, dada la complejidad que es propia de las realidades sociales y la heterogeneidad de la cotidianidad en la que se configuran, no es posible hacerlo a partir de un solo criterio. Para ello es necesario tener en cuenta los aspectos materiales –ligados a la construcción social de la edad y las desigualdades sociales– y los propiamente simbólicos ligados a la construcción social de la juventud en tanto estilo o estética, y las exclusiones en aquellos que no son portadores de esos signos. No es posible definir el colectivo sociogeneracional sin acudir a ambas dimensiones. Asimismo, es necesario indagar las condiciones juveniles (como sucede en el caso de Adelheid Popp) para conocer las motivaciones que conducen a que la autopercepción se defina de uno u otro modo. Si bien en el texto hemos utilizado en diferentes instancias la denominación juventud o juventudes, vale la pena aclarar que son todos estos aspectos complejos los que sostienen la necesidad de pluralizar el término.

Ya habiendo realizado este recorrido, podemos ocuparnos de un aspecto que en nuestros tiempos ha adquirido una importante centralidad: el género como tema de análisis en la construcción social de la juventud. Existe cierto consenso –tanto en la bibliografía local (Margulis, 2015 por solo citar una referencia) como en la internacional (Maynes, 2008 por solo citar una referencia)– en considerar la construcción de la edad como un aspecto fluido y condicionado por otros factores tales como los que hemos enunciado. Sin embargo, en materia de género y sexualidades la cuestión no es tan sencilla, pues aún no existe un desarrollo epistemológico en torno a ello que permita superar aquellas nociones que los consideran como aspectos estables y no como adscripciones fluidas. Tal como señala Mintz (2008) en *Reflections on age as a category of historical analysis* existen similitudes entre edad y género aunque también diferencias significativas. Ambas son construcciones sociales y se han ido modificando con el transcurso del tiempo, pues no son atributos naturales sino que se encuentran sujetos a patrones culturales y sistemas de valores. Son diferentes por las desigualdades que los rodean, pues las que convergen en torno a la edad tienen mayor fluidez en tanto las desigualdades basadas en el género poseen mayor estabilidad. Asimismo, la edad va modificando sus efectos al conjugarse con otras exclusiones –tales como las que provienen de la clase o la nacionalidad– en tanto que las ligadas al género presentan ciertas similitudes ante las distintas adscripciones propias de la construcción de las subjetividades. En la producción argentina en torno al tema –tal como señala Silvia Elizalde (2015)– son necesarios cambios epistemológicos a partir de los cuales tales clivajes sean considerados como aspectos fluidos –del mismo modo en que hoy lo son la edad y la juventud– de modo tal que se considere la identidad de género con la misma movilidad que las condiciones juveniles.

Punto y seguido

No es sencillo intentar poner fin a un texto en ciencias sociales pues sin dudas intentamos ser lo más sistemáticos posible –aunque muchas veces se nos ha criticado como ciencia por falta de ese atributo– pero somos conscientes que no se trata más que de un par de ideas que hemos intentado presentar de un determinado modo. Tampoco es menos cierta la presión que recae sobre el autor en esta instancia pues es posible que el lector espere una conclusión que ofrezca un cierre sobre el tema. Lejos de ello estos fragmentos no serán más que un punto y seguido.

Desde el comienzo de este texto hemos mostrado cómo epistemológicamente las realidades son pensadas actualmente en tanto complejas dada la multiplicidad de factores que inciden en ellas. Al mismo tiempo reconocemos que toda realidad se configura en un escenario particular: el de la cotidianidad. Espacio aquel en el que priman la heterogeneidad y la influencia del contexto social. Asimismo hemos incorporado como elemento teórico la propuesta bourdieusiana a partir de la cual se considera que pueden ofrecerse un conjunto de factores similares para un grupo de sujetos, pero ello no supone que la cotidianidad y su estructura se definan de un mismo modo pues los factores culturales de quienes integran ese grupo van a producir distinciones en su contenido. Ágnes Héller –quien introduce en las ciencias sociales el análisis científico de la vida cotidiana– señala los diferentes componentes de dicha estructura y las distintas modalidades que pueden adquirir.

Una vez comprendida esa complejidad –que por obvias razones también se presenta en el ámbito de la producción científica, pues intentamos desandar significaciones en torno a realidades sociales– propusimos un recorrido por los aspectos que intervienen en la construcción social de las edades y por consiguiente las juventudes. Los aspectos complejos de esa epistemología se dan de bruces con la jurídica en donde prima el paradigma positivista y la dogmática jurídica. A esto podemos advertirlo en el tratamiento que se realiza sobre el colectivo juvenil. Podemos consultar diferentes normativas –como lo hicimos en un fragmento del texto– y en todas ellas se define al sujeto joven a partir de criterios etarios. Ya hemos advertido la importancia de la edad en la construcción social de la juventud, aunque, también, hemos mencionado que no es el único criterio a tener en cuenta. ¿Qué hacer con aquellos jóvenes que no se autoperciben en tanto tal? ¿Cuáles son los factores contextuales que inciden en dicha autopercepción? Allí el análisis de las desigualdades sociales adquiere protagonismo, pues es un concepto que introduce distinciones tanto materiales como simbólicas en la conformación de las juventudes. Por una parte podemos señalar la presencia de las distinciones de clase como un elemento que materialmente va a definir de modo distinto a quienes pertenezcan a uno u otro sector, pero también lo va a hacer la posesión de determinados signos por parte de unos u otros jóvenes.

Ya hemos dicho que este texto no pretende dar soluciones a un problema epistemológico conceptual de parte de la ciencia jurídica, pero es válido que los lectores se pregunten cómo incorporar esos aspectos complejos que integran el concepto de juventudes. Probablemente una reflexión anticipada y poco elaborada quiera negar esa posibilidad dando como respuesta que no son posibles tantas reformas legislativas o peor aún que no pueden realizarse tales reformas. No dudamos que la epistemología jurídica pueda incorporar estos aspectos complejos para lo cual es necesario no solo centrarse en el análisis de su objeto de estudio –aunque ello también admite una serie de discusiones– y colocar la lupa en los otros aspectos que la conforman. No dudamos de que en el futuro podamos avizorar estos cambios en dicha epistemología si apostamos con convicción a la formación de quienes aplican el derecho, tanto como abogados litigantes o como jueces del poder judicial.

Bibliografía consultada

Bauman, Z. (2014). *¿La riqueza de unos pocos nos beneficia a todos?* Buenos Aires: Paidós. Traducido por Alicia Capel Tatjer.

Bourdieu, P. ([1978] 1990). La "juventud" no es más que una palabra. En *Sociología y cultura*. México: Grijalbo.

Bourdieu, P. (1998). *La distinción. Criterios y bases sociales del gusto.* Madrid: Taurus.

Castro, G. (2002). *Las TIC y la vida cotidiana* (fragmento de tesis de maestría). Universidad Nacional de San Luis.

Chaves, M. (2005). Juventud negada y negativizada. *Última Década*, 23, 9-32. CIDPA, Valparaíso (Chile).

Chaves, M. y Faur, E. (2006). *Informe: investigaciones sobre juventudes en Argentina. Estado del arte en ciencias sociales.* La Plata – Buenos Aires: UNSAM – Ministerio de Desarrollo Social – DINAJU – UNICEF.

Elizalde, S. (2015). Estudios de Juventud en el Cono Sur: epistemologías que persisten, desaprendizajes pendientes y compromiso intelectual. Una reflexión en clave de género. *Última Década, Proyecto Juventudes*, 42, 129-145. CIDPA, Valparaíso (Chile).

Héller, A. (1985). *Historia y vida cotidiana. Una aportación a la sociología marxista.* México: Grijalbo.

Giddens, A. (1994). *Consecuencias de la modernidad.* España: Alianza.

Guber, R. (2010). El proyecto de investigación en ciencias sociales: acepción, concepción y redacción. En *Construcción de proyectos en ciencias sociales: investigación cualitativa, acción social y gestión cultural.* CAICYT-CONICET.

Kessler, G. (2016). *Controversias sobre la desigualdad: Argentina 2003-2013.* Buenos Aires: Fondo de Cultura Económica.

Kuhn, T. S. (1974 [2004]). *La estructura de las revoluciones científicas.* México: Fondo de Cultura Económica.

Margulis, M. (2015). Juventud o juventudes. Dos conceptos diferentes. *Voces en el Fénix. La revista del Plan Fénix*, 6 (51), 6-13.

Margulis, M. y Urresti, M. (1996). *La juventud es más que una palabra*. En M. Margulis (Ed.), *La juventud es más que una palabra*. Buenos Aires: Biblos.

Maynes, M. J. (2008). Age as a category of historical analysis: history, agency, and narratives of childhood. *The Journal of the History of Childhood and Youth*, (1) 1, 114-124. The John Hopkins University Press.

Mintz, S. (2008). Reflections on age as a category of historical analysis. *The Journal of the History of Childhood and Youth*, 1 (1), 114-124. The John Hopkins University Press.

Morín, E. (1998). *Introducción al pensamiento complejo*. Barcelona: Gedisa.

Vega, J. (2009). Las calificaciones del saber jurídico y la pretensión de racionalidad del derecho. Doxa-Cuadernos de Filosofía del derecho, 32, 375-414.

Las instituciones
y su influencia en la construcción
de la intersubjetividad hoy

SANDRA ARITO, LUCRECIA CERINI, MARIELA CORDERO Y ANALÍA RÍGOLI

Este artículo propone reflexionar respecto de cómo las instituciones influyen en la construcción de lo intersubjetivo. Para hacerlo se abordará cómo entendemos las instituciones, de qué manera definen modos de intercambio social y condicionan la construcción de lo intersubjetivo.

Entendemos que las instituciones son universales, se particularizan en cada sociedad y en cada momento histórico de diferentes maneras. Así, cultura, familia, política, salud, educación, economía, sexualidad, entre otras, son instituciones presentes a través del tiempo en diferentes sociedades, sin embargo, adoptan especificidades en función de las épocas y los lugares.

Desde esta perspectiva, se comprende a las instituciones como los cuerpos normativos jurídicos– culturales compuestos de ideas, valores, creencias, leyes, que determinan las formas de intercambio social (Schvarstein, 2003). Es en este sentido que se relaciona con el Estado que genera la ley y, desde este punto de vista, está presente en los grupos y las organizaciones. A modo de ejemplo, la educación es una institución que refiere a un nivel de la realidad social que define cuanto está establecido. El Estado determina entonces, a través de sus regulaciones, lo que está prescripto, establecido. Así define cómo se organiza la educación primaria, secundaria, universitaria, el presupuesto que le destinará, regulando los sistemas de funcionamiento, entre otros aspectos.

René Kaës (1996) define las instituciones como el conjunto de las formas y las estructuras sociales instituidas por la ley y la costumbre, las cuales regulan nuestras relaciones, nos preexisten y se nos imponen. Esto bajo un patrón determinado que tiende a la permanencia y prolongación de un orden imperante, instituido. Sostiene que son las instituciones las que "sellan el ingreso del hombre a un universo de valores, crean normas particulares y sistemas de referencia… sirven como ley organizadora… de la vida física y de la vida mental y social de los individuos miembros" (Enriquez, Kaës y otros, 1996: 85).

Se puede decir que si bien cada institución tiene una finalidad que la identifica y la distingue, (funciones jurídico – religiosas; defensivas o de ataque; productivas–reproductivas, etc.) el fin último es existencial, ya que su principal objetivo "es colaborar con el mantenimiento […] de las fuerzas vivas de la comunidad, permitiendo a los seres humanos ser capaces de vivir, amar, trabajar […] y […] crear el mundo a su imagen" (Enriquez, Kaës y otros, 1996: 84).

Las instituciones definen roles institucionales y además prescriben modos instituidos de su desempeño, lo que es esperable por ejemplo del rol de un estudiante, de un docente, de un supervisor, de un directivo. Estos efectos permiten comprender lo instituido como aquello que está establecido, el conjunto de normas y valores dominantes así como el sistema de roles que constituye el sostén de todo orden social. Desde esta perspectiva, ningún orden es inmutable. La dinámica del cambio social reconoce la presencia de una fuerza instituyente, constituida como protesta y como negación de lo instituido. El cambio social entonces resulta de la dialéctica que se establece entre lo instituido y lo instituyente; cuando la fuerza instituyente triunfa, se instituye, y en ese mismo momento por el simple efecto de su afirmación y consolidación, se transforma en instituido y convoca a su instituyente.

Las organizaciones institucionales para Schvarstein (2003) son el sustento material de las instituciones, el lugar donde se materializan y desde donde tienen efectos productores sobre los individuos, operando tanto sobre sus condiciones materiales de existencia como incidiendo en la constitución de su mundo interno.

Las organizaciones así, están atravesadas por múltiples instituciones que determinan "verticalmente" aspectos de las interacciones sociales que allí se establecen. Este es el concepto de atravesamiento. Por ejemplo, una escuela materializa los aspectos prescriptos por la institución educación, la institución trabajo (salarios, horarios, entre otras), la institución tiempo libre (recreos, recesos), la institución sexualidad (baño de varones, de mujeres, sin distinción de género), entre otras instituciones. Las organizaciones, desde este punto de vista, son mediatizadoras en la relación entre las instituciones y los sujetos.

Resulta habitual referir indistintamente a institución como organización institucional. Dice Ulloa (1969) que el término institución es un concepto ambiguo, pues tanto puede designar un proceso de institucionalización (con el sentido de racionalizar y estabilizar conductas inicialmente de predominio irracional), como designar una organización social con el alcance que tiene habitualmente este término, o sea, un organismo con una geografía y una ordenación del tiempo y de las responsabilidades, con objetivos por alcanzar y medios adecuados a tal fin. Que está regulado por un código y por normas explícitas e implícitas.

La designación más adecuada parece ser entonces la de organismos institucionales. El autor hace una analogía con un organismo humano, habla de "articulaciones", de situaciones "patológicas" que conforman "fracturas". Así define a la institución como "organismo"; expresiones que representan simbólicamente los movimientos institucionales y facilitan su comprensión. Manifiesta su tentación de utilizar analogías antropomórficas, pensando en términos de anatomía y fisiología de una institución; lo que expresa la inevitable y estrecha relación entre las pautas institucionales y los hombres que las originan y las sustentan. Cabe aclarar que Fernando Ulloa es médico psicoanalista e indica en sus trabajos que su interés principal es investigar en este campo de la Salud Mental desde una perspectiva psicoprofiláctica, retomando ideas y trabajos de otros autores como Pichón Riviere y Bleger que trabajan en esta línea.

Se observa entonces, que la relación institución-organización, no es unidireccional, es de determinación recíproca. Las organizaciones, en un tiempo y en un lugar determinado, materializan el orden social que establecen las instituciones. Es decir, que las instituciones atraviesan las organizaciones y los grupos. Es este atravesamiento institucional el que permite comprender cómo determinados modos de hacer y de pensar se producen y se reproducen en la sociedad. La organización es habitada por grupos que la conforman y su existencia se da a través de la interacción y los procesos de comunicación. La participación de los sujetos en los grupos y en las organizaciones se estructura en función del desempeño de roles.

Para Schvarstein (2003) las prácticas de socialización de un niño, desarrolladas principalmente en la familia y en la escuela, constituyen un verdadero aprestamiento para el desempeño de los roles sociales que como adulto le tocará cumplir. En ellas adquirirá la representación de los conceptos de autoridad y de propiedad, aprenderá que hay una división entre placer y trabajo, y progresivamente excluirá el juego de sus obligaciones. El individuo sujeto adquiere, de este modo, una verdadera competencia de miembro social de la que se ha enfatizado aquí los aspectos instituidos en sus primeras experiencias de socialización, las que tienden a configurarlo como sujeto producido. La mencionada noción de atravesamiento implica la inexistencia de barreras entre instituciones y organizaciones. Esta dimensión vertical impone límites y condiciona la capacidad de la organización de darse sus propias normas, o sea relativiza su autonomía. Desde ya que la dimensión vertical de estos atravesamientos también tiene sus límites, de otro modo no se comprendería la actividad instituyente que presentan ciertas organizaciones para el cambio de lo instituido socialmente.

La vida de las instituciones se expresa a través de los múltiples grupos formales e informales que la conforman, la constituyen generando movimientos peculiares e inéditos. Existe una dialéctica entre los grupos y la institución y es en ese "entre" donde se manifiestan tanto las burocratizaciones de los movimientos instituidos como la creatividad de los movimientos instituyentes (Del Cueto, 1999).

Por todo lo antedicho, se entiende que la vida psíquica de cada sujeto no está centrada exclusivamente en un inconsciente personal, sino que una parte de él mismo, que lo afecta en su identidad y que compone su inconsciente, no le pertenece en propiedad sino a las instituciones en que él se apuntala y que se sostiene por ese apuntalamiento. Estamos hablando de la institución como productora de subjetividad (Markwald, 2012).

El cruce que se piensa desde este artículo es que, en ambos casos, se apunta a la identidad del sujeto pero la gran diferencia es que ya no es una relación de máxima exterioridad, sino de una interioridad-exterioridad, una cinta de Moebius (Marwald, 2012). El movimiento va significando el modo en que la subjetividad participa de la producción social y esta a su vez es coproductora de subjetividad.

Las instituciones nos moldean, influyen y determinan, estamos condicionados por ellas; la relación entre sujeto e institución es de mutua determinación, las instituciones reflejan y reproducen modos de comportamiento social. Las instituciones son fundamentales y fundantes en la construcción de la identidad, de la vida psíquica de cada sujeto: este nace y desarrolla su vida social a partir del encuentro con los otros, el fundamento de su vida se constituye a partir de y por otro, sin esa inter-acción no hay vida ni constitución psíquica posible.

Subjetividades colonizadas: el rol de los medios de comunicación

Hasta aquí nos hemos ocupado de presentar y desarrollar algunas formas de comprender a las instituciones, según diferentes perspectivas de algunos autores. Más allá de las diferencias, podemos afirmar que cumplen un papel fundante en la construcción de las subjetividades y de la inter-subjetividad en la vida social de los sujetos.

Nos interesa ahora poner el foco en el rol que juegan los medios de comunicación –como institución *prototípica* de la posmodernidad– por la capacidad de influencia, manipulación y de operar en las condiciones concretas de existencia. Entendemos que las formas de comunicar están atravesadas por quienes son propietarios de los medios de comunicación. Así, definen qué y cuánto se informa, condicionando la libre expresión y la autonomía del pensamiento crítico.

Los diferentes mecanismos y formas de comunicación al servicio de los medios pueden imponer modos que tienden a condicionar y hasta intervenir en la propia subjetividad de las personas, en este sentido retomamos el concepto de subjetividades colonizadas. Colonizadas por regímenes discursivos de los medios de comunicación que condicionan subjetividades produciendo a su vez efectos en las prácticas concretas en las formas de hacer, sentir y pensar.

El poder de los medios es omnipresente, sutil, totalizante, respaldado por un sistema que los avala, y deja poco espacio para el descenso, para cuestionar lo dado, aquello avalado y sostenido por operadores e intelectuales funcionales al sistema que los ampara.

Los medios de comunicación construyen formatos de pensamiento que configuran *regímenes de verdad* estableciendo enunciados verdaderos o falsos. Determinan las condiciones de utilización de los saberes, vedan el acceso universal a estos y seleccionan a los interlocutores idóneos, capacitados para hablar en su nombre. De este modo se produce una expropiación simbólica que intenta desarticular una manera de vivir, que desorganiza proyectos vitales porque en definitiva busca afianzar un modelo con sujetos más dóciles, adaptables a sus requerimientos.

Este sistema coopera en las formas de alienación de los sujetos. Es funcional al poder de turno que dictamina y direcciona lo que debe ser visto o escuchado. Así, los medios son la institución primaria para fijar la agenda y llevan al límite al sujeto, promoviéndolo a desconfiar de su propia verdad, dudar del propio pensamiento, quedar preso de lo que se denomina la desmentida de la percepción.

El ciudadano común frente a la desmentida de la percepción queda aislado, comenzará a dudar de lo que percibe con el sufrimiento psíquico que esa duda le genera. Muchos callan para evitar la estigmatización. De este modo, se opera sobre la interpretación de lo percibido, ajustándolo al relato.

Cuando se trata de situaciones límites, estas desbordan el aparato psíquico, lo desorganizan ante la imposibilidad de elaborar las situaciones traumáticas. El riesgo es entonces, el despliegue de una situación a la que Ulloa denominó la encerrona trágica, en este caso se trata de dispositivos institucionales crueles en los que el sujeto queda atrapado, quebranta su mismidad porque no tiene escapatoria; la única salida es ser manipulado y hablado por otro.

Entendemos que para contribuir a descolonizar la subjetividad, es necesario conquistar lo intersubjetivo y la potencia constituyente de las conciencias libres. Generar la interpelación crítica de lo cotidiano y lo acontecido como espacios de elaboración donde se posibilite la reconstrucción de nuevas identidades individuales y colectivas.

La respuesta social organizada cumple un papel instituyente en el cuerpo social, se erige como constructora de un consenso social que opera también contra la colonización subjetiva. Así, a través de la palabra, los procesos de subjetivación se construyen, no son inmutables, es posible mover piezas, internalizar reflexión y análisis y deconstruir realidades asumidas.

El término/verbo que designa lo contrario de colonizar es descolonizar; bregar por ello es habilitar el pensamiento crítico reflexivo, abogar por el ejercicio pleno de los derechos, conceder la independencia individual, política y social en todas sus formas y modalidades en el acontecer social.

La institución es una formación social. Se sitúa en la interacción del adentro y del afuera. Ejerce una pluralidad de funciones. Por lo tanto es potencialmente una instancia de articulación de niveles y formaciones psíquicas heterogéneas. René Kaës (1998) denomina al vínculo que se establece entre sujeto e institución vínculo instituido y lo define como aquel que se determina por efecto de una doble conjunción: la del deseo de sus sujetos de inscribir un vínculo en una duración y en una cierta estabilidad y la de las formas sociales que de diversas maneras reconocen y sostienen la institución de este vínculo.

De la subjetividad e intersubjetividad

La noción de subjetividad ha sido y es terreno de discusiones teóricas, epistemológicas y síntesis de múltiples determinaciones, de uso muy frecuente en las ciencias sociales, el término tiene tal amplitud como escasa precisión. Trascendemos la idea de conceptualizar la subjetividad como meros fenómenos exclusivamente individuales, sino como un aspecto/sistema complejo y dinámico en la cotidianeidad de la vida social de los sujetos en el marco de las interacciones que establecen entre ellos.

Ana María Fernández y colaboradores (2006) plantean que subjetividad no es sinónimo de sujeto psíquico, que no es mental o discursivo sino que engloba las acciones y las prácticas, los cuerpos y sus intensidades que se produce en el "entre" con otros y que es por tanto, un nudo de múltiples inscripciones deseantes, históricas, políticas, económicas, simbólicas, psíquicas, sexuales; lo subjetivo como proceso, como devenir en permanente transformación y no como algo dado.

Para profundizar el tema que nos convoca tomamos como referencia la Teoría Social Fenomenológica de Alfred Schütz (1993) –filósofo y sociólogo austríaco–, quien se interesa por explicar el estudio de la vida social, los marcos de referencia de los actores sociales y la cuestión de la sociabilidad como forma superior de intersubjetividad. Para Schütz el estudio de la vida social no puede excluir al sujeto, este está implicado en la construcción de la realidad. De esta manera, el énfasis se encuentra en la interpretación de los significados del mundo y las acciones e interacciones de los sujetos sociales. Schütz elabora su teoría en relación al estudio de la vida cotidiana y le otorga importancia a la interacción entre los sujetos en la construcción del sentido.

Resulta interesante poner en tensión lo institucional que necesariamente es constitutivo de la vida cotidiana de cada sujeto particular y de cualquier realidad social.

La realidad será definida por Schütz, señalado por Rizo García, de la siguiente manera:

> … es un mundo en que los fenómenos están dados, sin importar si estos son reales, imaginarios o ideales. Este mundo es el "mundo de la vida cotidiana" en el que los sujetos viven en una actitud natural, cuya materia prima es el sentido común. […] El sujeto que vive en el mundo está determinado por su biografía y por su experiencia inmediata. Lo primero alude a que cada sujeto se sitúa de una forma particular y específica en el mundo, su experiencia es única e irrepetible. Es desde esta experiencia particular desde donde el sujeto capta y aprehende la realidad, la significa, desde ese lugar, se significa a sí mismo. (Rizo García, 2007: 2).

Asimismo, Schütz (1977) sostiene que en el mundo de la vida cotidiana el hombre participa continuamente y puede intervenir modificándolo mientras opera en él mediante su organismo animado. En ese ámbito interactuamos con nuestros semejantes al tiempo que podremos ser comprendidos por ellos.

Desde esta perspectiva la interacción social se fundamenta en las construcciones referentes a la comprensión del otro, de nuestros semejantes, "… los significados no se hallan en los objetos sino en las relaciones –interacciones– de los actores entre ellos y con los objetos" (Rizo García, 2007: 7). Por lo tanto, el significado se constituye como un fenómeno intersubjetivo (Schütz, 1993).

La intersubjetividad es un concepto clave en la propuesta de Schütz, entendida como fundamento de la vida social, constituye una característica del mundo social; la relación entre los sujetos que proveen de sentidos y significados a las acciones que cada uno de ellos realiza en el mundo de la vida cotidiana. Permite anticipar ciertas conductas para que el sujeto se desarrolle en su entorno.

> La intersubjetividad, de alguna manera, implica poder ponernos en el lugar del otro a partir de lo que conocemos de ese otro, de lo que vemos en él. En este ámbito de las relaciones y siguiendo a Schütz (1979) se pueden reconocer relaciones intersubjetivas tanto espaciales como temporales. (Rizo García, 2007: 3)

Schütz considera al mundo en el cual vivimos como un mundo cuyo sentido y significación es construido por nosotros mismos y los seres humanos que nos precedieron. Por lo tanto, para Schütz la comprensión de dichos significados es nuestra manera de vivir en el mundo (Rizo García, 2007).

El mundo de la vida es intersubjetivo porque los sujetos se vinculan entre sí a partir de procesos de interpretación conjunta y con valores comunes. Este mundo también es cultural, en tanto se configura como un universo de sentido para los sujetos que deben interpretar para poder orientarse y conducirse en él.

No se debe dejar de reconocer la influencia de la cultura en el comportamiento individual y en el tejido social, el papel que ejerce esta misma frente a la libertad individual, en tanto las normas sociales –como parte de las formaciones culturales– limitan y moldean el comportamiento individual y social. La relación entre la libertad individual y las restricciones va definiendo modos de comportamiento sociales en cada época. Ahora bien, los sujetos poseen un margen de libertad, no quedando absolutamente restringidos a las imposiciones y normativas culturales, reconociéndoles la posibilidad de poder modificar las situaciones sociales, crear sus propios modos particulares, otorgando nuevos sentidos y significados a través de su capacidad interpretativa y su potencial instituyente.

La construcción de sentidos compartidos sobre la realidad requiere imprescindiblemente de los procesos de interacción social. Sin interacción no hay sujetos. La interacción social se da a partir de la vida cotidiana, de las relaciones que establecemos y nos definen como sujetos socialmente construidos.

> Las instituciones poseen siempre la doble naturaleza de posibilitar la acción colectiva por un lado, y tornar imposibles determinadas formas de acción, por el otro. El principio de las reglas de juego o reglas constitucionales es tal que posibilita una determinada acción mediante la cual, a su vez, se excluye otra. La fuerza de gravedad ofrece una buena analogía: sin ella no podríamos caminar, pero precisamente porque existe, no podemos volar. (Offe en Davini, 1995)

Bibliografía consultada

Arito, S. (2001). El Análisis Organizacional e Institucional como herramienta para la Formación académica y la Intervención profesional. XVII Seminario Latinoamericano de Escuelas de Trabajo Social. Perú.

Arito, S. (2017). Subjetividades colonizadas: Herramienta necesaria para la construcción de desigualdad social. VI Jornadas Regionales de Trabajo Social: "Transformaciones en el actual contexto argentino y latinoamericano: Impacto en las condiciones de igualdad y desigualdad social".

Davini, M. C. (1995). *La formación docente: política y pedagogía*. Buenos Aires: Paidós.

Fernández, A. M. y colab. (2011). *Política y subjetividad. Asambleas barriales y fábricas recuperadas* (3.a ed.). Buenos Aires: Biblos.

Del Cueto, A. M. (1999). *Grupos, instituciones y comunidades*. Buenos Aires: Lugar Editorial.

Enriquez, E., Kaës, R. y otros (1996). *La Institución y las instituciones. Estudios psicoanalíticos*. Buenos Aires: Paidós.

Kaës, R. (1998). *Sufrimiento y psicopatología de los vínculos institucionales*. Buenos Aires: Paidós-Grupos e Instituciones.

Markwald, D. (2012). Sujeto – grupo – institución. ¿Una relación posible? Material de la SENAF. Ministerio de Desarrollo Social de la Nación.

Rizo García, M. (2007). Alfred Schütz y la teoría de la comunicación. Reflexiones desde la comunicología posible. *Questión*, vol. 1, N° 15. Institución de origen: Facultad de Periodismo y Comunicación Social.

Schutz, A. (1993). *La construcción significativa del mundo social. Introducción a la sociología comprensiva*. Barcelona: Paidós Ibérica.

Schvarstein, L. (2003). *Psicología de las organizaciones*. Buenos Aires: Paidós.

Ulloa, F. (1969). Psicología de las instituciones: una aproximación psicoanalítica. *Revista APA*, t. xxvi, Buenos Aires.

Brechas en la política social en la Argentina de nuevo siglo[1]

De la narrativa a los sucesos

LAURA PAUTASSI

Introducción

La misión histórica de las políticas sociales las situaba como las encargadas de la distribución del bienestar, dando un peso específico a los diseños institucionales que posibilitaran dicho anclaje. De allí que emergen los distintos arreglos institucionales que caracterizaron las dinámicas históricas de considerar a los Estados directamente vinculados al concepto de bienestar, en su versión más ortodoxa como Estados de bienestar (*welfare state*) y en su revisión como regímenes de bienestar (Draibe y Riesco, 2006) donde la estructura de derechos convergía para situar el alcance de dicho efecto (re)distributivo.

Esta matriz común inspiró las bases de conformación de los regímenes en los países de la región "a semejanza" de los arreglos de los países centrales, en un *continuum* entre marcos institucionales, con un alto y variado reconocimiento de derechos, y en paralelo con dinámicas políticas y crisis económicas que fueron excluyendo el ejercicio de tales derechos. Las reiteradas interrupciones dictatoriales a

---

[1] El artículo será incluido en: Problemáticas sociales en escenarios reconfigurados. Políticas sociales, intervención profesional y Trabajo Social, Susana Cazzaniga (directora); Elena Riegelhaupt y Valeria Rodrigo (coordinadoras). Edit. Espacio. FTS-UNER (en prensa). Incorporado en este volumen con autorización de su autora.

gobiernos democráticos ocurridas en la región durante el siglo xx marcaron un escenario del cual las políticas sociales sufrieron fuertes embestidas que les impidieron consolidar un esquema protectorio sólido. De esa forma, con lamentable certeza, podemos decir que América Latina es la única región del mundo que ha intentado y al mismo tiempo fracasado en innumerables ocasiones en su tentativa de emular a los países centrales (Filgueira, 2002).

Es precisamente a partir de estos intentos que la matriz político-institucional fue atravesando sucesivas tensiones y crisis, caracterizadas por el crecimiento de la pobreza, la desigualdad –de ingresos y en torno a la división sexual del trabajo–, y donde fenómenos como la exclusión y marginaciones sociales empiezan a delimitar un nuevo patrón institucional. Así la pobreza pasa de ser residual a concentrar los esfuerzos de las políticas sociales, y todo el andamiaje institucional vira hacia diseñar soluciones "focalizadas" a conglomerados urbanos cada vez mayores, atravesados por el fenómeno de la pobreza y la indigencia.

De esta manera, el límite de los procesos que promovieron la industrialización y urbanización de sus sociedades, como patrón de modernidad, devino en la construcción de metrópolis caracterizadas por la exclusión social de sus ciudadanos y ciudadanas (Filgueira, 2002). Y es donde una y otra vez, ni en los diseños institucionales ni en los ensayos por corregir estas crecientes desigualdades, la perspectiva de género fue incorporada, como tampoco las identidades étnicas y el respeto por la diversidad cultural.

De este escenario de fin de siglo, la esperanza superadora del nuevo milenio aparece de la mano del enfoque de derechos, que en tanto metodología transversal surgida del sistema internacional de protección de derechos humanos, recuerda a los Estados que hay un límite claro en la discrecionalidad de sus políticas, que se encuentra en los pactos y compromisos internacionales que han ratificado pero también en sus constituciones (Abramovich y Pautassi, 2009). Concordantemente, la invocación de derechos vuelve al centro de la escena política regional, con diversos grados de alcance dada la heterogeneidad de diseños institucionales que atraviesan a los países de América Latina y una esperanza renovada en la ciudadanía en la fuerza de los derechos.

El interés del presente artículo es precisamente situar el análisis de las características que ha adoptado el enfoque de derechos en América Latina en general y en la Argentina en particular, con especial énfasis en la adopción de nuevos compromisos normativos como el reconocimiento del derecho al cuidado y, de ser posible, delimitar el grado de efectivización de estos marcos en las políticas públicas. Para ello se hace uso del concepto de brechas de bienestar, que es una categoría teórica conceptual que permite medir la distancia entre un patrón teórico y su traducción empírica que, en este caso, se concentra en la distancia entre la definición de los arreglos institucionales y las condiciones de vida de la población (Pautassi y Gamallo, 2015). Sobre estos (des)arreglos reflexiona el presente artículo.

Matrices en pugna: regímenes y derechos

Tal como señalé anteriormente, gran parte de los esfuerzos conceptuales de la región se concentraron en caracterizar y por lo tanto procesar las particularidades de los sistemas de políticas sociales en América Latina. Estos arreglos institucionales, que partieron por colocar un esfuerzo fundacional pionero en garantizar la educación universal, inspirados en los países centrales, fueron adquiriendo particularidades al interior de cada uno de los países de América Latina. La definición clásica de Offe considera que el Estado de bienestar surge en Europa como la "... principal fórmula pacificadora de las democracias capitalistas avanzadas para el período subsiguiente a la Segunda Guerra Mundial..." (Offe, 1991: 135) en la que el Estado reconoce sus obligaciones de prestar asistencia frente a los riesgos sociales y con el fundamento legal relativo a los derechos de ciudadanía. En concordancia, define como misión básica del Estado de bienestar moderno "garantizar legalmente la seguridad social o 'el bienestar', mediante transferencias monetarias, servicios, infraestructura física y políticas reguladoras de las áreas de salud, educación, vivienda, seguro social, asistencia social, protección laboral y asistencia a las familias" (Offe, 1995: 81).

En todo caso, los regímenes de bienestar construyeron una forma particular de mecanismos de asignación de recursos y satisfactores que no opera como un simple "menú de prestaciones sociales públicas", sino que refiere a una construcción histórica única, que implicó una redefinición explícita del Estado (Esping-Andersen, 2000). Por cierto que el impulso inicial se dio de la mano de la economía de corte keynesiano, en un contexto de reconstrucción social e histórica de posguerra y con claros sesgos de género, donde el supuesto de pleno empleo fue masculino con la asignación de responsabilidades de cuidado directamente a las mujeres (Pautassi, 1995).

Desde la perspectiva latinoamericana, muchos autores refieren al "Estado Social Latinoamericano" (Filgueira, 2007; Draibe y Riesco, 2006) mientras que otras autoras definen la existencia de

> esquemas institucionalizados de políticas sociales, de orientación universalista, donde el Estado es un agente significativo, ya sea en las funciones de diseño, implementación y/o regulación. Este sistema tradicionalmente ha operado de manera prioritaria en el mercado de trabajo, en el sector educativo y de salud. (Midaglia, 2009: 85).

En otros casos, el eje del análisis se ha puesto en el comportamiento de las familias y el peso en la dinámica del único/doble proveedor en los hogares (Martinez Franzoni, 2008).

En el caso argentino, la identificación con el patrón corporativo-meritocrático, definió un régimen "híbrido" (Barbeito y Lo Vuolo, 1992) donde se conjugan elementos de los seguros sociales junto con políticas universales financiadas por rentas generales (educación y salud), con importantes políticas en vivienda y asistencia social, donde la centralidad de los derechos adquiere dimensiones concomitantes en la legitimación del sistema. Es precisamente a partir de este proceso, cuando empiezan a evidenciarse una serie de limitantes al supuesto ideario bienestarista, cuyo aspecto destacado es la centralidad del sector salud, atravesado por pujas distributivas y por un "Estado de compromiso" en la definición de Belmartino (2009) que aleja toda idea en relación con un régimen similar al desarrollado en los países europeos.

En el análisis, no debe perderse de vista que debido al patrón meritocrático, que asignaba las prestaciones sociales a partir de la condición de trabajador asalariado formal estuvo reservada solo para los varones, destinando a las mujeres al ámbito del hogar y las tareas de cuidado (Pautassi, 1995). Concordantemente, el acceso a las prestaciones sociales estuvo condicionado al vínculo matrimonial o parental con un asalariado varón, estratificando aún más el sistema y los *entitlements* (títulos de derechos) para el acceso al conjunto de servicios sociales. Así, el acceso a las obras sociales era a través de este vínculo –acreditable a partir de una libreta de familia– y en el caso del sistema previsional, las mujeres que realizaron toda su vida trabajo de cuidado no remunerado a los integrantes de su familia, accedían a un ingreso recién en condición de viudas, pero sin que se reconozca su contribución al cuidado de ese hogar sino por un título hereditario derivado de su condición de esposa (Pautassi, 2005).

Este patrón de funcionamiento de las instituciones sociales se mantuvo relativamente estable en términos de definiciones, pero con importantes pérdidas en términos de cobertura y calidad de las prestaciones, sumado al desfinanciamiento del sistema, particularmente durante los sucesivos golpes de Estado. Con la recuperación democrática iniciada en 1983, se presentaron numerosas propuestas de reformas sectoriales, en el área de educación, salud y obras sociales, que terminaron de manera controvertida y acentuando los sesgos corporativos (Barbeito y Lo Vuolo, 1998). El posterior proceso de reformas de tipo neoliberales a instancias de los organismos internacionales de asistencia crediticia impactó profundamente sobre esta matriz, iniciando procesos de retracción de las instituciones sociales, produciéndose un cambio de paradigma en la conceptualización del rol del Estado (Lo Vuolo *et al.*, 1999).

Así las reformas impulsadas por el consenso de Washington y prolijamente adoptadas por los países de la región, lejos de "derramar" los aludidos beneficios de libre mercado, aumentaron la pobreza, la indigencia, la concentración del ingreso y de la riqueza que, a diferencia de lo que señalan los referentes de estos organismos, no fueron "un efecto no deseado", sino su directa consecuencia (Salama, 2006).

De allí que el cambio se situó en una acción estatal que se trasladó hacia la urgencia y la transitoriedad, en base a la nueva herramienta que fue la focalización, a partir de la cual los destinatarios de las políticas sociales pasaron a ser denominados muy rápidamente como "beneficiarios" e identificados a partir de sus necesidades o por la pertenencia a algún grupo clasificable como vulnerable, lo cual lo situaba en desventaja con el patrón de "normalidad" atribuido al mercado (Danani y Grassi, 2015) y desplegando un conjunto de programas y medidas que se fueron reconfigurando como placas tectónicas y caracterizaron la "política del mientras tanto" (Arcidiácono, 2012).

De esta forma, y tras diversos ensayos, que en el caso argentino concluyeron en una crisis institucional de enorme envergadura como la de fines de 2001, que dejó a más del 60% de la población en condiciones de pobreza y otro tanto en condiciones de indigencia. Sin embargo, un elemento controvertido y poco analizado de esta catarata de reformas se refiere al supuesto "éxito" alcanzado respecto del componente keynesiano frente a las resistencias generadas en torno a las del régimen bienestarista, lo que permitió a autores como Isuani (2010) calificarlo como un "rígido bien durable" dado que se advertía cierta estabilidad en sus principales arreglos institucionales, en especial la fortaleza del principio contributivo.

En el caso europeo se advierte que el complejo entramado de derechos, políticas y prestaciones que configuraron una suerte de Estado de Bienestar Protector (EBP), fue mutando en el siglo XXI a un Estado de Bienestar Inversor (EBI) que, de acuerdo con Adelantado (2017), tiene su origen en las reformas fiscales de corte regresivo, el persistente desempleo y subempleo, y formas atípicas de contratación laboral, las que fueron desfinanciando los Estados de bienestar, sumado a la reducción del gasto público, que acentuaron un debilitamiento del histórico vínculo entre derechos sociales y empleo.

En síntesis, en uno y otro hemisferio se evidencian los límites de este arreglo institucional que caracterizó –y modelizó– a la política social contemporánea de mitad de siglo pasado a la actualidad. En el caso latinoamericano en general, las transformaciones en el campo de la política social impulsadas en el nuevo siglo han atravesado las distintas esferas estatales y han redundado en una profusión de medidas, programas y políticas que sin duda han impactado de manera contundente en cada uno de los países, de los cuales, las estadísticas disponibles muestran logros significativos (Cecchini *et al.*, 2015).

El nuevo concepto que resume los esfuerzos estatales refiere a la "matriz de protección social", que de la mano de la agenda de "trabajo decente" (*decent work*) de la Organización Internacional del Trabajo (OIT) y de la recomendación 202 sobre pisos de protección social, alcanzó rápida legitimidad en la mayoría de los países, especialmente en aquellos que históricamente venían rezagados o tardíos en el desarrollo de sus sistemas protectorios, y donde la transformación es evidente, particularmente en la primera década y media del siglo XXI (CEPAL, 2014). De esta manera, las medidas implementadas para expandir la cobertura en materia de transferencias de ingresos a sectores informales, se han acompañado por importantes esfuerzos en el campo de la salud y de la educación, donde se incorpora de manera novedosa la problemática del cuidado como parte de las demandas de protección social. Estas medidas, que concentran la mayor cantidad de respuestas públicas en los Programas de Transferencias Condicionadas de Ingresos (PTCI), dejan en un segundo lugar la implementación de políticas activas en el mercado de trabajo y se producen en un escenario de importante crecimiento económico experimentado a nivel regional al inicio de este nuevo siglo.

Cinco esferas de la política social han sido atravesadas por estas medidas, de acuerdo con Filgueira (2015), a saber: i) transferencias monetarias a familias con hijos e hijas, ii) jubilaciones, pensiones y otras trasferencias a adultos mayores, iii) acceso a la salud y expansión de la cobertura de seguros de salud, iv) cambios en la oferta y composición etaria en educación, v) protección a las trabajadoras y trabajadores asalariados (marcos indemnizatorios, licencias, seguros por desempleo y enfermedad). Estas acciones se ubican en un contexto diferente en el cual la inversión pública obliga a revisar los tradicionales esquemas de financiamiento y cuestionar la separación tajante entre fondos de tipo contributivo y no contributivo. Por otra parte, los esfuerzos por ampliar las medidas de focalización, quedan lejos de alcanzar la universalización, y no se ha revertido la consideración de los sujetos destinatarios de las políticas sociales, otrora considerados los "beneficiarios" de las mismas.

En el caso argentino, esta nueva "matriz protectoria" se caracteriza por una alta heterogeneidad, entre otras razones, debido al componente territorial y jurisdiccional de ser un Estado federal. Así, un elemento poco señalado, es el proceso de provincialización de la política social, que comenzó en la última dictadura militar con las primeras transferencias de establecimientos educativos y de salud a las provincias, la que fue retomada durante los años 90 donde se traspasa la totalidad de escuelas y efectores de salud a las provincias, junto con los fondos destinados a la adquisición de viviendas y sin definición alguna de un régimen de coparticipación fiscal que permita afrontar estas nuevas responsabilidades (Pautassi y Gamallo, 2012). Por otra parte, las dimensiones territoriales en la definición de dispositivos de intervención estatal mutan hacia respuestas más complejas que simplemente lo local y donde el peso de las burocracias en las políticas sociales establece patrones determinantes en los cursos de acción pública (Arcidiácono y Zibecchi, 2017).

Precisamente sobre este marco de recomposición de políticas altamente desmembradas, que fueron caracterizadas por soluciones cortoplacistas y al mismo tiempo inercias institucionales robustas que dieron la sensación de "durabilidad", es que vuelven a situarse los derechos económicos, sociales y culturales (DESC) como el elemento distintivo del nuevo milenio. Así, la puja entre matriz de protección y enfoque de derechos logra una suerte de "empate" epistémico, generando una nueva dinámica en las políticas sociales.

Enfoque de derechos y bienestar

Tal como señalé, la esperanza del nuevo milenio se concentró en los derechos, de la mano de la Declaración del Milenio (2000) de Naciones Unidas y con un acuerdo global sobre ocho Objetivos de Desarrollo (ODM) que permitieron avanzar en reducir la pobreza extrema y en respaldar estos compromisos con evidencia empírica, la cual se hizo visible en el año 2015.[2]

Estos acuerdos fueron acompañados por la incorporación de una metodología de tipo transversal, inspirada en el enfoque de género, que implica identificar los compromisos y obligaciones contenidas en las normas internacionales de derechos humanos y cómo estos han sido incorporados en las políticas públicas locales. Lo interesante es que este tipo de "enfoque", en tanto prisma y mirada transversal, permite constatar si el accionar de los agentes gubernamentales y sus políticas, como también sus leyes y sentencias judiciales, se fundamentan en estas obligaciones y bajo qué parámetros se implementan.

Se trata de una metodología que considera que los derechos incorporados en los pactos y tratados de derechos humanos, los cuales la mayoría de los países han ratificado e incluido en sus marcos constitucionales y por lo tanto son de cumplimiento obligatorio, sumado a la existencia de un *corpus* interpretativo realizado por los mecanismos de contralor y protección internacional de derechos humanos –los comités de monitoreo de los tratados internacionales, como el caso del Comité de Derechos del Niño, el Comité del Pacto Internacional de Derechos Económicos, Sociales y Culturales (PIDESC) del sistema internacional de derechos humanos, o el Grupo de Trabajo para el Análisis de

---

2 De acuerdo con el Programa de Naciones Unidas para el Desarrollo, si bien la reducción de la pobreza fue considerable, los avances más significativos se han dado en el campo de la enseñanza primaria, aumentando en más de la mitad los niños, niñas y adolescentes (NNA) que se encuentran escolarizados, al tiempo que la tasa de mortalidad infantil ha caído en más del 50%, y en menor medida se verifican avances en la tasa de mortalidad materna, donde la resistencia a la despenalización del aborto evidencia la gravedad de este indicador en desmedro de las garantías sobre la vida y la autonomía de las mujeres. En materia de infraestructura básica, los resultados han sido notorios: 147 países han cumplido con la meta del acceso a una fuente de agua potable, de los cuales 95 han alcanzado la meta de saneamiento y 77 países han cumplido ambas (PNUD, 2015).

los Informes Nacionales previstos en el Protocolo Adicional de la Convención Americana de Derechos Humanos en materia de derechos económicos, sociales y culturales, "Protocolo de San Salvador" (OEA)–, que define el alcance, contenido y dictan recomendaciones sobre las mejores formas de cumplir con las obligaciones positivas y negativas contenidas en cada derecho, deben ser aplicados indiscutiblemente en las políticas públicas.

Es decir, se trata de un conjunto de estándares interpretativos del alcance de los derechos humanos que deben estar obligatoriamente incorporados en las políticas públicas en general, y en las sociales en particular, de modo de cumplir con los mandatos pero además efectivizar las garantías contenidas en cada derecho. A modo de ejemplo, cada poder del Estado (Ejecutivo, Legislativo y Judicial) debe fundar sus políticas, acciones, planes, leyes y sentencias judiciales en derechos, los que deben ser interpretados en consonancia con la Constitución política y el contenido de los tratados internacionales, para lo cual el "enfoque" de derechos otorga el prisma, la mirada transversal, para incorporarlo. En otros términos, no basta señalar que se garantiza un derecho, o que se restituyen otros, sino que tales garantías deben necesariamente cumplimentar con los estándares necesarios para que no sea una mención "retórica" sino efectiva y por lo tanto requiere de una transformación de la estructura estatal (Pautassi, 2015).

Lo importante del enfoque de derechos y de esta agenda global, renovada en la actualidad de la mano de los Objetivos de Desarrollo Sostenible (ODS), es que se instaló la demanda de que no es suficiente con garantizar derechos, sino que estos deben efectivizarse, ya se trate de derechos civiles, políticos o en el campo de los DESC. Es decir, se ha enfatizado que el cumplimiento de derechos debe realizarse de manera transversal y "atravesando" toda la producción de la estatalidad pública: cada poder estatal y todas y cada una de sus dependencias, necesariamente debe fundamentar su accionar para respetar, proteger y cumplir con los derechos humanos (Eide, 1989).

Sin embargo, ni los derechos ni los sistemas de protección social implementados han logrado avanzar en firme contra la desigualdad imperante en este continente –reitero, tanto de ingresos como también en relación con la injusta división sexual del trabajo y consiguiente injusta división social del cuidado–. Si bien la caída de la proporción de personas en situación de pobreza por ingresos alcanzó los 15,7 puntos porcentuales desde 2002, de acuerdo con estimaciones de la Comisión Económica para América Latina y el Caribe, si persiste una disminución de solo diez puntos porcentuales de la pobreza por década, se requieren 50 años para reducir –y no eliminar– la pobreza en el caso de los niños, niñas y adolescentes (NNA), que junto con las mujeres son los más afectados por la pobreza en el continente. Estas situaciones dan cuenta no solo del incumplimiento de obligaciones de los Estados, sino de la violación del deber de protección de los derechos humanos (CEPAL, 2013).

Y desde los compromisos en materia de derechos humanos, el Comité del Pacto Internacional de Derechos Económicos, Sociales y Culturales (PIDESC) ha señalado de manera contundente que la pobreza es considerada una violación de derechos humanos, y ha solicitado a los Estados a que no asuman que el fenómeno multidimensional de la pobreza es solo estadístico, sino que significa una directa violación del contenido de los DESC.[3]

---

3   El Comité DESC ha señalado, en el marco de la Declaración ante la Conferencia Mundial de Derechos Humanos, que los "Indicadores estadísticos sobre el alcance de las privaciones o sobre la violación de derechos económicos, sociales y culturales han sido citados con tanta frecuencia que tienden a perder su impacto. La magnitud, severidad y constancia de esas privaciones han provocado actitudes de resignación, sentimientos de desesperanza y cierta fatiga de compasión. Las respuestas mudas a esta situación son la consecuencia de la renuncia a caracterizar estos problemas como una negación importante y masiva de los derechos económicos, socia-

Ahora bien, ¿dónde se encuentra el nudo crítico? Desde el punto de vista de los estudios sobre regímenes de bienestar, ¿se trata de fenómenos vinculados con la funcionalidad de los regímenes de bienestar a los sistemas capitalistas modernos? ¿O se trata de brechas estructurales? En todo caso, ¿qué se entiende como brecha en el cumplimiento de derechos o en la distribución del bienestar?

Brechas e inequidades

El concepto de brecha refiere a una línea de abordaje interdisciplinario, desarrollada en Pautassi y Gamallo (2015) que en base a los abordajes del campo de la metodología de la investigación social, identifica la existencia de una distancia o disparidad entre un parámetro teórico o normativo y el valor asumido empíricamente. Aplicado en el campo de los regímenes estatales, se trata de la relación entre un arreglo institucional del régimen de bienestar con la estructura de los riesgos sociales.

Este "gradiente" va a producir una "brecha de bienestar", entendida como una categoría teórica conceptual que permite medir la distancia entre un patrón teórico y su traducción empírica que, en este caso, se concentra en la distancia entre la definición de los arreglos institucionales y las condiciones de vida de la población. Concordantemente, la "brecha" puede obedecer tanto a alteraciones simultáneas o alternativas de cada uno de los componentes, lo que en el caso de Argentina, la principal variación ocurrió en la estructura de riesgos sociales, en tanto la del régimen de bienestar, pese al nuevo impulso en la acción estatal, ofreció mayor estabilidad (Gamallo, 2015).

---

les y culturales. Y a pesar de todo es difícil entender cómo la situación puede realmente ser descrita de alguna otra manera que no sea la mencionada", Naciones Unidas, Documento E/1993/22, Annex III, párrafo 5 y 7.

Si aplicamos el concepto a la estructura de riesgos sociales, sale a la luz una y otra vez la injusta división sexual del trabajo, que a pesar de los esfuerzos incansables por invisibilizarla, las brechas en el acceso de las mujeres al empleo remunerado y formal, a la seguridad social y a una equitativa distribución social del cuidado se conjugan con la sobrerrepresentación de las mujeres y de niños y niñas en la pobreza. Estas situaciones actúan en detrimento del ejercicio de la autonomía por parte de las mujeres.

En el contexto de crecimiento económico como el que tuvo la región en los últimos años, en especial algunos de los países, llama la atención que no se ha avanzado en generar condiciones que permitan la inserción asalariada formal para las mujeres de bajos recursos y con menor nivel educativo, situación que afecta de igual manera a las niñas en relación con los niños (Giacometti y Pautassi, 2014). A su vez, aquellas mujeres con mayor nivel educativo no logran alcanzar trabajos formales en los que se apliquen descuentos de seguridad social o que promuevan trayectorias laborales ascendentes.

Las estadísticas disponibles señalan que en América Latina la tasa de participación laboral de las mujeres se ha mantenido constante, aunque ya no con el dinamismo de años anteriores, lo cual ha permitido disminuir la brecha entre mujeres y varones en cuanto a la presencia en el mercado de trabajo. Sin embargo, tal mejora en la distancia entre uno y otro sexo es dependiente del nivel educativo –el que va a actuar en beneficio de cerrar dicha brecha: cuanto mayor nivel educativo alcanzan las mujeres, menor es la distancia con sus pares varones– aunque va a disminuir si hay niños y niñas menores de 6 años que demandan cuidado –la tasa de participación de las mujeres representa el 60% de la de los varones, en cambio si los niños y niñas tienen entre 6 y 14 años es del 75% y si no hay niños para cuidar la razón alcanza al 80% (CEPAL, 2014).

Obviamente, estas relaciones van a comportarse de manera estratificada por niveles de ingresos quedando más marcadas las diferencias en las mujeres pertenecientes a los estratos socioeconómicos más débiles, allí donde los esfuerzos de las políticas públicas vienen rezagados o en otros países son directamente inexistentes. Las diferencias vuelven a ser notorias en materia de cantidad de horas semanales trabajadas en el mercado de trabajo, donde las mujeres trabajan 37 horas en relación con las 45 horas semanales de los varones, aunque va a ser notablemente mayor cuando se considera el total de horas trabajadas (incluido el trabajo remunerado y el no remunerado) donde la carga horaria y de responsabilidades de las mujeres en todos los países de América Latina es mayor. A pesar de ello, la discriminación salarial es persistente, con diferencias extremas entre países, pero traducidas en un menor aporte de ingresos femeninos a los hogares, que representan la mitad del total de aportes ingresados (CEPAL, 2014).

Así, la brecha se ubica en los indicadores de desempeño del mercado de trabajo, sesgado por discriminaciones, donde la ausencia de políticas activas de empleo, de formación y de igualdad, da por resultado estas condiciones de empleo para las mujeres. Nuevamente, si de brechas se trata, la mayor disparidad entre los objetivos protectorios de la maternidad y la distancia con la disponibilidad de infraestructura, servicios y regulaciones de cuidado es más que notoria (Findling y Lopez, 2015). A ello debe sumarse la brecha en las responsabilidades de cuidado, injustamente distribuidas, tanto entre varones y mujeres, como en la sociedad en general. Todas estas brechas impactan en las condiciones de vida de la población y en el ejercicio de su autonomía.

Nuevamente, si bien varios países de la región han incorporado en sus agendas la problemática del cuidado –como el caso de Uruguay y Costa Rica con el diseño de sistemas nacionales de cuidado– sorprenden los sesgos de género persistentes en la ausencia de diseño e implementación de políticas tendientes al reparto de las responsabilidades de cuidado. Lejos de situarse los países en la oportunidad que las proyecciones demográficas ofrecen, caracterizada por la disminución del peso de NNA y el aumento de mujeres en edades activas, situaciones que deberían motivar propuestas de políticas integrales, y no solo superadoras de la pobreza infantil y su reproducción intergeneracional. En otros términos, el reconocimiento del carácter multidimensional de la pobreza implica el cumplimiento de las obligaciones positivas y negativas de derechos económicos, sociales y culturales (DESC) de toda la población.

Al respecto, la brecha de bienestar regional más severa que se puede identificar, es que a pesar de una disminución de la proporción de niños, niñas y adolescentes en la población total en condiciones de pobreza, en el marco de un proceso de crecimiento económico y aumento del gasto público social, no se ha podido revertir la infantilización de la pobreza (Giacometti y Pautassi, 2014).

La brecha siguiente refiere a las desigualdades por ámbito geográfico de residencia, con mayor peso de las áreas rurales en términos de vulnerabilidad y la estratificación que los sistemas protectorios evidencian, inclusive en los sectores medios, que dan cuenta de un tipo de dinámica de intervención que está mostrando límites claros (Pautassi y Zibechi, 2013). Tal como han demostrado varios estudios, en aquellos casos en que la pobreza no es un obstáculo para el desarrollo de un niño o de una niña, pasa a serlo el nivel educativo, o la maternidad precoz, o ambas situaciones a la vez (Rico y Trucco, 2013), entre tantos otros ejemplos que dan cuenta de las brechas en la distribución del bienestar.

Una de las vías posibles de superación de dichas brechas es el reconocimiento del cuidado como derecho, que implica que toda persona independientemente de su relación laboral, filial, condición socioeconómica, tiene "derecho a cuidar, a ser cuidado y a procurar su autocuidado" (Pautassi, 2007). Al desvincular la obligatoriedad de las prestaciones de, por ejemplo, la condición asalariada formal, implica un nuevo escenario de exigibilidad el cual establece importantes responsabilidades al Estado, pero a su vez, implica que el ejercicio de este derecho sea asumido socialmente. Es decir, que no promueva "mejores condiciones" para que las mujeres sigan cuidando, sino que cada persona, especialmente los varones, asuman sus responsabilidades y se avance en marcos más equitativos.

Por último, si se indaga respecto de la implementación del enfoque de derechos en la región, de 20 países de América Latina y el Caribe, 5 de ellos no tienen enfoque de derechos en sus sistemas de protección social (Honduras, México, Nicaragua, Panamá y República Dominicana) y 8 de ellos tienen contempladas garantías explícitas particularmente en el área de salud, que se definen como la posibilidad de otorgar prestaciones de calidad, cantidad con financiamiento y monitoreo permanente. Se trata de Argentina, Estado Plurinacional de Bolivia, Brasil, Colombia, Chile, Costa Rica, Guatemala, República Dominicana y Uruguay. Si bien los estándares adoptados para evaluar la incorporación del enfoque de derechos son diferentes, ya que en el caso de este estudio considera la igualdad y no discriminación, integralidad, institucionalidad, participación, transparencia, acceso a la información y rendición de cuentas, no todos los países los alcanzan, pero de los 20 considerados, 17 han incluido derechos económicos, sociales y culturales (DESC) en sus Constituciones (Cecchini y Rico, 2015).

El aspecto a analizar, en base a las realidades nacionales, es precisamente cómo dicha incorporación de derechos sociales se ha traducido en medidas para efectivizarlos o si por el contrario se amplió la brecha entre el reconocimiento de derechos y su efectivo ejercicio. Dicho examen puede continuarse en todos los campos de producción y distribución de bienestar, en donde casi con certeza las brechas se han agudizado, a pesar de los renovados compromisos en torno a derechos, las condiciones en que vive la mayor cantidad de personas en la región son altamente preocupantes.

En síntesis, resulta relevante señalar que las garantías constitucionales, la ratificación de pactos y tratados internacionales, la voluntad de fundamentar un programa en derechos hasta incluso el hecho de abrazar la causa de los derechos sociales, tanto por coaliciones gobernantes como por burocracias estatales, todos hechos de alta relevancia e indispensables para el respeto de las personas, no significa en absoluto que los mismos se efectivicen. De allí que la posibilidad de identificar las brechas permite relacionar con los mecanismos necesarios para poder evaluar el grado de avance en la implementación de políticas públicas con enfoque de derechos.

Retórica, brechas y el bienestar en espera

Pocas dudas quedan sobre la importancia de la incorporación del enfoque de derechos, que ha generado consensos claros, adhesiones gubernamentales y un buen grado de empoderamiento ciudadano. De todas maneras, aún es necesario fortalecer los instrumentos protectorios y las acciones públicas, de modo de superar el anclaje retórico y avanzar firmemente en la satisfacción de los derechos.

Claro está que la manera de hacerlo es partir por esquemas transversales de políticas universales, interdependientes en las garantías de derechos civiles, políticos y económicos, sociales y culturales. Este es el "piso" indeclinable en derechos humanos al que todos debemos sujetarnos.

A lo largo del artículo procuré identificar algunas de las brechas más notorias y urgentes en materia de bienestar y de políticas sociales que requieren una atención urgente. En primer lugar, no se puede abrazar un marco de derechos sin adherir al enfoque de género, en tanto permite identificar las asimetrías de poder que se han establecido entre los sexos, en desmedro de su autonomía e identidades sexuales, sean cuales adopte cada persona libremente.

Una vez reconocida esta asimetría de poder, que determina que el peso de la desigualdad no solo es la de ingresos y riqueza, sino la injusta división sexual del trabajo, donde las mujeres asumen casi exclusivamente la carga de tareas de cuidado al tiempo que sufren discriminaciones en el mercado de trabajo, sumado a la violencia de género y sucesivas violaciones a derechos, es indispensable transformarla. No se trata de lanzar medidas de "combate" a la pobreza desvinculadas de procesos transversales, ya tenemos suficiente evidencia empírica que demuestra que no solo no funcionan, sino que reproducen mayores inequidades y estigmatizaciones y ni siquiera han resultado paliativas.

La evidencia disponible muestra que delegar en las transferencias de ingresos, vitales en términos de recursos de los hogares más vulnerables, la resolución de un conjunto de situaciones que hacen a la compleja interacción de condiciones para alcanzar una vida conforme a derechos, que incluyen una vivienda digna, el acceso a infraestructura sanitaria, agua potable, a educación de calidad, respetuosa de las pautas culturales, a la salud, a la salud sexual y reproductiva, entre otras múltiples condiciones, es negar los problemas centrales que afectan a un conjunto más que importante de personas, especialmente a niños, niñas y adolescentes y a las mujeres.

Inclusive más, la defensa de los derechos por parte de las burocracias estatales no resultó suficiente para desmontar la dinámica de programas, particularmente los focalizados, que si bien ampliaron su cobertura de manera relevante, continúan atravesados por la misma dinámica asistencial. Al respecto, aún se sigue denominando mayoritariamente como "beneficiarios" a las destinatarias y los destinatarios de las transferencias, lo cual los sigue desvinculando de su condición de sujetos titulares de derechos.

Las proyecciones disponibles alertan fuertemente sobre la necesidad de implementar acciones urgentes que atraviesen las situaciones de desigualdad estructural, donde el concepto de brechas de bienestar ofrece la posibilidad de identificar estos desajustes entre los objetivos de las instituciones sociales y los resultados alcanzados.

Disponemos de herramientas conceptuales, metodológicas y en menor medida de información, pero lo que sin duda se requiere de manera urgente es la decisión política de transformar la forma de concebir e implementar las políticas sociales. El enfoque de derechos y de género es nuestro piso mínimo e irrenunciable para comenzar en la necesaria transversalidad.

Bibliografía consultada

Abramovich, V. y Pautassi, L. (2009). El enfoque de derechos y la institucionalidad de las políticas sociales. En V. Abramovich y L. Pautassi (comps.). *La revisión judicial de las políticas sociales. Estudio de casos.* Buenos Aires: Del Puerto.

Arcidiacono, P. y Zibecchi, C. (coord.) (2017). *La trama de las políticas sociales. Estado, saberes y territorios.* Buenos Aires: Biblos, Colección Derechos Sociales y Políticas Públicas.

Arcidiacono, P. (2012). *La política del mientras tanto. Programas Sociales después de la crisis 2001-2002.* Buenos Aires: Biblos, Colección Derechos Sociales y Políticas Públicas.

Adelantado, J. (2017). Reestructuración de los Estados de Bienestar. ¿Hacia un cambio de paradigma? Ponencia presentada en el XIII Congreso Nacional de Ciencia Política, "La política en entredicho. Volatilidad global, desigualdades persistentes y gobernabilidad democrática", Sociedad Argentina de Análisis Político y la Universidad Torcuato Di Tella, Buenos Aires, 2 al 5 de agosto de 2017.

Barbeito, A. y Lo Vuolo, R. (1992). *La modernización excluyente. Transformación económica y Estado de bienestar en Argentina*. Buenos Aires: UNICEF/CIEEP/Losada.

Barbeito, A. y Lo Vuolo, R. (1998). *La nueva oscuridad de la política social. Del estado populista al neoconservador.* Buenos Aires: CIEPP/Miño y Dávila.

Belmartino, S. (2009). Los procesos de toma de decisiones en salud. Historia y teoría. *Revista Política y Gestión*, n.o 11, Buenos Aires.

Cecchini, S. y Rico, M. N. (2015). El enfoque de derechos en la protección social. En S. Cecchini, F. Filgueira, R. Martínez y C. Rossel (eds.), *Instrumentos de protección social. Caminos latinoamericanos hacia la universalización* (pp. 331-362). Santiago de Chile: Comisión Económica para América Latina y el Caribe (CEPAL), Naciones Unidas.

CEPAL (2013). *Panorama Social de América Latina 2013.* Santiago de Chile: Comisión Económica para América Latina y el Caribe (CEPAL), Naciones Unidas.

CEPAL (2014). *Panorama Social de América Latina 2014.* Santiago de Chile: Comisión Económica para América Latina y el Caribe (CEPAL), Naciones Unidas.

Danani, C. y Grassi, E. (2015). El sistema de protección social argentino entre 2002 y 2013. Características y nuevos problemas. En A. L. Kornblit, A. C. Camarotti y M. Güelman (eds.), X *Jornadas Nacionales de Debate Interdisciplinario en Salud y Población*. Buenos Aires: Teseopress.

Draibe, S. y Riesco, M. (2006). Estado de bienestar, desarrollo económico y ciudadanía: algunas lecciones de la literatura contemporánea. *Serie Estudios y Perspectivas* 55, México: CEPAL.

Eide, A. (1989). Realización de los derechos económicos, sociales y culturales. Estrategia del nivel mínimo, *Revista de la Comisión Internacional de Juristas*, Ginebra, Suiza, n.o 43, 1989.

Esping Andersen, G. (2000). *Fundamentos sociales de las economías postindustriales*. Barcelona: Ariel.

Filgueira, F. (2002). Latin America: Society and Comparative Studies. En *International Encyclopedia of Social and Behavioral Sciences* (pp. 8430-8436). United Kingdom: SSRC.

Filgueira, F. (2007). Cohesión, riesgo y arquitectura de protección social en América Latina. *Serie Políticas Sociales*, n.° 135, Santiago de Chile, CEPAL.

Filgueira, F. (2015). Modelos de desarrollo, matriz del Estado social y herramientas de las políticas sociales latinoamericanas. En Cechini, S.; Filgueira, F.; Martinez, R. y Rossel, C. (eds.), *Instrumentos de Protección Social. Caminos latinoamericanos hacia la universalización*. Santiago de Chile: Comisión Económica para América Latina y el Caribe (CEPAL), Naciones Unidas.

Findling, L. y López, E. (2015). *De cuidados y cuidadoras. Acciones públicas y privadas*. Buenos Aires: Biblos.

Gamallo, G. (2015). Aproximaciones al concepto de brecha de bienestar. En L. Pautassi y G. Gamallo (dirs.) (2015). *El bienestar en brechas. Las políticas sociales de la Argentina de la posconvertibilidad*. Buenos Aires: Biblos, Colección Derechos Sociales y Políticas Públicas.

Giacometti, C. y Pautassi, L. (2014). "Infancia y (des) protección social. Un análisis comparado en cinco países latinoamericanos. *Serie Políticas Sociales*, n.o 214, ISSN 1564-4162, noviembre 2014. Santiago de Chile: UNICEF-CEPAL, Naciones Unidas.

Lo Vuolo, R.; Barbeito, A.; Pautassi, L. y Rodríguez Enríquez, C. (1999). *La pobreza de las políticas contra la pobreza*. Buenos Aires: CIEPP/Miño y Dávila.

Martínez Franzoni, J. (2008). Domesticar la incertidumbre en América Latina. Mercado laboral, política social y familias. San José de Costa Rica, Editorial UCR, Instituto de Investigaciones Sociales.

Midaglia, C. (2009). Entre la tradición, la modernización ingenua y los intentos por refundar la casa: la reforma social en el Uruguay en las últimas décadas. En C. Barba Solano (comp.), *Retos para la integración social de los pobres en América Latina*. Buenos Aires: CLACSO.

Offe, C. (1988). *Contradicciones en el Estado de Bienestar*. Madrid: Alianza Editorial.

Offe, C. (1995). Un diseño no productivista para políticas sociales. En R. Lo Vuolo (comp.), *Contra la Exclusión. La propuesta del ingreso ciudadano*. Buenos Aires: CIEPP/ Miño y Dávila.

Pautassi, L. y Gamallo, G. (dir.) (2015). *El bienestar en brechas. Las políticas sociales de la Argentina de la posconvertibilidad*. Buenos Aires: Editorial Biblos, colección Derechos Sociales y Políticas Públicas.

Pautassi, L. y Gamallo, G. (2012). *¿Más derechos, menos marginaciones? Políticas sociales y bienestar en Argentina* (dirs.), Buenos Aires: Editorial Biblos, colección Derechos Sociales y Políticas Públicas.

Pautassi, L. (2013). Perspectivas actuales en torno al enfoque de derechos y cuidado: la autonomía en tensión. En L. Pautassi y C. Zibecchi (coord.), *Las fronteras del cuidado. Agenda, derechos e infraestructura*. Buenos Aires: Equipo Latinoamericano de Justicia y Género (ELA) y Biblos.

Pautassi, L. (2007). El cuidado como cuestión social desde el enfoque de derechos. *Serie mujer y desarrollo*, n.° 87, Santiago de Chile, CEPAL.

Pautassi, L. (2005). *¿Bailarinas en la oscuridad? Seguridad social en América Latina el marco de la equidad de género*. Ponencia presentada, 38.° Reunión de la Mesa Directiva de la Conferencia Regional sobre la Mujer de América Latina y el Caribe, Mar del Plata, septiembre de 2005, CEPAL.

Pautassi, L. (1995). ¿Primero las damas? La situación de la mujer frente a la propuesta del ingreso ciudadano. En R. Lo Vuolo (comp.), *Contra la exclusión. La propuesta del ingreso ciudadano*. Buenos Aires: CIEPP/Miño y Dávila.

Programa de Naciones Unidas para el Desarrollo, PNUD (2015). Objetivos de Desarrollo del Milenio. Informe de 2015. Programa de Naciones Unidas para el Desarrollo Naciones Unidas, disponible en: https://bit.ly/2BQSTpS.

Rico, M. N. y Trucco, D. (2014). Adolescentes Derecho a la educación y al bienestar futuro, (LC/L.3791) serie *Políticas Sociales*, n.° 190. Santiago de Chile, Naciones Unidas, Comisión Económica para América Latina y el Caribe (CEPAL) / Fondo de las Naciones Unidas para la Infancia (UNICEF).

Salama, P. (2006). La pobreza en América Latina. La lucha contra las dos V: volatilidad y vulnerabilidad. En R. Lo Vuolo (comp.), *La credibilidad social de la política económica en América Latina.* Buenos Aires: Ciepp-Miño y Dávila editores.

Las políticas de juventudes y de género en los escenarios sociales latinoamericanos

YUSSEF BECHER

Introducción

Las políticas sociales (entre ellas las de juventudes y las de género) son una construcción social y, por consiguiente, se encuentran condicionadas por el contexto social y sus diversos factores que pueden provenir del plano de lo económico o de lo cultural. De allí que, si bien pueden existir políticas sociales en diferentes momentos o periodos históricos, se encuentran condicionadas por un conjunto de factores más amplios, de modo que si el contexto económico –y las políticas propuestas– no acompañan a las sociales, su impacto no será significativo. Ello fue lo que sucedió en la década neoliberal argentina de 1990.

En el nuevo siglo una serie de particularidades contextuales acompañaron a las políticas sociales, y lo curioso es que no solo fue un fenómeno aislado para la Argentina, pues la región en general dio un giro hacia un proyecto político sensible respecto de la pobreza y los sectores populares. Fueron tales elementos contextuales los que propiciaron condiciones de producción para políticas como las que describiremos en el artículo.

Con juventudes referimos a la etapa cronológica social en la cual se suscitan diversos procesos de construcción de subjetividades e identidades –de allí el uso del plural en el término– que comparten significaciones comunes constitutivas de una misma generación (Margulis, 2015). Por su parte, género alude al conjunto de características y comportamientos como así también roles y valoraciones impuestas dicotómicamente a cada sexo a través de procesos de socialización, que son mantenidos y reforzados por la ideología e instituciones patriarcales (Facio y Fries, [1999] 2005). Si bien tanto juventudes como identidades de género son dimensiones constitutivas de la construcción de las subjetividades, en términos de políticas sociales las tratamos por separado para referir a las propiamente juveniles y sus intenciones de igualar condiciones de las implementadas para reducir brechas de género. Tales brechas refieren a las diferencias desproporcionadas entre varones y mujeres en su acceso a los recursos y a las oportunidades –que también incluyen a los derechos– ya sea en el marco de políticas económicas o sociales (Sagot, 2017). Diversos estudios –que son citados en el desarrollo del texto– muestran ciertos avances en ambos casos por parte del gobierno argentino de los primeros quince años del nuevo siglo y en el marco de un proyecto político de características particulares.

Planteadas estas ideas iniciales, el texto propone un recorrido por los escenarios sociales latinoamericanos de comienzos de siglo a fin de reflejar, luego, con indicadores y documentos de organismos de derechos humanos, el modo en que contribuyeron a las políticas sociales que tienen por fin igualar o equiparar condiciones juveniles o de género. Finalmente, proponemos una reflexión sobre ese recorrido y sobre algunos significantes propios de la actual coyuntura.

Reflexiones sociales sobre el escenario latinoamericano

Iniciar una aventura siempre supone riesgos y desafíos, y la conjugación de aventura en verbo –aventurarse– parece ser representativa del escenario latinoamericano de principios de siglo. Cuando muchos creyeron que el neoliberalismo era el esposo ideal del capitalismo, los movimientos y crisis colectivas de inicios de la década pasada pusieron de manifiesto que dicho matrimonio no era la pareja ideal ni mucho menos iba a prosperar si continuaban juntos. Cuando muchos creyeron que el reclamo por los delitos de lesa humanidad cometidos durante los gobiernos autoritarios era parte del pasado, la memoria colectiva y los cuerpos de las familias de las víctimas (y quienes se solidarizaban con ellas) nunca dejaron de ocupar el espacio público para reclamar justicia, y un día un presidente latinoamericano pidió perdón en nombre del Estado y descolgó los cuadros de dos de los más crueles represores de un espacio en donde paradójicamente se los condecoraba. Cuando muchos creyeron que el neoliberalismo había engendrado una generación de jóvenes apolíticos, ellos mismos fueron quienes continuaron resistiendo desde otros espacios y cuando los gobiernos del nuevo siglo los convocaron, allí estuvieron para decir presente.

Aquellas postales formaron parte del escenario latinoamericano de comienzos del siglo XXI en donde ya no parecía tan lejano aquello que soñaba Octavio Paz (1950) en *El laberinto de la soledad*. Tal como señala Paramio (2006): "... simbólicamente la elección de Lula, como la derrota de Carlos Menem frente a Néstor Kirchner en Argentina en 2003, fue la señal de cambio de clima político e ideológico en la región" (p. 64). Si bien coincidimos con quienes señalan el riesgo de considerar que todo es símbolo –y Martin Jay (2009) en uno de sus más recientes y celebrados libros realiza una revisión de tales posturas teóricas– admitimos ciertos vicios de formación en nuestra preferencia por los enfoques socio-simbólicos e interaccionistas en donde los significados (en términos schützianos) son una construcción que apela a la memoria intersubjetiva. De allí que fueron tales símbolos los que interpelando a las luchas y las resistencias colectivas latinoamericanas fueron generando adhesión de parte de sectores sociales que previamente no se identificaban partidariamente con espacios políticos. Fueron esos mismos símbolos los que se objetivaron en acciones estatales concretas, de modo que aquello que comenzó tímidamente como una aventura se iba consolidando como un proyecto político en el que convergían elementos propios de la identidad latinoamericana con el reconocimiento de los derechos sociales y civiles de los sectores postergados y condenados a la ignominia por parte de los gobiernos de décadas anteriores.

A esos gobiernos de principios del siglo XXI se los denominó populismos (pues asumieron esas características) recurriendo a todos los significantes negativos que utilizan los medios de comunicación dominantes y los políticos –e incluso desde algunos ámbitos de las ciencias sociales– para nominarlos:

> … no resulta sorprendente que desde los medios de comunicación se reproduzca el término a la hora de juzgar peyorativamente a algún gobierno, partido o la persona de un político; que lo propio suceda desde la arena política: los políticos lo utilizan como arma de ataque para descalificar a algún adversario; o, desde la academia, se caiga en arengas de corte normativo. Pareciera, entonces, que el populismo solo puede evocar algo ominoso: remite a lo chabacano, lo estéticamente feo, lo moralmente malo, a la falta de cultura cívica, la demagogia, la falta de respeto por las instituciones, etc., no por casualidad ningún político gusta de ser tildado de populista. (Biglieri y Perello, 2007: 3)

Aunque –tal como señala Laclau (2010)– ello resulta contradictorio con las características del sistema democrático, pues la dimensión referida al pueblo o a lo popular es constitutiva de dicho sistema. Sin embargo ha sido el discurso de la corrupción el que en los últimos tiempos ha permeado el campo de significaciones en torno al populismo, y en tal sentido es preciso distinguir –como lo propone Chantal Mouffe (2011 y 2015)– entre populismos de izquierda y populismos de derecha. La distinción entre ambas nociones ya ocupa vastos espacios en los anaqueles de las investigaciones sociales –e incluso para autores como

Giddens (1994) tales distinciones deben ser superadas–
pero resulta útil a los fines de diferenciar las consecuencias
prácticas de cada uno de esos modelos. Torcuato S. Di Tella
(2015) es quien define a la izquierda como aquella orientación político-ideológica en donde priman los intereses de
los sectores populares y a la derecha como una orientación
del mismo tipo pero en donde lo que predominan son los
intereses del mercado. Si bien han sido los populismos de
izquierda los que históricamente han cargado con mayores
connotaciones negativas de parte de los medios de comunicación dominantes, son los de derecha los que han padecido
mayores desestabilizaciones por causas de corrupción comprobadas judicialmente (Hochstetler, 2008).

En cuanto a las acciones estatales –a las que referíamos
anteriormente– las políticas sociales (entre ellas las de
juventudes y las de género) encontraron terreno fértil para
su producción, por cuanto fueron una de las principales herramientas a las que acudieron tales gobiernos para
equiparar situaciones de desigualdad. Asimismo y tal como
advierte Rebeca Grynspan (2011), no podemos concebir
a las intervenciones sociales disociadas de las económicas, pues si el contexto socioeconómico es desfavorable,
poco pueden aportar en esos escenarios las políticas sociales. A ello lo describiremos con mayor detalle en el caso
argentino.

Argentina también formó parte de aquella aventura
que luego se fue consolidando como un proyecto latinoamericano. En el año 2003 cuando Néstor Kirchner asumió
la presidencia –después de que Carlos Menem renunciara
a la posibilidad del *ballotage*– inició el proceso de reformas económicas por medio de políticas en donde uno de
los principales cambios fue una mayor intervención por
parte del Estado en el mercado. De allí que ese periodo
que comprendió hasta el año 2015 con las presidencias de
Cristina Fernández fue denominado como un giro hacia un
populismo de izquierda (Mouffe, 2015). Gabriel Vommaro
(2016: 5) nos cuenta:

Hace más de una década, Néstor Kirchner [...] dijo, al asumir, que quería edificar un país normal. Eso suponía reconstruir la autoridad del Estado, la confianza en las instituciones y una cohesión social maltrecha por la crisis del programa de convertibilidad monetaria entre el peso y el dólar que imperó hasta diciembre de 2001. Esta reconstrucción se cimentaría en una reindustrialización del país y en la ampliación de los márgenes de maniobra del Estado frente a los poderes fácticos nacionales e internacionales.

Si bien fue un periodo que en términos económicos –tal como refiere la politóloga argentina María Matilde Ollier (2010)– fue de bonanza económica, esos recursos fueron utilizados para apostar a la reconstrucción de la industria nacional mediante créditos de diverso tipo y a resarcir a los sectores populares de las crisis neoliberales mediante políticas sociales. Fue en ese periodo que inició una etapa de la política social a la que Danani y Hintze (2011 y 2013) han denominado como de contrarreforma, la cual estuvo caracterizada por modificaciones en el área de la seguridad y la protección social. Entre ellas la disolución de las Administradoras de Fondos de Jubilaciones y Pensiones; el incremento jubilatorio y de pensiones primero por decreto y luego por ley de actualización semestral; la actualización del monto de asignaciones familiares para trabajadores del sector formal; y la creación de una asignación universal por hijo para quienes se desempeñan en el ámbito informal. Muchas otras fueron las medidas sociales comprendidas en ese periodo de contrarreforma, de manera tal que como señala Guendel (2007) del mismo modo que en ese lapso temporal en Europa se fortaleció el Estado de bienestar y en Estados Unidos los derechos civiles y políticos, en América Latina lo fue en el plano de las políticas sociales y económicas. De ese modo parecía que aquella promesa de "país normal" –tal como comentaba Vommaro (2016)– en términos de menores niveles de pobreza e indigencia se iba cumpliendo, pues llegaron a

4,3% y 1,7% respectivamente en el año 2012 (CEPAL, 2014) y posteriormente padecieron leves incrementos como así también reducciones (CEPAL, 2016).

En reiteradas oportunidades, Cristina Fernández hacía referencia en sus discursos a la vinculación entre economía y ciencia y técnica, y esa fue otra de las áreas en las cuales ese proyecto tuvo una importante presencia:

> El conocimiento ocupa en nuestro gobierno y en nuestro proyecto un lugar fundamental. No se trata de un conocimiento aislado, que no interactúa con la sociedad: al contrario, es un conocimiento, una ciencia y una tecnología que interactúan con la comunidad, con la economía, con la salud, para precisamente a través de la innovación tecnológica lograr agregar valor y conocimiento a nuestra tecnología. (Discurso de inauguración del Polo Científico Tecnológico del 06 de octubre de 2011)

Tales propósitos se objetivaron (entre otras políticas públicas) en el programa Argentina Innovadora 2020: Plan Nacional de Ciencia, Tecnología e Innovación, que se implementó en el marco del Ministerio de Ciencia, Tecnología e Innovación productiva también creado en aquel periodo. Dicho programa tuvo como objetivo reparar el sistema de ciencia y técnica luego de las consecuencias de la década de 1990 en la cual fue desfinanciado. Por medio de la ampliación de convocatorias a becas y proyectos de investigación en el marco de distintos organismos públicos estatales se logró ir reconstruyendo ese vínculo entre el Estado y la ciencia y la técnica, del mismo modo que se construyó infraestructura institucional puesta al servicio de los actores científicos. De allí que incrementó la investigación científica –tanto en ciencias sociales como en otras– en el marco de tales organismos que bien pudieron ser las universidades nacionales públicas; el Consejo Nacional de Investigaciones Científicas y Técnicas (CONICET); la Agencia Nacional de Promoción Científica y Tecnológica (AGENCIA); el Instituto Nacional de Tecnología Industrial

(INTI); el Instituto Nacional de Tecnología Agropecuaria (INTA); la Comisión Nacional de Energía Atómica (CNEA); el Instituto de Investigaciones Científicas y Técnicas para la Defensa (CITEDEF). Asimismo, las universidades públicas fueron construyendo un vínculo más estrecho con el Estado por cuanto lograron tener incidencia real en la toma de decisiones de parte de aquel y por consiguiente sus políticas públicas (Arito, 2012).

Tanto el liderazgo presidencial de Néstor Kirchner (2003-2007) como el de Cristina Fernández (2007-2015) fueron denominados –por parte de la ciencia política argentina– como fuertes o dominantes dada la acumulación de recursos político-institucionales. A comienzos de 2003, contando con la opinión pública favorable, continuaron con la preocupación por los derechos humanos. Ello generó el apoyo de parte de organismos de derechos humanos principalmente vinculados a delitos de lesa humanidad, por cuanto el gobierno fue uno de los principales promotores del juzgamiento a los autores de esos delitos. Se fueron sumando otros factores tales como la renovación de la desprestigiada Corte Suprema de Justicia de la Nación de la década de 1990; la coalición con dirigentes políticos no peronistas; las exitosas negociaciones con el Fondo Monetario Internacional (FMI); el apoyo del sindicalismo y la unidad de la dividida Confederación General del Trabajo (CGT). En los años subsiguientes tales recursos continuaron acumulándose en torno a los líderes al fortalecer sus alianzas con los gobernadores de provincia y la continuación de un tiempo económico favorable. Si bien se suscitaron algunos cambios en ese escenario sociopolítico (entre los principales, la reducción de los recursos económicos y la fragmentación de la CGT), la falta de un proyecto opositor al oficialista fue lo que permitió hasta el año 2015 conservar ese estilo de liderazgo (Ollier, 2010 y 2014).

Muchos escenarios latinoamericanos pueden ser descriptos de manera similar al argentino e incluso los liderazgos también, pero sin dudas en el análisis político-institucional un factor fundamental a incorporar es el del contexto social. De allí, la posibilidad de agregar a tales consideraciones los factores positivos que aportaron políticas económicas y sociales que intentaron contrarrestar las consecuencias del sistema capitalista y en ello contribuyeron a la consolidación de esos liderazgos. De manera tal que ello los posicionó como regímenes presidencialistas dominantes en términos político-institucionales, pero al mismo tiempo más estables –lo cual no es un detalle menor si revisamos nuestra historia latinoamericana– tal como lo fue el de Chávez en Venezuela o el de Lula en Brasil o el de Correa en Ecuador o el de Kirchner y Fernández en Argentina (Becher, 2016).

Diferentes fueron los escenarios argentinos (y en la región en general) en la década de 1990, pues ya muy lejos de ser una aventura se implementó un plan económico sistemático de características neoliberales. Fue sistemático por cuanto no solo se inició en la mencionada década, sino que se remonta a un par anteriores y no solo fue económico, sino que comprendió un proyecto aun mayor: "... lo que ocurrió durante el ciclo de hegemonía del consenso neoliberal fue una verdadera reformulación del pacto social, en tanto el neoliberalismo no se reduce a una serie de medidas económicas sino que constituye, cabalmente, un proyecto civilizatorio" (Campana, 2014: 26). Ello muestra su incidencia en la construcción de la ciudadanía por cuanto esos efectos económicos se extendieron a un proyecto de alienación y soterramiento de lo político –en los términos que lo plantea Mouffe (2011)– en donde el consenso y no las perspectivas críticas o el disenso serían los signos de un futuro mejor. De allí que se dio inicio a un proceso en donde las desigualdades sociales eran una de las consecuencias del proyecto, y ello debía contar con la aceptación de los otros sectores (principalmente los medio altos y los altos) pues de otro modo no iban a poder gozar de una buena calidad de vida. Dicho proyecto y sus intenciones culminaron con índices de pobreza e indigencia por encima del doble de los del año

2015 para toda América Latina (CEPAL, 2016). Si bien fue un periodo de políticas económicas neoliberales, no dejaron de implementarse políticas sociales e incluso del total del Producto Bruto Interno (PBI) un porcentaje significativo se destinó a ese tipo de políticas (Hintze, 2006), pero ¿qué características asumieron las políticas sociales en ese periodo? Programas sociales de escasos recursos que se encontraban de manera directa (como ocurrió con la creación de la Administradora de Fondos de Jubilaciones y Pensiones y las Aseguradoras de Riesgos de Trabajo) o indirecta (la relación con las organizaciones de la sociedad civil) inmersas en la lógica del mercado y la asistencia social (Lumi, Golbert y Tenti Fanfani, 1992; Salvia y Frydman, 2004; Hintze, 2006; Rodríguez Enríquez y Reyes, 2006). De escasos recursos y eficiencia a medidas sociales implementadas al calor de la protesta social y la lucha colectiva, tal como sucedió con el Plan Trabajar y el Barrios Bonaerenses (Vales, 2003; Auyero, 2004). Políticas en donde el "caudillismo provincial" –como institucionalismo informal– era el que definía la cantidad y los recursos de las que se iban a implementar en cada territorio (Repetto y Alonso, 2006). Todas ellas instancias en donde los mecanismos clientelares (materiales y simbólicos) funcionaban como engranaje de la relación con los sujetos a quienes se dirigían las intervenciones (Auyero, 1997 y 2001; Trocello, 2000; Hintze, 2006). Ello nos muestra que las políticas sociales como toda construcción social se encuentran condicionadas por el contexto social (y por consiguiente los factores económicos y políticos, y sin dudas los culturales) de manera tal que si dicho contexto es desfavorable –como sucedió en la década de 1990– de ninguna manera tales políticas pueden tener un impacto significativo sobre la reducción de desigualdades sociales.

Las políticas de juventudes y de género en la Argentina

A continuación haremos uso de algunos indicadores y documentos de organismos internacionales de derechos humanos para reflejar los efectos de tales escenarios sociales en intervenciones dirigidas a igualar o equiparar condiciones juveniles y de género.

Desde inicios del siglo XXI en nuestro país la inversión social en políticas sociales destinadas a juventudes y reducción de brechas de género incrementó considerablemente. En el año 2014, el Instituto Nacional de Estadísticas y Censos (INDEC) realizó por primera vez un relevamiento al que denominó Encuesta Nacional de Jóvenes cuyos resultados fueron publicados durante el año 2015. Dicho relevamiento comprendió entre su población a un total de 6340 jóvenes residentes en centros urbanos de todo el país de 2000 o más habitantes, quienes fueron seleccionados de acuerdo con un criterio etario de 15 a 29 años. Los resultados muestran importantes niveles de finalización e inserción respecto de la educación y el empleo. Del total de la muestra, un 40% de los jóvenes de 20 a 29 años han finalizado la educación media en el tiempo previsto mientras un 28% –7 de cada 10– del total de jóvenes de 15 a 29 años asisten actualmente al secundario. Tales datos permiten reflejar que en Argentina existe un elevado índice de alfabetización juvenil y de trayectorias educativas de nivel secundario completas. En lo que respecta al empleo remunerado, el 45,6% de los jóvenes afirmó trabajar y del total de la muestra un 34% se dedica a tareas de cuidado comúnmente no remuneradas –ya sea respecto de su entorno familiar o de otros– con una significativa diferencia porcentual entre varones y mujeres. Aproximadamente 3 de cada 10 jóvenes que se dedican a tareas de cuidado dejan de trabajar o estudiar, y el porcentaje es de 42,1% para las mujeres y de 12,9% para los varones. Ello muestra nuevamente la persistente existencia de brechas de género (en tanto acceso desigualitario a los recursos) y la reproducción de estereotipos respecto del empleo en las mujeres.

La Organización Iberoamericana de la Juventud (OIJ) y la Comisión Económica para América Latina y el Caribe de la Organización de Naciones Unidas (CEPAL-ONU) también realizaron un relevamiento en el año 2015. Ambos organismos señalan que en Argentina habitan un total de 10 050 434 jóvenes varones y mujeres de entre 15 y 29 años. Ello representa un 24,7% sobre el total poblacional calculado por tales organismos, y de ese total el 2,86% son considerados pobres y el 1,75% son indigentes. En cuanto a la educación y el empleo, el 83,3% ha concluido su educación básica y el 14% se encuentra desempleado.

Los mismos organismos señalan que la inversión social en políticas de juventud por parte del gobierno argentino era de un 3,3% sobre el Producto Bruto Interno (PBI) lo que la colocaba en una diferencia porcentual de 25% respecto del promedio de los otros países de la región. Dicho porcentaje de inversión se distribuía en políticas sociales mayoritariamente educativas y eran seguidas por las de vivienda, salud y asistencia social. Asimismo, el informe destaca la importante inversión en programas de transferencias condicionadas dirigidos a las juventudes, tales como la Asignación Universal por Hijo o el Programa de Respaldo a Estudiantes Argentinos.

En el año 2013, el Consejo Latinoamericano de Ciencias Sociales (CLACSO) en conjunto con la Organización de las Naciones Unidas para la Educación, la Ciencia y la Cultura (UNESCO) realizaron un relevamiento sobre el tipo de políticas públicas de juventud en las que invertía Argentina. Del total de programas sociales (88 en números absolutos) el 30,7% estaban destinados a la población joven mientras el 69,3% no las comprendía como destinatarias directas (pues estaban dirigidos a una población más amplia) pero quedaban incluidas por sus franjas etarias. De esos programas, el 25% se concentraba en el Ministerio de Desarrollo

Social; el 13,6% en el Ministerio de Industria; el 11,4% en el Ministerio de Educación; el 8% en la Jefatura de Gabinete de Ministros; y siguen porcentajes menores en otras carteras ministeriales. De entre el conjunto de políticas de juventudes, el mayor número se ubicaba en las que se denominan de participación social y ciudadana, y a continuación (y con poca diferencia) se ubicaban las de promoción del desarrollo económico y de acceso a derechos y actividades culturales. Por último y con porcentajes menores, se encontraban las políticas de acceso y terminalidad educativa y las de inclusión social. Tales denominaciones corresponden a las contenidas en los documentos oficiales de las respectivas programaciones, pues muchas de ellas podrían ser comprendidas por la categoría inclusión social.

Vale mencionar que en el año 2015 el Instituto de Investigaciones Gino Germani de la Universidad de Buenos Aires realizó un relevamiento de similares características y fue publicado en Vázquez (2015). En dicho estudio el número de programas sociales asciende a 150 por considerar aquellos en los cuales los jóvenes no son sus destinatarios directos (pues la población de la política está definida en términos más amplios) pero por las edades comprendidas obtienen el acceso a los derechos establecidos en los programas. Si bien en este estudio la tipología construida es más detallada y exhaustiva, la mayor cantidad de programaciones se concentraba en las mismas categorías del estudio anterior.

En ambos estudios se menciona que si se consideraran la cantidad de destinatarios, el impacto o el presupuesto destinado a cada una de ellas, la distribución sería distinta pues el primer lugar correspondería sin dudas a las de inclusión social (que comprenden las transferencias condicionadas) y las de terminalidad educativa.

En materia de brechas de género, es la CEPAL el organismo que con mayor periodicidad realiza relevamientos en el marco del sistema universal de protección de derechos humanos. Dicho organismo creó en el año 2007 en la décima Conferencia Regional sobre la Mujer de América Latina y el Caribe el Observatorio de Igualdad de Género. Entre sus tareas se encuentra la de ofrecer a la comunidad datos estadísticos ligados con tales brechas y lo hace en función de cuatro variables: la autonomía económica; la autonomía en la toma de decisiones; la autonomía física y la interrelación de las autonomías. El primer indicador muestra que en nuestro país el 19,8% de las mujeres no contaba con ingresos propios y de su tiempo dedicaban semanalmente un 58,5% al trabajo no remunerado. El segundo indicador muestra que en Argentina los cargos ministeriales correspondían en un 19% a las mujeres. Asimismo, el porcentaje de mujeres en la Corte Suprema de Justicia de la Nación era de 28,6% y en el Poder Legislativo de 35,8%. Los dos primeros porcentajes colocaban a nuestro país en una posición media respecto de los otros de la región, pero el último entre los primeros. Por su parte, el indicador autonomía física muestra que Argentina tenía una de las tasas más elevadas de feminicidios y de muerte de mujeres ocasionadas por sus parejas o exparejas íntimas. El índice de maternidad adolescente la ubicaba en la media respecto de los otros países, y el de mortalidad materna entre los de menor porcentaje.

El Foro Económico Mundial estima anualmente el Índice Global de la Brecha de Género y respecto del año 2016 Argentina se ubica en el puesto número 33 con un porcentaje del 73,52%. Ello muestra que en nuestro país (de acuerdo con los indicadores considerados que son similares a los de la CEPAL) la brecha no es amplia entre varones y mujeres respecto de los otros países analizados en los cuales se encuentran representados los cinco continentes. Asimismo, nuestro país muestra una reducción sostenida de las desigualdades de género desde el año 2006 (donde inicia el registro del Foro) y los valores más bajos corresponden a los años 2008 y 2009. En ese último año se sancionó la Ley N° 26485 de Protección Integral de la Violencia contra las Mujeres.

Si bien Argentina no cuenta con un plan de igualdad de género implementado a nivel nacional (modalidad que se ha extendido en otros países de la región), posee políticas públicas sectoriales que tienen aquel fin. En lo que respecta al presupuesto destinado a programaciones de igualdad de género, entre los años 2015 y 2016 el monto designado al Consejo Nacional de las Mujeres (de acuerdo con la ley de presupuesto) ha incrementado en un 132%. En lo relativo al marco normativo institucional, nuestro país cuenta desde el año 1991 con una ley de cupo femenino para cargos legislativos nacionales y provinciales, y recientemente con leyes sobre violencia integral, trata de personas, acoso sexual y una reforma al Código Penal en la que se incorporó el delito de femicidio (CEPAL, 2017).

El Comité para la Eliminación de la Discriminación contra la Mujer (que controla en cada Estado Parte el cumplimiento de los derechos contemplados en el tratado) en su último informe del año 2016 destacó la importante inversión argentina en el área de la protección y la seguridad social y su impacto positivo en la disminución de tasas de pobreza de mujeres y niñas, como así también la prioridad asignada en tales ámbitos a las mismas.

En lo relativo a la participación de las mujeres en la vida pública, el Comité señaló la importancia de que por primera vez una mujer haya sido elegida presidenta por medio del voto popular (en referencia a la exmandataria Cristina Fernández) y la significativa presencia femenina en cargos ministeriales y de la Corte Suprema de Justicia.

Por otra parte, también mencionó la importancia de que el Estado haya sancionado la Ley Integral de Violencia contra las Mujeres. Dicha ley establece medidas preventivas y crea el Observatorio de la Violencia. Asimismo, y en el ámbito de la Corte Suprema de Justicia de la Nación, se creó la Oficia de Violencia Doméstica.

En cuanto a los ámbitos en los que el Estado argentino debe implementar medidas para reducir desigualdades de género –de acuerdo con lo señalado por el Comité– se incorporan aspectos relativos al acceso a la información; la mejora de la institucionalidad dirigida a las mujeres; la incorporación de la perspectiva de género en programas sociales; y otros relativos a la educación y el empleo. El acceso a la información por cuanto destaca la importancia de que los diferentes organismos públicos y sus agentes estatales conozcan el alcance de las leyes sobre género y las medidas que plantean para hacerlas efectivas. En lo relativo a la institucionalidad recomienda que el Estado incremente la inversión en infraestructura para el Consejo Nacional de las Mujeres –actualmente Instituto Nacional– y demás organismos vinculados con sus derechos. Los programas sociales son otro ámbito en el que se recomienda la incorporación de la perspectiva de género, por cuanto muchos de ellos establecen condicionalidades donde las mujeres son las encargadas de cumplirlas y de ese modo contribuyen a una desigual distribución de las tareas de cuidado respecto de los varones. En materia de educación y empleo, las principales recomendaciones giran en torno a la necesidad de interpelar a las mujeres (desde la educación) a instancias de socialización que superen los estereotipos de género, de allí la posibilidad de insertarse en empleos distintos de aquellos que comúnmente les son asignados.

¿Todo concluye al fin?

Hoy más que nunca parece resonar en el escenario latinoamericano aquella famosa canción de fines de la década de 1970 compuesta por la banda de rock argentino Vox Dei. Pero antes de ello vale recordar lo que mencionábamos anteriormente.

Si las políticas sociales (entre ellas las de juventudes y las de género) son consideradas una construcción social, sin dudas, el contexto social y sus condicionantes (económicos y políticos) influyen sobre ellas. De allí que es posible señalar que tanto en la década de 1990 como a comienzos del nuevo siglo en la Argentina, y en la región, se implementaron políticas sociales (desde ya, no en igual cantidad y con los mismos presupuestos), pero sus efectos fueron totalmente disímiles dado el contexto más amplio en el cual se desarrollaron.

Tanto la condición juvenil como la de género –en el marco de las políticas sociales– también son una construcción social y por consiguiente se encuentran influenciadas por el contexto social. Si bien no comparamos –como lo hicimos anteriormente– su situación en la década de 1990, las apreciaciones generales sobre políticas sociales las comprende, pues tanto una como otra fueron sometidas a condiciones extremas de precarización. Asimismo, lo hicimos respecto del tiempo actual en el que los diferentes indicadores citados y la información de organismos internacionales de derechos humanos muestran los importantes avances en el área, y respecto de la superación de desigualdades sociales tanto en relación con las juventudes como a la reducción de brechas de género. Seguramente, y no lo dudamos, aún quedan objetivos por cumplir en materia de políticas sociales dirigidas a equiparar tales situaciones de desigualdad, pero del mismo modo tampoco dudamos de que el contexto social (y en consecuencia los diversos escenarios socioeconómicos) tendrán una influencia decisiva.

Dicho contexto social favorable para las políticas que tienen como objetivo igualar condiciones juveniles y de género a su vez se enmarcó en uno más amplio a nivel latinoamericano. Aquello que definíamos como una aventura y que luego se fue consolidando como un proyecto político formó parte del escenario social de comienzos de siglo. Tales populismos de izquierda fueron los que lograron construir un proyecto en donde la prioridad por los sectores populares –tal como señala Torcuato S. Di Tella– fuera una de sus principales características. Al mismo tiempo, y en el plano económico, fue una mayor intervención del Estado en el mercado –por medio de específicas políticas económicas– lo que produjo un impacto significativo en la reducción de los indicadores de pobreza e indigencia. Todos esos elementos que construyeron un particular escenario latinoamericano y que –tal como hemos mencionado– también lo fue para el argentino, ejercieron una influencia positiva en la construcción de políticas sociales como las que hemos descripto.

Decíamos al comienzo que aquella conocida letra de la canción, "todo concluye al fin", resuena hoy en los oídos de muchos latinoamericanos –tanto cientistas como ciudadanos– preocupados frente al actual escenario latinoamericano y argentino. Al comienzo fue un tiempo de incertidumbre lo que primó entre muchos, pero ahora parece una certeza la retracción del Estado de bienestar que tanto costó reconstruir –en el marco de aquel proyecto latinoamericano– a comienzos del siglo XXI. No vamos a citar estadísticas o informes, pues consideramos que esta parte final del texto debe ser útil para concluir el argumento reflexivo y no para apabullar al lector con nueva información. Frente a nuevas coyunturas sociopolíticas suelen ser economistas e historiadores los primeros consultados con el propósito de descifrar el futuro siempre incierto, y quienes nos dedicamos a la cultura solemos ser dejados en un plano secundario. Por ello haremos referencia a lo que estos cientistas han dicho respecto a la nueva coyuntura argentina e incorporaremos lo cultural por cuanto consideramos –tal como señala el sociólogo francés Michel Autés (2004)– que las tres dimensiones son constitutivas de lo social. En el plano económico, son muchos los indicadores que permiten aseverar una retracción del Estado en su intervención en el mercado –por medio de políticas económicas específicas– tales como reducción de retenciones y ausencia en la regulación de precios por parte de productores y dueños de los medios de producción (La Serna, 2016). De allí que si bien tal como señalan los historiadores ningún proceso histórico se repite del mismo modo en la historia, es posible señalar elementos comunes –de hecho, el método comparativo es uno de sus preferidos– entre uno y otro periodo: por ello, la actual coyuntura argentina presenta semejanzas con la década de 1990, pero de ningún modo puede predecirse que las consecuencias de aquel periodo serán las mismas para la Argentina del presente (Servetto, 2016). En el ámbito cultural, se insiste en la importancia de la educación como una institución en donde deben desplegarse perspectivas críticas sobre el pasado y el presente latinoamericano y argentino, pues sería el cultural el ámbito en donde es necesario dar una de las batallas más arduas para producir cambios profundos y duraderos que contribuyan a la construcción de ciudadanos críticos y participativos (Castro, 2016). De modo que una menor intervención del Estado en el mercado (lo que siempre redunda en mayor perjuicio para los sectores populares), algunos elementos comunes con la década de 1990, y la importancia de la educación como un espacio de resistencia –en términos foucaultianos– en donde sea posible lograr una transformación profunda en el modo de construcción de las ciudadanías, parecen ser los signos y las luchas del presente.

Bibliografía consultada

Arito, S. (2012). La Universidad y las políticas públicas: aportes a la reflexión. *Revista Debate público. Reflexión de Trabajo Social – Debates de Cátedra*, 2 (4), 215-222.

Auyero, J. (1997). Evita como performance. Mediación y resolución de problemas entre los pobres urbanos del Gran Buenos Aires. En J. Auyero (comp.), *¿Favores por votos? Estudios sobre clientelismo político contemporáneo*. Buenos Aires: Editorial Losada.

Auyero, J. (2001). *La política de los pobres. Las prácticas clientelistas del peronismo*. Buenos Aires: Manantial.

Auyero, J. (2004). *Vidas beligerantes. Dos mujeres argentinas, dos protestas y la búsqueda de reconocimiento.* Buenos Aires: Universidad Nacional de Quilmes.

Becher, Y. (2016). The young in the kirchnerist age (2007-2015): political payoff or transformation tool? *World Journal of Social Science Research*, 3, 4, 483-494. Scholink. Los Ángeles (Estados Unidos).

Biglieri, P. y Perelló, G. (2007). *En el nombre del pueblo. El populismo kirchnerista y el retorno del nacionalismo.* Documento de Trabajo N° 15. Buenos Aires: Escuela de Política y Gobierno-Universidad Nacional de General San Martín.

Campana, M. (2014). Del Estado Social al Estado Neoliberal: un nuevo pacto social en nuestra América. *Revista Perspectivas Sociales*, 16 (1), 9-30.

Castro, G. (2016). Conocimiento y universidad en la era de los globos. *Kairos. Revista de Temas Sociales.* Universidad Nacional de San Luis. Consultada el 20 de julio de 2016, https://bit.ly/2MvFVme.

Danani, C. y Hintze, S. (2011). Introducción. Protección y seguridad social para distintas categorías de trabajadores: definiciones conceptuales, propuestas de abordaje e intento de interpretación. En C. Danani y S. Hintze (coords.), *Protecciones y desprotecciones: la seguridad social en la Argentina 1990-2010.* Los Polvorines: Universidad Nacional de General Sarmiento.

Danani, C. y Hintze, S. (2013). Políticas sociales y derechos en la Argentina: la seguridad social en la última década. En La Universidad Interviene en los Debates Nacionales. N.o 8. (pp. 1-4). Buenos Aires: Página 12-Universidad Nacional de General Sarmiento.

Di Tella, T. (2015). *Coaliciones políticas. De la movilización social a la organización política.* Buenos Aires: El Ateneo.

Facio, A. y Fries, L. (1999 [2005]). Feminismo, género y patriarcado. *Revista sobre Enseñanza del Derecho de Buenos Aires*, 3 (6), 259-294.

Foucault, M. (1988). El sujeto y el poder. *Revista Mexicana de Sociología*, 50 (3), 3-20.

Giddens, A. (1994). *Más allá de la izquierda y la derecha: el futuro de las políticas radicales.* Madrid: Cátedra Teorema.

Grynspan, R. (2011). Retomar el debate sobre el desarrollo. En Kliksberg, B. (comp.), *América Latina frente a la crisis* (pp. 51-58). Buenos Aires: Sudamericana.

Guendel, L. (2007). *La encrucijada del enfoque de derechos: pensando y haciendo la política pública de otra manera.* Ponencia presentada al VIII Seminario de formación en DESC "Una mirada a las políticas públicas desde los derechos humanos".

Hintze, S. (2006). *Políticas sociales argentinas en el cambio de siglo.* Buenos Aires: Espacio Editorial.

Hochstetler, K. (2008). Repensando el presidencialismo: desafíos y caídas presidenciales en el Cono Sur. *América Latina Hoy*, 49, 51-72. Universidad de Salamanca (España).

Jay, M. (2009). *Cantos de experiencia: variaciones modernas sobre un tema universal.* Buenos Aires: Paidós.

La Serna, C. (2016). Hacia un Estado jerárquico de mercado. *Kairos. Revista de Temas Sociales.* Universidad Nacional de San Luis. Consultada el 20 de julio de 2016, https://bit.ly/2ws9SbV.

Laclau, E. (2010). *La razón populista.* Buenos Aires: Fondo de Cultura Económica.

Lumi, S., Golbert, L. y Tenti Fanfani, E. (1992). *La mano izquierda del Estado. La asistencia social según los beneficiarios.* Buenos Aires: Miño y Dávila Editores.

Margulis, M. (2015). Juventud o juventudes. Dos conceptos diferentes. *Voces en el Fénix. La revista del Plan Fénix*, 6 (51), 6-13.

Mouffe, C. (2011). *En torno a lo político.* Buenos Aires: Fondo de Cultura Económica.

Mouffe, C. (14/06/2015). "El kirchnerismo es una fuente de inspiración". Entrevista con: Chantal Mouffe. *Página 12*, 12 de julio de 2015, https://bit.ly/2NpqBEo.

Ollier, M. M. (2010). El liderazgo presidencial: síntoma de un patrón democrático sudamericano. *Paper* presentado a XXIX Congreso Internacional de Latin American Studies Association (LASA), Canadá.

Ollier, M. M. (2014). *Presidencia dominante y oposición fragmentada: una construcción política. Néstor y Cristina Kirchner (2003-2011)*. Buenos Aires: Universidad Nacional de General San Martín.

Paramio, L. (2006). Giro a la izquierda y regreso del populismo. *Nueva Sociedad*, 205, 62-74. Buenos Aires.

Paz, O. (1950). The Present Day. En *The Labyrinth of Solitude* (pp. 175-194). Grove Press.

Repetto F. y Alonso G. (2006). La economía política de la política social argentina: una mirada desde la desregulación y la descentralización. En R. Franco y J. Lanzaro (coords.), *Política y políticas públicas en los procesos de reforma de América Latina* (pp. 211-246). Ciudad de Buenos Aires: Miño y Dávila.

Rodríguez Enríquez C. y Reyes M. F. (2006). La política social en la Argentina post-convertibilidad: políticas asistenciales como respuesta a los problemas de empleo. Documento de Trabajo N° 55. Buenos Aires: Ciepp.

Sagot, M. (2017). Las brechas de género en América Latina. En *Curso Internacional Políticas Públicas, Justicia y Autonomía de las Mujeres en América Latina y el Caribe*. CLACSO.

Salvia, S. y Frydman, A. (2004). Modo de acumulación y relaciones de fuerza entre capital y trabajo en Argentina en los noventa. *Revista Herramienta*, 26. Consultada el 12 de mayo de 2015, https://bit.ly/2wmB7EW.

Schütz, A. (1993). *La construcción significativa del mundo social. Introducción a la sociología comprensiva*. Barcelona: Paidós.

Servetto, A. (2016). ¿Por qué la historia habría de ser diferente esta vez? *Kairos. Revista de Temas Sociales.* Universidad Nacional de San Luis. Consultada el 20 de julio de 2016, https://bit.ly/2wdywOk.

Trocello, G. (2000). Dos primos hermanos: patrimonialismo y populismo. *Kairos Revista de Temas Sociales,* 4 (6). Consultada el 12 de diciembre de 2013, https://bit.ly/2PLvwjH.

Vales, L. (05/10/2003). Una breve historia de los planes sociales. *Página 12.* Obtenida el 19 de julio de 2013, de https://bit.ly/2PaCyOJ.

Vázquez, M. (2015). *Juventudes, políticas públicas y participación: un estudio de las producciones socioestatales de juventud en la Argentina reciente.* Buenos Aires: Grupo Editor Universitario.

Vommaro, G. (2006). "Unir a los argentinos": el proyecto de "país normal" de la nueva centroderecha argentina. *Nueva Sociedad,* 261, 4-12.

Fuentes consultadas

Consejo Latinoamericano de Ciencias Sociales (CLACSO). Organización de las Naciones Unidas para la Educación, la Ciencia y la Cultura (UNESCO) (2013). *Políticas de inclusión social de jóvenes en Latinoamérica y el Caribe: situación, desafíos y recomendaciones para la acción.* Consultada el 15 de noviembre de 2015, https://bit.ly/2BNMo74.

Comité para la Eliminación de la Discriminación contra la Mujer (2010). *Observaciones finales para Argentina.* Organización de Naciones Unidas.

Comisión Económica para América Latina y el Caribe (CEPAL) (2014). *Panorama Social de América Latina 2014.* Santiago de Chile: Naciones Unidas.

Comisión Económica para América Latina y el Caribe (CEPAL) (2016). *Panorama Social de América Latina 2015.* Santiago de Chile: Naciones Unidas.

Comisión Económica para América Latina y el Caribe (CEPAL). Observatorio de Igualdad de Género de América Latina y el Caribe (2017). *Planes de igualdad de género en América Latina y el Caribe. Mapas de ruta para el desarrollo.* Santiago de Chile: Naciones Unidas.

Foro Económico Mundial (2016). *Índice Global de la Brecha de Género 2016.* Consultada el 04 de mayo de 2017, https://bit.ly/2P8IDLl.

Instituto Nacional de Estadísticas y Censos (INDEC) (2015). *Encuesta Nacional de Jóvenes 2014. Principales resultados.* Argentina.

Organización Iberoamericana de la Juventud (OIJ). Comisión Económica para América Latina y el Caribe (CEPAL-ONU) (2015). *Juventud Iberoamericana 2015. Hoja mural de datos sociodemográficos.*

II. Involucramientos sociales

Historias cotidianas juveniles

GRACIELA CASTRO

Acercarnos a conocer qué piensan, sienten, los ilusiona, los enoja, los apasiona en el campo de la vida política a jóvenes que residen en la provincia de San Luis podía tornarse una tarea más de las que se realizan en las prácticas investigativas, buscando siempre el rigor científico, o sumarle a todo ello la posibilidad de conocer retazos de vida juveniles con visos de emotividad y de proyectos que superan los intereses personales.

Para quienes integramos el equipo de investigación "Involucramientos sociales juveniles en la contemporaneidad: construcción de identidades políticas y sindicales en la provincia de San Luis" (PICT-UNSL 2015-2918), quizá por entender la tarea investigativa como un aspecto sustancial y creativo de nuestras prácticas académicas, siempre hemos afrontado la misma no solo a partir de considerar los criterios científicos necesarios, sino también con la actitud de respeto y asombro frente a las situaciones y sujetos a quienes recurrimos, como fuentes fundamentales en las tareas de campo.

Cuando proyectamos el plan de esta investigación, el enfoque metodológico era central, pues buscábamos escuchar las voces de los jóvenes, acercarnos a sus prácticas y a sus vivencias. De este modo procurábamos contar con más elementos que nos permitieran conocer qué motiva sus involucramientos en la vida política, qué significado le otorgan a esa práctica, cuáles son sus expectativas y sus proyectos en dicha área de la vida en sociedad. Entonces no hubo dudas que el enfoque apropiado era el cualitativo preferentemente, aunque en alguna instancia del proyecto tuviésemos que efectuar una triangulación metodológica porque el problema de investigación así lo requiriese. "Los métodos biográficos, los relatos de vida, las entrevistas en profundidad delinean un territorio bien reconocible, una cartografía de la trayectoria –individual– siempre en búsqueda de sus acentos colectivos" (Arfuch, 2007: 17).

Si bien en una primera etapa acudimos, como herramienta de recolección de información, a encuestas y *focus groups*, fue en un momento posterior que nos abocamos a la realización de entrevistas en profundidad con jóvenes –mujeres y varones– que militaran en algún partido político o agrupación estudiantil.

De las entrevistas que llevamos realizadas hasta la fecha procuraremos realizar un análisis a partir de las variables que tuvieron presencia en las mismas. Entre ellas mencionamos: a) contexto en el cual se realizó la entrevista; b) ámbitos personales de inserción y características demográficas; c) historias familiares; d) tareas que desempeñan en el partido o agrupación; e) significado de la militancia en sus vidas y f) actitudes de otros ante sus militancias (familiares, estudiantiles, laborales y partidarias).

A) Contexto en el cual se realizó la entrevista

Tener en cuenta el espacio y sus características e imágenes puede resultar un aspecto intrascendente para algunos. Nosotros –desde el proyecto– entendimos que vale su atención pues en muchos casos permite acercarse a la identidad social del sujeto y la construcción de símbolos y significados que enmarcan sus interacciones sociales. En cuanto a las entrevistas que realizamos en esta etapa del proyecto, algunas las efectuamos en nuestro lugar de trabajo en la universidad mientras que otras las llevamos a cabo en espacios propuestos por los propios jóvenes. En este último caso fue: estudio de su profesión, local partidario o en espacios públicos. Siempre aguardamos que fuesen los propios jóvenes quienes propusieran, en primera instancia, dónde realizar las entrevistas. Solamente en dos casos recurrimos a enviarles por email el cuestionario, pues residen en una ciudad distinta a la nuestra. Todas fueron individuales y solo en una de ellas, y como la realizamos en un camping, por momentos se acercaba la pareja de la entrevistada, aunque en ningún momento participó en la conversación ni mostró gesto alguno de desaprobación o interés en opinar. Otra entrevista se llevó a cabo en el local partidario –sugerido por la propia joven– e implicó para nosotros una particular experiencia que relatamos a continuación.

Mientras aguardábamos la llegada de la joven, fuimos atendidos por una persona adulta que, con posterioridad, supimos que se trataba de un legislador provincial e, inferimos por comentarios de la joven entrevistada, se trataba de la persona con mayor relevancia política en ese local partidario. En los pocos minutos que aguardamos, el adulto mostró una actitud de escudriñar con insistencia y casi como si fuese un interrogatorio desde un lugar de autoridad, cuál era nuestra tarea, qué investigábamos, en qué lugar lo hacíamos y con qué finalidad. Tras nuestro interés en saber quién era él, nos enteramos acerca de su función en el partido y su actual cargo político. A los pocos minutos llegó la joven y pasamos a otra habitación para la entrevista, no sin antes el adulto –con gesto displicente– nos señalara que no entendía lo que hacíamos. Esta circunstancia, carente tal vez de relevancia para la tarea investigativa, nos pareció interesante describirla pues fue la única ocasión en que sentimos que habíamos sido tratados con visos de sospecha hacia nuestra tarea y hasta con cierta actitud de desdén y soberbia. Pero el desafío de acercarnos a particularidades de la vida cotidiana de los jóvenes que gentilmente accedían a compartir sus vivencias era de mayor relevancia.

Aquellas que realizamos en nuestro lugar de trabajo en la universidad procuramos que fuese un espacio amigable mientras compartíamos un café o mate, de acuerdo a la elección de los jóvenes. En todos los casos lo primero y fundamental fue explicarles el sentido de la entrevista, el marco institucional de la investigación; asimismo explicitamos que solo nos interesaban sus vivencias vinculadas con el tema del involucramiento político y social como así también el cuidado y recaudo ético de todo lo que conversáramos. A continuación les comentamos que a fin de poder registrar con mayor detenimiento la entrevista resultaba apropiado grabarla y tras su consentimiento iniciábamos la entrevista. La duración de estas estuvo condicionada por la personalidad de los jóvenes en cuanto a su locuacidad, pero en términos generales se extendieron entre 60 y 90 minutos.

Hacemos propio el señalamiento de María Cecilia de Souza Minayo (2009) cuando, refiriéndose a la *entrevista* afirma que "no es simplemente un trabajo de colecta de datos, sino siempre una *relación* en la cual las informaciones dadas por los sujetos pueden ser profundamente afectadas por la naturaleza de ese encuentro" (p. 176). De allí que con cada entrevistado tratamos de ser muy cuidadosos con la definición de la situación. La premisa básica era que cada uno de ellos pudiera sentirse lo suficientemente cómodo, tranquilo en sus expresiones, de modo que ruidos o barreras probables de asomarse en la situación, no constituyeran obstáculos para establecer diálogos fluidos. De modo muy grato para los investigadores que realizamos esta actividad, al finalizar cada entrevista los jóvenes expresaron haberse sentido muy cómodos y hasta ofrecieron posibles contactos con otros congéneres para la actividad. Es indudable que la variable de personalidad de cada joven fue un aspecto que otorgó sus particularidades a los testimonios. Por tal motivo algunas entrevistas se extendieron más allá de la hora que, en promedio, habíamos previsto. Ello estuvo atravesado por relatar historias personales –sin que desde nuestra parte se hubiese requerido– pero que finalmente permitió enriquecer la información que obtuvimos.

B) Ámbitos personales de inserción y características demográficas

Las entrevistas nos permitieron acercarnos a aspectos de lo que en términos teóricos corresponde al modo en que los jóvenes han ido construyendo su vida cotidiana, entendiendo por tal la esfera donde el sujeto construye su identidad social y la subjetividad (Castro, 1999). En este sentido resulta sumamente pertinente la propuesta teórica de Agnes Héller, quien en su texto *Historia y vida cotidiana. Una aportación a la sociología socialista* (1985) describe la estructura de dicha categoría. Acordamos con Héller al entender que la vida cotidiana constituye el centro de la historia y en este sentido es que –desde nuestra perspectiva de análisis– nos atrevemos a considerarla un sistema abierto, al modo que Prigogine (1996) explicaba el funcionamiento de tales sistemas en los estudios de la termodinámica. Este acercamiento a la categoría es lo que nos permite comprender la esfera de la vida cotidiana superando lo doméstico y complejizando y enriqueciendo, al mismo tiempo, ese espacio donde el sujeto construirá sus vínculos interpersonales y sus involucramientos sociales a partir del interjuego de variables que provienen del exterior del propio sujeto junto a los elementos que provienen de su constitución yoica personal. Con ese mismo análisis entendimos como una característica central de la vida cotidiana la heterogeneidad en su constitución objetivada en los ámbitos de inserción de los sujetos. Las narraciones de los jóvenes nos fueron permitiendo conocer tales ámbitos; ello implica las diversas funciones que desarrollan en sus espacios cotidianos, que incluyen a la familia, lo laboral, educativo y político fundamentalmente. De las doce entrevistas realizadas hasta septiembre de 2017, ocho fueron realizadas con mujeres y cuatro con varones. De todos ellos, cuatro viven con sus padres en la actualidad, el resto lo hace solo o con sus parejas en la mayoría de los casos. Tres de ellos tienen hijos pequeños, quienes –en dos casos– los acompañan en algunas de las actividades de militancia (marchas, actos, visitas al barrio, entre otras). Con relación a la formación, dos de ellas cuentan con universitario completo; el resto se halla cursando la universidad o un estudio terciario y otros abandonaron la universidad. El rango de edad fue entre 19 y 30 años, una sola entrevistada en cada caso de los límites cronológicos mencionados. La mayoría, entre 25 y 28 años.

Estudiar la vida cotidiana desde una perspectiva psicosocial –enfoque que venimos proponiendo y profundizando desde hace varios años en el proceso de investigación– nos ha permitido agregar otras lecturas a la teoría helleriana que parte de un enfoque filosófico. En este sentido, proponemos que la inserción y adscripción a los diversos ámbitos de la cotidianidad, en los cuales todos los sujetos nos vinculamos en algún momento de nuestra vida, nos permite ir construyendo las distintas identidades sociales que expresamos en las relaciones sociales. Cada uno de aquellos ámbitos puede ir mostrando y reclamando su jerarquía, esto es, su predominio y preocupación, cuya extensión temporal dependerá de la importancia que cada sujeto considere necesario para su propio desarrollo. En las entrevistas con los jóvenes pudimos conocer el espacio que cada ámbito había ido ocupando en su transcurrir evolutivo. A la par de las esperables diferencias personales, advertimos en algunos la relevancia que había tenido la familia en ciertos momentos para ellos, dejándoles fuertes marcas en la conformación de sus personalidades que les favorecieron contar con rasgos muy marcados de asertividad en sus elecciones posteriores y también incorporar actitudes de solidaridad e interés por la participación social. En tres casos observamos que la jerarquía la centralizaban en otros ámbitos más próximos a sus relaciones sociales, tales como amigos y también la familia, diferenciándose del otro grupo por no estar estos últimos vinculados con prácticas políticas. Tal situación se advirtió en los casos de jóvenes militantes del PRO y otro cercano a grupos libertarios, tal la denominación que el propio joven expresó.

Otro eje teórico que hemos propuesto en nuestro enfoque acerca de la vida cotidiana se relaciona con la subjetividad. Sabemos que este concepto puede tener diversas comprensiones teóricas a partir de la perspectiva de análisis que se adopte. En el proceso de análisis que hemos desarrollado en la investigación, partimos de considerar dicha categoría en un proyecto social-histórico; tiene que ver con los modos en que el sujeto hace la experiencia de sí mismo, en términos foucaultianos. En el mismo sentido acordamos con la propuesta de Guattari y Rolnik (2006) cuando afirman que la subjetividad es producida por los agenciamientos de enunciación y por consiguiente no está centrada en la individualidad, sino que está relacionada con máquinas de expresión que pueden ser de naturaleza extraindividual como infrapersonal. Estos modos de análisis teóricos son los que nos permiten entender a la subjetividad superando el sujeto las ligazones contextuales y –parafraseando a los últimos autores mencionados– tener en cuenta los agenciamientos de enunciación. Asimismo, consideramos pertinente tener en cuenta el aporte teórico de Fernando González Rey (2008) quien afirma que "la subjetividad social se instala en los sistemas de relaciones sociales y se actualiza en los patrones y sentidos subjetivos [...] que están configurados en torno a relaciones de poder, códigos y valores dominantes en ese sistema social" (2008: 235). Estas miradas teóricas nos ayudan a analizar los testimonios de los jóvenes con sus tensiones y disputas cotidianas.

C) Historias familiares

Con excepción de cuatro casos (dos jóvenes militantes del PRO, una de Cambiemos y otro que se autoidentifica con grupos "libertarios"), en los demás testimonios hallamos un fuerte condicionante familiar que –ya sea por provenir de padres con militancia política o social– habían dejado sus marcas en los involucramientos juveniles actuales. Tales huellas fueron advertidas en los relatos de jóvenes militantes del partido justicialista, aquellos identificados con algunos de los grupos vinculados al kirchnerismo, izquierda y el radicalismo en cuanto a su concepción tradicional antes de la alianza con PRO. Una primera interpretación sobre el tema nos permite inferir que en los casos mencionados –en última instancia– nos hallamos en presencia de partidos y movimientos en los cuales el papel de la política como espacio de construcción de ciudadanía es indudable y los partidos políticos, la mediación apropiada para el involucramiento. En los testimonios rescatamos aquellos que relataron historias de su familia relacionada con la defensa de los derechos humanos, activa participación familiar en la vida política de su partido y en momentos de crisis social en el país como sucedió en 2001. Junto a ello se refirieron a otras vivencias familiares que habían favorecido la participación juvenil, tales como la militancia en grupos religiosos por parte de los padres, aunque con posterioridad la joven no continuara en esas tareas. También hubo dos casos en los cuales, si bien no había antecedentes familiares de militancia activa, el tema político no había estado ausente en las conversaciones de la familia, lo que les había permitido comprender la importancia de la política en la vida ciudadana. Retomando, entonces, la referencia teórica de Fernando González Rey, podemos afirmar que "la persona es un sistema complejo en los múltiples sistemas sociales en que actúa" (2008: 235) y por ello nos atrevemos a señalar que los comportamientos juveniles acerca del involucramiento político y social no constituyen una mera reproducción de aprendizajes vicarios, sino una actitud favorable hacia el objeto como resultado de elementos cognitivos que fueron incorporando a través de sus vidas, en particular desde la influencia familiar, y que ello permite establecer una ligazón emocional positiva dando como resultado sus involucramientos.

En cuanto al otro grupo de jóvenes en los cuales la presencia familiar no ha sido de importancia, observamos algunas diferencias entre sus historias. En los jóvenes militantes del PRO, el acercamiento al partido es muy reciente en el tiempo, en ambos casos la motivación para la participación se vincula con la idea de colaborar socialmente y fueron amigos o conocidos quienes los invitaron al partido. Una situación similar, aunque no en su totalidad, observamos en otro testimonio que si bien se acercó al partido radical hace una década –en la actualidad plenamente identificada con Cambiemos tal como se concibe dicha alianza electoral–, también lo hizo con el mismo fin que los jóvenes anteriores, esto es, soslayando la referencia a actividades políticas. Finalmente, en el último caso relacionado con grupos libertarios, si bien la familia no fue determinante, en su testimonio expresó que se había acercado a grupos de voluntarios –al comienzo de sus estudios universitarios hace un par de años– por sentirse identificado con las tareas sociales que desarrollaban sin que ellos estuviesen integrados a algún partido político en particular, sino a grupos barriales, merenderos y grupos *queer*.

Tomando en consideración los testimonios entre el primer y el segundo grupo, podríamos inferir que la diferencia fundamental entre ambos –aunque excluimos al joven auto-identificado como "grupo libertario"– residiría en el deseo que los moviliza. En el primero sería posible relacionarlo con un mayor involucramiento yoico y, por consiguiente, mayor acercamiento emocional, mientras en el segundo tal vínculo radica en los comportamientos sociales, colaborar –tal la expresión de sus propias narraciones– sin involucrarse emocionalmente.

De los relatos juveniles podemos inferir el modo en que la familia, como una de las instituciones dominantes de adscripción de las personas, puede desempeñar papeles de importancia en los comportamientos, actitudes y valores de los jóvenes. En este caso, en particular, postulamos hallarnos ante la presencia de aquella categoría que el investigador canadiense Albert Bandura (1965) refiere como aprendizaje social. Este investigador señalaba que, a diferencia de lo planteado por Skinner en sus estudios acerca del conductismo, en el aprendizaje social, además de los estímulos externos también influían determinantes internas y sociales. De allí a comprender este tipo de aprendizaje también como vicario, en tanto y en cuanto implica que el sujeto tiende a imitar las conductas que observa en el modelo de la situación que tiene frente a sí. Ahora bien, como así mismo lo afirmaba Bandura, las características que presenta el modelo es un aspecto a considerar por lo cual pueden favorecer el aprendizaje quienes cuentan con algunas características tales como: atractivo, capacidad, prestigio y agrado al observador (Cheren, García Rey, *et al.* 2015). Estos rasgos tienen su relevancia en las historias juveniles pues, entre aquellos en quienes la presencia familiar fue un factor importante en su actual militancia, registramos que los padres –más allá de vínculos conflictivos en la pareja y ajeno a los jóvenes, en ciertos casos– desde pequeños los llevaban a actividades relacionadas con la política o religiosas, casi como un juego de niños sin que los padres los obligaran a acompañarlos y disfrutaban esos momentos que ya de grandes recuerdan con mucho cariño. En igual sentido también mencionan que en sus hogares se reunían sus padres con compañeros de militancia o incluían en sus conversaciones familiares temas vinculados a la política y el compromiso social sin cargas negativas en sus discursos y a medida que ellos crecían recuerdan que sus propios padres estimulaban el involucramiento social con ellos.

D) Tareas que desempeñan en el partido o agrupación

De los entrevistados uno solo realiza tareas ejecutivas en la intendencia, desempeñándose como secretario de gobierno aunque sin función partidaria que, en este caso, se trata de un partido vecinal; dos ejercen como concejales, la tercera trabaja como secretaria de una concejal del Frente para la Victoria (FPV) y otra integra la comisión directiva de un gremio. Uno de los concejales a su vez es secretario general de su partido y jefe de la campaña 2017, la otra es delegada provincial de la juventud de su partido. Ambos integran la alianza Cambiemos, el primero por el PRO y la segunda por el radicalismo. La otra entrevistada del PRO solo se identifica como militante, entendiendo por ello, asistir al local partidario, en especial en tiempos electorales. Otro militante radical durante el año 2017 fue electo presidente de la Juventud. De las dos entrevistadas vinculadas al Partido Justicialista (PJ) una de ellas trabaja en la municipalidad y en cuanto a las tares en el partido menciona ser 1a. vocal del Consejo departamental del partido y también preside una agrupación de jóvenes que ella misma creó. La otra recientemente se integró a las tareas de la Secretaría de Juventud que fue creada durante el año 2017 a nivel provincial. Entrevistamos a una joven que se vincula con Nuevo Encuentro y solo manifiesta ser militante y a otra que ejerce la función gremial en un sector docente. De los dos jóvenes entrevistados restantes, una de ellas realiza sus actividades en una agrupación estudiantil que, si bien expresa que las relaciones hacia el interior de esta son de tipo horizontal, es reconocida por el resto de sus compañeros como la líder del grupo. El último joven refirió no estar vinculado por ahora con ningún partido en particular pero que le interesa relacionarse con grupos libertarios o *queer* como lo había realizado en Buenos Aires.

Este ítem nos permite acercarnos a otros abordajes teóricos. Uno de ellos corresponde a *la política* como actividad. Nos parece apropiado para el análisis partir de la noción de intersubjetividad; de allí la apelación a Schütz (1993) quien afirma: "Una vez supuesta la existencia del tú, ya hemos entrado en el dominio de la intersubjetividad. El individuo vivencia entonces el mundo como algo compartido por sus congéneres, es decir, como un mundo social" (1993: 169).

En el mundo social, compartido con otros, los jóvenes de nuestra investigación realizan sus actividades políticas y esto los lleva a superar la esfera privada de sus ideas. Es entonces cuando colocan en acción sus ideas en la esfera pública. Ambas son posiciones del ejercicio de la intersubjetividad, tal lo expresado por Enrique Dussel, de quien también tomamos el modo de comprender lo público en los siguientes términos: "… lo público […] es el modo que permite la función de 'actor', cuyos 'papeles' o acciones se 'representan' *ante la mirada de todos los otros actores*" (2012: 27).

Las tareas que desempeñan los jóvenes entrevistados les permiten objetivar en la esfera pública sus ideas y convicciones políticas.

E) Significado de la militancia en sus vidas

En cada historia fue posible advertir que con leves diferencias en cuanto a la jerarquía que le atribuyen en su vida cotidiana, el involucramiento político ocupa uno de los ámbitos que más destacan.

El eje que analizamos en este apartado nos permite retomar un concepto que ya, en el anterior, habíamos mencionado como una respuesta recurrente entre los/as jóvenes entrevistados/as: la militancia. Tal expresión la escuchamos en casi todos los jóvenes que entrevistamos más allá del partido o agrupación con que se identificaban. Así, aquellos que se reconocían en agrupaciones de izquierda, del peronismo, radicalismo y también del PRO recurrieron al mismo concepto para describir sus actividades en el partido o agrupación. La similitud en la recurrencia al concepto nos motivó a detenernos a reflexionar acerca del significado en las prácticas juveniles. ¿Todos le otorgarían el mismo significado a la militancia? Para ello partimos por definirla. Julio César de la Vega, en su *Consultor Político* (tomo 3), la define en los siguientes términos: "Se refiere al que participa activamente difundiendo ideas, principios, doctrinas y convicciones en general, de un partido político, una organización social o un credo político"; y más adelante agrega:

> Constituye una elección por parte de quien la ejerce, que surge del análisis de una realidad seguido por una concientización y la decisión emergente en ella, que determina en el militante la necesidad de transformar, de modificar, un estado de cosas vigente. (1989: 213)

De la descripción precedente nos detenemos en dos puntos que los sintetizamos en los siguientes: participación activa en la difusión de convicciones y la necesidad de transformar, modificar, un estado de cosas vigentes. Si regresamos a las expresiones de los jóvenes entrevistados hallamos testimonios como los siguientes:

> *La política es algo que me apasiona [...] cuando uno la toma como una forma de vida, te consume... el tiempo, te consume la vida, te lleva todo. Al que le gusta la política... te entregás ahí y prácticamente estás todo el tiempo con eso, por más que tenemos actividades por supuesto, de trabajo, te consume mucho y al que le quitás tiempo es a la familia. (D., radical).*

> *Para mí es una forma de vida; a mí me cambió totalmente la manera de pensar, los valores fundamentalmente, como agrupación me parece que tenemos valores totalmente distintos a los del sistema que dice que tenés que ser individualista, que te lleva a eso, y yo creo que me cambió totalmente la manera de ser también, y la manera de todo, de organizarme, de todo. (A., agrupación estudiantil kirchnerista).*

> *Al radicalismo lo llevo a todos lados a donde voy. Sin embargo, sé separar las cosas. En mis ratos libres, milito fervientemente. (T., radical en Cambiemos).*

> *La política es la herramienta en la cual puedo ayudar a todos, los conocidos y no conocidos, mis vecinos, la sociedad en general. (J., PRO).*

A mí me gusta porque yo sé lo que se puede llegar a dar desde los municipios, sé las cosas que se pueden hacer, sé hasta dónde uno puede ayudarlo, porque a mi casa van a cualquier hora, golpean, y vos tenés que estar. (E., MoviPro).

Es parte de mi esencia, de chiquitita, de ir a los barrios, de acompañarla a mi mamá, ver esa imagen de mi mamá repartiendo zapatos, ropa, viendo la necesidad de la gente, ya para mí es algo natural, y algo que me apasiona. (A., justicialismo provincial).

Para mí la actividad gremial es generar proyectos o alternativas para ser un motor de cambio y no solamente de rechazo, de denuncia, de lo urgente. (A., dirigente gremial).

Tal como se advierte en los testimonios anteriores, en algunos se puede inferir que establecen una relación muy atravesada por los sentimientos mientras en otros prevalece cierta actitud instrumental hacia el involucramiento político y la jerarquía que ocupa en sus vidas. Esta línea de análisis nos conduce a bucear en el tipo de relación que se establece con el objeto. Apelando a Giddens (1995) podríamos hablar de relaciones puras, entendiendo por tal "aquella en la que han desaparecido los criterios externos: la relación existe tan solo por las recompensas que puede proporcionar por ella misma" (1995: 15). En párrafos más adelante, el propio Giddens afirma que tales relaciones presuponen el "compromiso" con la relación en cuanto tal. Si volvemos a los relatos de los jóvenes podemos detenernos en expresiones tales como "me apasiona"; "es una forma de vida"; "es parte de mi esencia"; "me gusta porque se lo que se puede hacer", mientras por otro lado hallamos "en mis ratos libres milito" o "es una herramienta". Las primeras expresiones se hallan vinculadas con las emociones y en ese sentido las podemos definir como aquellas que Giddens denomina relaciones puras, desaparecen los criterios externos centralizándolas en la propia actividad y de allí el compromiso con la relación. En las expresiones señaladas en último término prevalece una actitud instrumental hacia el objeto: es un medio para obtener algo. Dado que quienes se manifestaron de la última forma integran la alianza Cambiemos conformada por PRO y el sector ubicado más a la derecha en el radicalismo, resulta pertinente apelar a la descripción que Gabriel Vommaro realiza en su libro *La larga marcha de Cambiemos*:

> PRO se propuso, desde sus orígenes, como una fuerza que ingresó en la actividad política con el objeto de renovarla, y movilizó para ello valores del mundo de la empresa y de la sociedad civil del voluntariado y la *expertise*. (2017: 22)

En este sentido, la afirmación de Vommaro resulta apropiada para comprender las expresiones de aquellos jóvenes que participan tanto en PRO como en la alianza Cambiemos. Desde los orígenes del primero en cuanto a su construcción, mostraron discursivamente algunas particularidades: la denominación de "espacio" en lugar de "partido" y vincular con comportamientos negativos a la militancia política al identificarla con acciones de corrupción. De igual modo el constante recurso a mensajes que invocan al voluntarismo, la autoayuda, la apelación al individualismo como alternativa de solución a las dificultades, por ejemplo, recurriendo al emprendurismo y soslayando el papel del Estado como responsable de las políticas públicas.

Tal como señalamos en el eje relativo a las historias familiares, en aquellos jóvenes para quienes la familia había influido favorablemente en su involucramiento político y social, se identificaban con los partidos tradicionales (izquierda, justicialismo y radicalismo) mientras aquellos vinculados con actuales expresiones (PRO, Cambiemos), en los cuales el tema político no estaba presente en las historias y diálogos familiares, tienden a comprender el vínculo a través de acciones instrumentales y sin que esté atravesada por las emociones: "sé separar las cosas", "milito en mis tiempos libres".

F) Actitudes de otros ante sus militancias

Para la psicología social las actitudes tanto como la percepción social constituyen los dos temas clásicos de esa disciplina. A diferencia del uso banal y sin conocimiento científico que algunos medios o publicistas suelen aplicar a la categoría actitudes, esta es definida como:

> ... el conjunto organizado de pautas conductuales relativamente estables frente a los mismos o semejantes estímulos o situaciones por parte de un mismo individuo o grupo de individuos que tienden a responder regularmente, aunque con diferencias individuales, de acuerdo al sistema de valores aprendidos en una cultura. (Rodríguez Kauth, 1987: 16)

El mismo autor afirma –retomando expresiones de Rosenberg (1956) y Katz (1960)– que las actitudes tienen tres componentes: cognoscitivo, afectivo y reaccional o volitivo. Por consiguiente, el modo en que se constituye cada componente se reflejará finalmente en la manera de actuar –del sujeto– frente al objeto actitudinal. Estas afirmaciones teóricas devienen necesarias para tratar de comprender las actitudes que expresan los actores de las distintas instituciones dominantes –familia, educación, política, medios de comunicación, entre otras– con relación al involucramiento juvenil en la política.

En primer lugar detengámonos en la familia y sus actitudes hacia la actividad de los jóvenes:

> *A mi mamá le gusta, le gusta que me comprometa y que participe.* (N., justicialismo).

> *Tenía una novia y me dejó en una campaña que hicimos* [risas]. *Estuve dos meses perdido, se enojó y bueno, decidimos terminar la relación y ella siempre me decía: "yo no quiero terminar como tu mamá, renegando de la política". No me apoyó, hizo el esfuerzo*

pobre, pero no pudo, la superó. Mi papá me apoya al cien por ciento. Está chocho que yo participe y milite en el partido que él me introdujo. (D., radicalismo).

Mi mamá fue un poco más optimista digamos, porque como ella ya había militado, y por opción dejó de militar, porque es grande de edad y porque ya no tenía ganas. Con el tema de mis hermanos fue distinto; inclusive tengo una hermana que es macrista, entonces el diálogo se tornaba un poco más denso, porque chocábamos en lo que eran opiniones, pero mi mamá y un par de hermanas que tengo siempre fueron de acompañarme. Me acuerdo, para Malvinas que pintamos un mural con las Malvinas y mi mamá fue, se sentaron, llevaron el mate, dialogamos, compartimos ideas, para el 24 de marzo que también hicimos una plaza fueron junto con mi papá. (T., Nuevo Encuentro).

Yo vengo de la esencia de lo que es el peronismo. Mi abuelo era militante, mi mamá también; incluso mis padres se conocen en política. Con mi pareja nos une mucho la política, por ahí a lo mejor discutimos porque no pensamos igual en algunas cuestiones, a ver, él es como muy inocente en un aspecto, no se da cuenta a veces de las picardías políticas de los más viejos. Entonces discutimos "ya vas a ver qué es esto" y después me termina diciendo "tenías razón". (A., justicialista).

A mi mamá no le gustaba mucho; le daba miedo, estaba en esa etapa donde todavía le daba miedo de muchas cosas que había visto de joven. Papá sí, nos preguntaba, hablaba con nosotras. (S., kirchnerismo).

En mi familia mi papá siempre fue un puntero de la política, él siempre estuvo metido. Mi pareja era políticamente cero, ella empezó a ver la política ahora, después que estuve yo, pero sí, ella se fue para el lado que me fui yo. (E., MoViPro).

Al principio no estuvieron demasiado de acuerdo tanto mi pareja como mi familia. (J., PRO).

En mi familia se hablaba muy poco de política, diría lo normal, o el tema que hiciera más ruido en los medios de comunicación. Es más, muchas veces preferían y prefieren votar a las personas, más que a partidos políticos. (T., Cambiemos).

Si retornamos a párrafos anteriores, en los que hacíamos referencia a los tres componentes de las actitudes, podríamos inferir algunos aspectos de la actitud de los familiares hacia el involucramiento juvenil. Para ello, recordemos algunas expresiones que señalamos en el ítem en que describimos la incidencia de las historias familiares. Allí indicamos que en los casos cuyos familiares –principalmente padres– habían tenido cierta actividad vinculada con la política en el pasado y en otros, sin haber militado, el tema no había estado ausente en las conversaciones familiares, no solo favorecía la participación juvenil, sino los propios padres la reforzaban. Ahora bien, es importante explicitar que dichos familiares no ignoraban las situaciones y hechos ocurridos en el pasado en Argentina, inclusive alguno de ellos con militancias muy activas, ya sea en la política o tareas sociales; sin embargo, estimulan la incorporación de sus hijos en la militancia hasta llevándolos a compartir sus actividades desde pequeños. En ese comportamiento parental se puede advertir de modo muy claro los elementos que integran los componentes actitudinales de las familias; los tres que ya mencionamos, con sus experiencias positivas y negativas, posibilitan que para los padres la política y la participación social no constituyan un objeto aversivo, sino como lo afirma Rodríguez Kauth: "se consideran objetos actitudinales aquellos objetos sociales que tengan relevancia cognoscitiva para los actores de un proceso social cualquiera y que de alguna manera comprometa parcial o totalmente al yo de los mismos" (1987: 21). Por lo tanto, es fácilmente comprensible que para esas familias, más allá de los momentos vividos por ellos, la militancia tuvo una significación muy importante en sus vidas.

En el recorrido teórico que propusimos acerca de la categoría vida cotidiana (Castro, 2000) planteábamos que en su construcción tienen relevancia las denominadas instituciones dominantes –la familia, la educación, la religión, la sociedad civil (la política, medios de comunicación, organizaciones sociales)–, por cuanto a través de ellas los sujetos van desarrollando sus identidades sociales en las cuales influyen las actitudes y representaciones que dichas instituciones aportan. En los párrafos precedentes nos detuvimos en la actitud de los familiares hacia el involucramiento social de los jóvenes. En la continuidad de este análisis nos detendremos ahora en otra de aquellas instituciones: la educación por ser –tras la familia– uno de los espacios en los que transcurrimos una parte sustancial de nuestras vidas. ¿Qué actitudes expresan sus actores institucionales hacia el involucramiento social de los jóvenes? Veamos algunos testimonios:

Lamentablemente hay docentes que directamente no te dejan entrar, o te dejan entrar 5 minutos y te cortan o incluso están los peores, los que te defenestran después que vos salís, porque ni siquiera discuten con vos en el aula de última. Que tampoco debería discutir, porque vos venís a presentar tus ideas y que cada uno piense lo que quiera, pero bueno..., no creo que haya desde las autoridades y desde los docentes tampoco, muy poco, algunos sí apoyan, pero muy poco el alentar la participación. (A., agrupación estudiantil k).

No creo que se estimule la participación juvenil en esta provincia. Se usa la juventud como una bandera y un slogan de decir: los jóvenes, los jóvenes, los integramos pero no les damos realmente participación. Antes de ayer estuve en un programa de radio y discutimos eso, yo no creo que se le dé realmente y seriamente la participación que creo que merecemos. Te dicen si los jóvenes integran la lista los jóvenes ocupan cargos pero para discutir las cuestiones de fondo y las cuestiones realmente importantes no. (D., radical).

En la escuela nunca hablamos de política, nunca se tocó el tema política, pero me tocó el año pasado la situación por el Parque La Pedrera, fueron a las escuelas, entonces como que ahora se toca la política; está bien, para sacarle un punto de conveniencia más que todo, pero es muy difícil llegar a los jóvenes; tengo una hermano de 20 años, como que no le prestan importancia, inclusive él trabaja pero como que los jóvenes están viviendo en una burbuja, lo que pasa a nivel nacional pasa de largo, tienen un trabajo; trabajan, están estudiando estudian y nada más. (T., Nuevo Encuentro).

Ahora estamos en un escenario donde en realidad hay una desmotivación de la juventud en participar, pero que está muy relacionada a la falta de conocimiento con respecto a los derechos que tienen. Yo creo que en este sentido condiciona la estructura del sistema a que la persona piense así, a que el joven piense así, y que se sienta como no parte de esa posibilidad de cambio. (A., dirigente gremial).

En los últimos años se hizo un mal uso de la juventud, se la ha usado y no se les ha dado lugar de realmente cambiar o laburar para su futuro; a partir de 2015 creo que desde las juventudes del gobierno nacional se está trabajando en otros paradigmas que tienen que ver más con el servicio y no con los sueldos ni el poder. (J., PRO).

Si tomamos en cuenta que la educación es una de las instituciones dominantes en la sociedad –tal como lo formulamos en párrafos anteriores–, es posible analizar las actitudes que expresan los actores vinculados a sus organizaciones instituidas –entre ellas, la universidad y los institutos– y sus discursos habituales. De los testimonios de los jóvenes observamos que algunos de aquellos miembros de tales organizaciones expresan desinterés y desdén hacia las prácticas políticas de los estudiantes y militantes; de igual modo hasta discrepando de mal modo en ciertos momentos con ellos cuando expresan sus ideas ante un grupo. La historia de las universidades nos ha permitido conocer que en determinados momentos de los tiempos políticos ellas han cobijado gérmenes de pensamientos y acciones críticas hacia el sistema. No es este el espacio para detenernos en esos estudios que cualquier lector interesado en la temática puede hallar en formato impreso o digital, pero vale la pena tener presente la estrecha vinculación entre los actores universitarios y los momentos sociales y políticos, en particular desde la segunda mitad del siglo XX hacia adelante. Crisis y dictaduras a las que sucedieron –en Latinoamérica en particular– democracias débiles, gobiernos que favorecieron el ingreso de organismos financieros internacionales quienes definían las políticas de cada Estado, y tras una década de gobiernos progresistas y de izquierda, nuevamente la más cruda expresión del neoliberalismo, adueñándose minuciosamente de ámbitos de la producción y el trabajo en desmedro de los intereses de la ciudadanía de a pie. En esta última etapa del neoliberalismo han contado como aliados privilegiados las corporaciones mediáticas y el uso perverso de las herramientas tecnológicas provistas a través de las redes sociales, sin que ello sea propio de tales herramientas, sino de la aplicación que de ellas realizan algunos actores políticos. La educación y su bien esencial que es el conocimiento no han sido ajenos al pensamiento colonizador.

> En el terreno de la educación, el neoliberalismo globalizador derivó en un proyecto general en que no solo busca privatizar los servicios y los materiales didácticos, sino determinar cuantitativa y cualitativamente las necesidades y los objetivos del saber y el saber hacer. (González Casanova, 2007: 25)

En el proceso de construcción y transmisión del conocimiento, las organizaciones educativas y sus actores no solo han estado y están atravesadas por ideas teóricas de matriz neoliberal, sino por mensajes mediáticos que difunden informaciones y discursos que siguen el mismo sentido ideológico. Tales expresiones e ideas han encontrado en aquellas organizaciones educativas el espacio para la reproducción de conocimientos y prácticas que ubican el mercantilismo en esos "objetivos del saber", como señala Pablo González Casanova, y tornan urgente que las universidades superen el sonambulismo intelectual, como afirma Lander, cuando describe:

> Las actuales estructuras disciplinarias de las universidades latinoamericanas, con su parcelamiento burocrático de los saberes [...] tienden a acentuar la naturalización y cientifización de la cosmovisión y la organización liberal/occidental del mundo, operando así como eficaces instrumentos de colonialismo intelectual. (2000: 23)

El discurso de algunos actores educativos también se advierte en la denigración y desdén que expresan hacia el involucramiento social y político juvenil. Quienes habitamos las aulas universitarias podemos comprobar con tremenda tristeza las maneras que aquel discurso mercantilista y que desacredita la participación deja sus secuelas en las prácticas de muchos jóvenes que se muestran apáticos frente a los conflictos del contexto social y manifiestan gestos y actitudes de desinterés frente a otros que expresan sus ideas o los invitan a las actividades de involucramiento que desde las agrupaciones y partidos realizan.

En síntesis –aunque aún en construcción el proceso de investigación–, de la información obtenida a través de los testimonios de los jóvenes queda evidenciada la impronta familiar en los recorridos de militancia. Ello no es óbice ni un condicionante para la continuidad en el mismo partido o bien en el mismo expresando sus disidencias o críticas hacia su funcionamiento. Por otro lado, también anotamos, en partidos o versiones actuales de algunos tradicionales, no colocar como centro de la acción a la política; tanto sus prácticas como sus discursos están atravesados por actitudes instrumentales hacia el involucramiento, en desmedro de la emoción que caracteriza a aquellos otros jóvenes que militan en los partidos tradicionales u orientados hacia la izquierda. Finalmente, el papel de las organizaciones educativas no debiera ser dejado de lado o carente de importancia, no solo por la mediación de matrices y teorías que reproducen el colonialismo mental, sino también por la prevalencia que en la contemporaneidad van ocupando las corporaciones comunicacionales y el uso que se realiza de las redes sociales amparadas en el anonimato de sus emisores.

Bibliografía consultada

Arfuch, L. (2007). *El espacio biográfico. Dilemas de la subjetividad contemporánea*. Buenos Aires: Fondo de Cultura Económica.

Castro, G. (1999). *La vida cotidiana como categoría de análisis a fin de siglo*. Mimeo.

Castro, G. (2000). Cultura política en la cotidianidad de fin de milenio. *Kairos, revista de temas sociales,* Año 4, N° 6, 2.o semestre, ISSN: 1415-9331, http://www.revistakairos.org.

De Souza Minayo, M. C. (2009). *La artesanía de la investigación cualitativa*. Buenos Aires: Lugar Editorial.

De la Vega, J. C. (1989). *Diccionario Consultor Político* (tomo 3). Buenos Aires: Librograf Editora.

Dussel, E. (2013). *Para una política de la liberación*. Buenos Aires: Editorial Las cuarenta.

Cherem Hdz, A.; García Reyna, C. *et al.* (2015). Aprendizaje social de Albert Bandura: Marco teórico. Facultad de Estudios Superiores Acatlán. Universidad Nacional Autónoma de México.

Giddens, A. (1995). *Modernidad e identidad del yo*. Barcelona: Ediciones Península.

González Casanova, P. (2007). *La universidad necesaria en el siglo XXI*. México: Ediciones Era.

González Rey, F. (2008). Subjetividad social, sujeto y representaciones sociales. *Revista Diversitas. Perspectivas en Psicología*, Vol. 4, N° 2.

Guattari F.; Rolnik, S. (2006). *Micropolítica. Cartografías del deseo*. Madrid: Traficantes de Sueños.

Héller, A. (1985). *Historia y vida cotidiana. Una aportación a la sociología socialista.* México: Gijalbo.

Lander, E. (2000). ¿Conocimiento para qué? ¿Conocimiento para quién? Reflexiones sobre la universidad y la geopolítica de los saberes hegemónicos. En https://bit.ly/2w20TPk.

Prigogine, I. (1996). *El fin de las certidumbres.* Chile: Editorial Andrés Bello.

Rodríguez Kauth, Á. (1987). *Psicología de las actitudes y estructuras cognitivas.* Mendoza: Editorial Universitaria San Luis.

Schütz, A. (1993). La construcción significativa del mundo social. Barcelona: Paidós.

Vommaro, G. (2017). *La larga marcha de Cambiemos. La construcción silenciosa de un proyecto de poder.* Buenos Aires: Siglo Veintiuno Editores.

Participación política juvenil en la contemporaneidad

Particularidades en una provincia argentina

YUSSEF BECHER Y PABLO VOMMARO

Introducción

En el nuevo siglo los estudios sobre formas de participación y compromiso público juveniles crecieron a la vez que aumentaba el protagonismo de los/as jóvenes en estas cuestiones. Tanto ante momentos que desestructuraron la cotidianidad de la vida argentina, reconfigurando las maneras que las juventudes producen para participar, como frente a coyunturas que motivaron y ampliaron el activismo, los investigadores hemos encontrado diferentes incentivos para expandir las indagaciones en el tema.

Estos trabajos avanzaron en aportes que deconstruyeron las representaciones hegemónicas que mostraban a los mundos juveniles como desinteresados de la política en décadas pasadas. Más que hablar de apatía, se descubrió que en los años 90 las juventudes habían ensanchado las modalidades de participación desbordando o alternativizando los espacios instituidos. Así, emergieron otras formas de ciudadanías y empoderamientos juveniles que no habían sido reconocidos antes. Ya entrados en la primera década del nuevo siglo, las condiciones coyunturales, como la presencia de un gobierno de tipo progresista o popular, pusieron nuevamente el foco de atención en las formas de compromiso de las juventudes con la política y lo público.

En algunos casos, en estrecha vinculación con el Estado y las políticas públicas. En otros, se continuaban situando en espacios alternativos o de ruptura.

De esta manera, luego de la denominada crisis del año 2001 se hicieron presentes en el escenario sociopolítico otras formas de participación que dinamizaron las modalidades de agrupamiento juvenil, renovando sentidos en torno a estos involucramientos, trayectorias militantes que son y fueron construidas en torno a una importante presencia de las instituciones estatales y pervivencia de modalidades anteriores que fueron resignificadas por el reencantamiento con lo público que se vivió luego de 2002/2003 (Vázquez y Vommaro, 2012). Todos estos elementos aportaron, también, a procesos de juvenilización en los espacios políticos instituidos e instituyeron otras fuerzas movilizantes, con *performances* y repertorios renovados, con agrupamientos gestados desde y por los jóvenes en los que lo juvenil se constituyó en un elemento de autoafirmación y generación de adhesiones y movilizaciones.

Luego del cambio de gobierno de fines de 2015 en la Argentina, la situación de las juventudes se hizo más frágil y precaria en muchos sentidos. Acompañando procesos de deterioro social más generales causados por las políticas implementadas por la alianza Cambiemos, las condiciones de vida juveniles han empeorado, aumentando no solo los índices de desempleo y de precarización laboral, sino también los procesos de estigmatización y criminalización de los/as jóvenes, sobre todo de los de sectores populares y grupos movilizados. Junto con esto, políticas públicas que tenían como destinatarias a las juventudes quedaron sin efecto o fueron modificadas sustancialmente, recortando sus alcances o disminuyendo los sujetos que podían participar de ellas. Esto deja como saldo un proceso de pérdida de derechos para la mayoría de las juventudes que aún continúa abierto.

Frente a este escenario sociopolítico, nos parece relevante realizar una indagación entre las juventudes que les pregunte por los sentidos que producen acerca de la participación política en la actual coyuntura. Para los/as jóvenes de la Argentina (o de San Luis) ¿tiene sentido participar? ¿Cuáles son los sentidos que construyen acerca de la participación? ¿Cómo se vinculan con los espacios de participación?

Estos son nuestros interrogantes y a modo de hipótesis consideramos que la producción de sentidos juveniles sobre el involucramiento político se encuentra ligada a la situación particular en la que se producen. Aquí se anudan elementos del contexto nacional, provincial, local y la historia singular de los diversos espacios en los que los/as jóvenes despliegan sus vidas.

Las investigaciones en las que se basa este artículo se han desarrollado en una provincia del interior de Argentina –San Luis–, lo cual conlleva introducir sus particularidades territoriales. Ello supone el desafío de considerar en la lectura analítica esas peculiaridades y no incorporarlas como rasgos comunes a todos los jóvenes. Se trata de reponer el espacio social en el que las juventudes despliegan sus formas de participación, con sus entramados simbólicos y materiales, con sus historias.

Algunos antecedentes y sus ejes de organización

Quienes se dedican al estudio de la participación juvenil han estructurado el campo en torno al tema en función de dos ejes: la participación en estructuras partidarias clásicas y otros modos de acción política en espacios no instituidos, disidentes o alternativos. Asimismo, se agrega un tercer campo de investigación en torno a las políticas públicas, ya sea las vinculadas con la promoción de la participación juvenil o el estudio de la participación de los jóvenes en las políticas públicas sectoriales.

Los estudios sobre estructuras partidarias clásicas fueron propios de los primeros atisbos en torno a la construcción temática de la participación juvenil. Su incidencia fue tal que cuando los contextos modificaron sus condiciones de producción para el activismo colectivo y los jóvenes desplazaron sus acciones hacia otros espacios no fueron reconocidos como tales. A partir de esas circunstancias se incorporaron en los estudios sobre el tema otros espacios que no eran propios del activismo juvenil, pero fueron utilizados para el ejercicio de esas acciones.

Fueron particulares elementos contextuales los que propiciaron una u otra modalidad de acción pues las actividades en estructuras partidarias primaron en los albores de la emergencia del colectivo sociogeneracional (en la década de 1960 y en las subsiguientes) finalizando dicho proceso con la influencia de los gobiernos dictatoriales que tuvieron lugar a mediados de los años 1970. Sin dudas, la tan idealizada primavera alfonsinista fue un reflejo del retorno del colectivo a las actividades políticas en sus formatos habituales, y las pascuas de 1987 implicaron una renovada incertidumbre para quienes habían depositado su confianza en las promesas de esa nueva democracia. Ya en 1990, y ante la retracción de la participación de las juventudes en las estructuras partidarias clásicas, algunos estudios sobre el tema comenzaron a señalar que esta disminución en la presencia de los jóvenes en los partidos políticos expresaba una apatía o desinterés juvenil por la política como tal.[1] Un factor que incidió en esas conclusiones –tal como mencionábamos anteriormente– fue considerar a los espacios

---

[1] Entre los estudios que arribaron a esas conclusiones podemos mencionar las encuestas de opinión pública efectuadas por el Deutsche Bank (1993) y los trabajos de Tenti Fanfani (1998) y Sidicaro (1998), que intentaron buscar respuestas ante el desincentivo del involucramiento juvenil en las estructuras partidarias tradicionales.

instituidos y reconocidos como ámbitos de participación como los únicos en donde podían suscitarse dinámicas de acción política. Explorando otras posibilidades de involucramiento con lo público y dando cuenta de otras formas de politización juvenil, las investigaciones de comienzos de siglo se ocuparon de mostrar que las juventudes involucran su participación en espacios distintos de los tradicionales (Núñez, 2003; Chaves, 2004; Blanco, 2006; Castro, 2007; Borobia, Kropff y Núñez, 2013; Blanco y Vommaro, 2017). Tal aporte condujo a revisar lo construido en el campo de estudios sobre el tema, pues evidentemente se estaban desplegando procesos de investigación solo respecto de las estructuras partidarias y no de aquellas otras manifestaciones políticas disidentes o alternativas.

Desde comienzos del nuevo siglo, con la presencia en Argentina de un gobierno popular o progresista, algunos elementos contextuales propios del escenario sociopolítico mostraron de parte de las juventudes un reencantamiento con lo público estatal. Surgieron modalidades de participación nuevas y otras viejas conocidas que fueron resignificadas por los integrantes del colectivo. Los estudios sociales hallaron en el fallecimiento del expresidente Kirchner un momento de clivaje en torno a la participación por cuanto las juventudes comenzaron a ocupar el espacio público, respondiendo a una interpelación estatal que antes de ese momento no era tan evidente. Las grupalidades juveniles evidenciaron su involucramiento en espacios instituidos de la política y la conformación de otros nuevos gestados y organizados por ellos mismos. Por otra parte, modalidades particulares de participación al interior de los espacios políticos fueron construyendo trayectorias de militancia individuales en donde emergieron nuevas figuras significativas para el activismo juvenil (Saintout, 2012; Vázquez, 2012; 2013; 2015; Vázquez y Vommaro, 2012; Castro, 2013; Vommaro, 2015; Becher, 2017; Vázquez, Rocha Rivarola y Cozachcov, 2017). En ese mismo periodo comenzaron a implementarse políticas públicas que entre sus objetivos proponían la promoción o el fortalecimiento de la participación juvenil. Así, empezaron a desarrollarse investigaciones sobre dichas políticas y principalmente sobre las juventudes involucradas en su implementación. Por el momento quienes se han ocupado de esos ámbitos de participación han mencionado que los integrantes del colectivo que forman parte de los procesos territoriales –en el marco de la ejecución de los programas– suelen ser gestores públicos y al mismo tiempo militantes políticos. Tales circunstancias construyen identidades juveniles en donde sus núcleos de pertenencia pendulan en torno a esos dos aspectos: militar el Estado y formar parte de él (Vázquez, 2012; 2013; 2015; Vázquez y Vommaro, 2012; Núñez, Vázquez y Vommaro, 2015).

Precisiones metodológicas

Solo nos ocuparemos en este apartado de aquellos aspectos que son relevantes para comprender la lectura propuesta en este texto, pues en otras partes del libro ya han sido descriptas con detalle las opciones metodológicas. Tal como señala Juan Samaja (1995), un proceso de investigación se constituye por el conjunto de actividades desarrolladas por quienes asumen tal tarea. En ese sentido, entre las tareas llevadas a cabo por el grupo de investigación, se encuentran encuestas semiestructuradas y entrevistas grupales realizadas en el año 2016. A ello se agregan entrevistas en profundidad y observación participante durante el año 2017. Vale señalar que la muestra estuvo constituida por jóvenes que participan en diferentes estructuras partidarias –a las que ya se ha hecho mención en los primeros capítulos de este libro– y por otros que lo hacen en espacios que no tienen esa particularidad. Asimismo, se encuentran representadas las juventudes que no participan en ninguno de tales espacios. En cuanto a las edades, el promedio se ubica en los

25 años, y la identidad de género se encuentra equilibrada entre varones y mujeres, no relevándose otras identidades y sexualidades.

Para desentrañar los sentidos que los jóvenes le otorgan a la participación, acudimos a ese corpus de datos y realizamos sobre él un análisis temático a fin de identificar aquellos significantes en torno a los cuales se agrupa una importante densidad teórica (Braun y Clarke, 2006). Este análisis consiste en efectuar comentarios generales en torno a las expresiones juveniles –ya sean sus discursos o prácticas– para distinguir temas y subtemas, lo cual supone una relación predominante entre unos significantes que tienen mayor recurrencia que otros. De modo que en torno a nuestro eje central –producción de sentidos sobre la participación– se fueron agregando significados intersubjetivos –en términos schutzianos (1993)– que conforman el universo simbólico de las juventudes que integraron la muestra. En esos significados fue posible advertir algunos estimulantes para el accionismo juvenil y otros desincentivos. Al mismo tiempo, todos ellos convergen en un elemento común: el contexto o la situación en la que se produce la participación. En el siguiente gráfico –que vamos a presentar a modo de heptágono– mostramos esos diferentes significantes y entre paréntesis –por medio de signos de suma y de resta– su incidencia como estimulantes o condicionantes negativos:

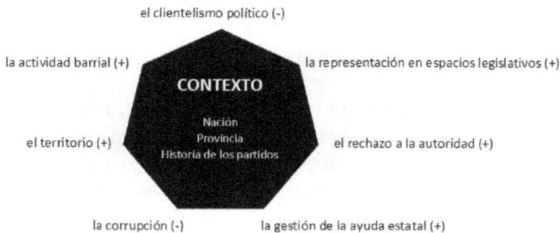

Significados y contextos

Cuando los jóvenes que conformaron la muestra fueron consultados sobre el papel de quienes integran su colectivo en estos últimos tiempos –en las encuestas y entrevistas consultamos sobre los últimos cincuenta años, aludiendo a su experiencia directa y a relatos o tradiciones heredadas– inmediatamente emergieron sentidos que los ligaron al mundo de la política. Sin dudas, aquel fue un incentivo para indagar cuáles son las prácticas que ellos consideran políticas y los significados que construyen en torno a estas, sin dejar fuera de tal registro –pues coincidimos con Chantal Mouffe (2011)– todo tipo de dinámica que ellos consideraran un activismo político. Tal como señalamos en el gráfico anterior, todos estos sentidos convergen en un elemento que les es común: el contexto. Por ello, en nuestra lectura vamos a acudir a datos contextuales a modo de lupa para esclarecer dichas construcciones significativas. Asimismo, en ese contexto se encuentran entramados elementos del escenario nacional y otros del provincial, como así también algunos que provienen de las dinámicas e historias de los partidos o espacios políticos en el caso de aquellos que involucran su participación en esas instancias.

Un primer parteaguas lo encontramos en torno a quienes se autoperciben como involucrados en actividades políticas y quienes no se consideran tales. Los que no participan en agrupaciones o espacios políticos instituidos y reconocidos como ámbitos de participación política lo expresan del siguiente modo:

> No lo hago porque no tengo tiempo… no es que me parezca no importante, pero prefiero ayudar al margen de estar en una agrupación. Estuve un tiempo en una y me exigían cumplir con tareas para las que no tenía tiempo (J. Mujer. 22 años. Estudiante universitaria).

En el relato de esta joven podemos advertir que considera que las actividades políticas requieren de un tiempo que ella no está dispuesta a brindarles y, asimismo, señala una serie de exigencias que no puede cumplir. Entre esas exigencias se encuentran las actividades de militancia y el tiempo que ellas demandan en cada una de las agrupaciones. Por consiguiente, esta joven decide involucrar su participación en otros espacios distintos de aquellos que comúnmente son reconocidos como políticos. Con este caso, podemos ver la manera en la que para muchos jóvenes persiste la significación en torno al hacer política como involucrarse en los ámbitos instituidos y reconocidos como tales, considerando otros espacios de participación como no políticos (Blanco, 2006; Blanco y Vommaro, 2017). Entre otros congéneres de J. que también eligen no participar en los espacios reconocidos como políticos, se encuentran presentes significantes que asocian la política al *clientelismo* y la *corrupción*. Tal como hemos mencionado, esos sentidos en torno a la participación operan como desincentivos para involucrarse. Algunos de los jóvenes que emplean estos significantes lo hacen al describir políticas públicas nacionales y provinciales:

> *Políticas populistas... políticas sociales clientelares y fomento a la vagancia.*

> *Populismo barato aprovechándose de la gente pobre para conseguir votos.*

> *... vivíamos en un imperio gobernado por la corrupción de los K.* (Expresiones recogidas en los cuestionarios anónimos).

Estas políticas corresponden tanto al gobierno nacional como al provincial. Si bien en el primer escenario los estudios han mostrado que los denominados gobiernos progresistas o populares brindaron condiciones de producción para la emergencia de juventudes militantes (Vázquez, 2015; Vommaro, 2015), muchos de ellos no se encuentran conforme con tales condiciones por cuanto señalan la existencia de clientelismo y corrupción. Los discursos en torno a esos dos significantes han sido la estrategia predilecta de los medios de comunicación dominantes –que se oponían al gobierno argentino de 2003 hasta 2015– y de la oposición, la cual, bajo la promesa de recuperar una supuesta institucionalidad perdida, pregonaba discursos anticorrupción. Ya Chomsky (1995) desde inicios de la década de 1990 advertía acerca de la incidencia de los medios de comunicación dominantes en la construcción social de la realidad, como también lo han hecho Domenach (1962) y Mauger (2007). En ese período tales medios se enfrentaron al gobierno por cuanto aquel adoptó medidas concretas –como la Ley de Servicios de Comunicación Audiovisual N° 26522– que ponían en riesgo gran parte de sus actividades comerciales, como así también otras acciones que no coincidían con sus orientaciones políticas. Por su parte, la oposición de aquel entonces, entre la que destacamos la coalición que actualmente ejerce el Poder Ejecutivo (2015-2019), no ha dado muestras de recuperar la institucionalidad supuestamente perdida, sino que por el contrario la ha lesionado gravemente ante el reiterado uso de decretos de necesidad y urgencia para modificar leyes, menoscabando derechos de los ciudadanos o beneficiando a amigos y familiares asociados al gobierno. A ello se agrega que desde los sentidos hegemónicos han sido los gobiernos considerados populistas sobre los que han recaído causas de corrupción, utilizadas habitualmente para estigmatizar sus políticas, aunque en muchos casos esas causas no hayan sido efectivamente comprobadas (Hochstetler, 2008).

En la provincia de San Luis nos encontramos con la particularidad de un territorio en donde persiste el liderazgo de una misma fuerza política –asociada a una familia– desde el año 1983 hasta la actualidad. Las investigaciones locales sobre su cultura política lo han caracterizado como un régimen de corte patrimonialista en donde las estructuras clientelares conforman un entramado de

institucionalismos informales que sirven para su sostenimiento (Trocello, 2008). Desde una perspectiva diferente se
advierte –tomando a las juventudes sanluiseñas como objeto empírico– que el gobierno provincial ha acudido a estrategias de dominación por medio de las cuales logra incidir
en la construcción de las subjetividades e identidades juveniles, apelando principalmente a lo simbólico y lo afectivo
(Castro, 2012; 2014). El estudio de las políticas sociales sanluiseñas también ha develado la recurrencia a instancias que
podemos caracterizar como clientelares, aunque no dentro
del típico clientelismo político analizado en forma lineal o
unidireccional, sino como uno en donde –tal como señala
Auyero (1997; 2001)– no solo importa lo que se da o se recibe, sino los significantes a los que se evoca en esas modalidades mediante las que se otorgan los beneficios (Vilchez,
2017). Asimismo, consideramos importante reconocer que
esas relaciones no se construyen sin el intercambio de bienes y recursos materiales y simbólicos, tanto para quien da
como para quien recibe, pues no se trata de un vínculo entre
un dador todopoderoso y un cliente alienado.

Entre las juventudes que se reconocen como involucradas en política, predominan los significantes que en el
gráfico hemos representado con el signo de suma. Quienes
construyen un sentido en torno a la participación como
la posibilidad de incidir en los ámbitos institucionales del
gobierno por medio de obtener un escaño en *los espacios
legislativos* son los jóvenes de la Unión Cívica Radical (UCR)
y su actual alianza Cambiemos:

> *... creemos que las cuestiones de gobierno y de Estado se cambian
> dentro del gobierno y del Estado, no desde afuera, porque uno puede
> opinar mucho en las radios pero si no estás dentro de la legislatura,
> el concejo deliberante, la municipalidad, no podés cambiar abso-
> lutamente nada* (D. Varón. 26 años. Dirigente de agrupación
> juvenil UCR-Cambiemos).

Este sentido en torno a la participación política se vincula con el papel que el Partido Radical ha tenido en la provincia de San Luis: en el periodo de reconstrucción democrática fue un opositor significativo y con el transcurso del tiempo fue perdiendo centralidad quedando reducido a ocupar algunos cargos legislativos como fuerza política minoritaria. Por ello, en este caso podemos advertir el modo en que la historia de los partidos incide en los sentidos que construyen las juventudes acerca de la participación política. Así, cuando son consultados sobre la formación política que reciben de parte de la UCR, surgen los aspectos vinculados con la tarea legislativa, ya sea porque directamente han ocupado un cargo como concejales o diputados o bien porque han sido pasantes en la legislatura local.

Asimismo, cuando indagamos acerca de sus expectativas en los espacios políticos en los que se desarrollan, emerge el deseo de incorporarse en espacios propios de las funciones legislativas. Tales jóvenes no tienen interés por insertarse en ámbitos ejecutivos –ya sean cargos electivos o políticos– como así tampoco continuar la militancia sin tener incidencia en actividades legislativas.

A diferencia de este grupo juvenil, se ubica otro para el que *la actividad barrial* es la principal en torno a la cual se construye su sentido de participación. En ese grupo podemos identificar a los jóvenes que involucran su activismo en el Partido Justicialista (PJ) provincial:

> *¿Qué hacía Perón? Iba al barrio, ayudaba a la gente, ese tipo de actividades... a veces me dicen "¿Vos para quién trabajas?" Yo trabajo para el peronismo... me voy al barrio porque es la única forma, vos a la gente la tenés que escuchar* (A. Mujer. 28 años. Dirigente de agrupación juvenil del PJ).

En este caso la historia del partido tiene un papel central particularmente en torno a la figura de quienes fueron sus mitos fundantes: Juan Domingo Perón y Eva Duarte. Es recurrente la mención a estas figuras como así también a aspectos que son característicos de la doctrina peronista. Entonces, la actividad barrial con los sectores populares surge como uno de los principales significantes en torno al que se organiza la participación juvenil en este caso. Sin embargo, al interior de las mismas grupalidades se producen conflictos en torno a esos sentidos, pues quienes se han ido incorporando posteriormente no siempre reconocen en las tareas de ayuda social directa con los barrios un aspecto central de su involucramiento en el partido. Por ello, emergen diferentes sentidos en donde dichas actividades no tienen la tan mentada centralidad que aparece en el discurso de otros jóvenes. Como en todo campo de significación, siempre están presentes los conflictos por unos u otros significantes aunque, sin dudas, el que predomina –como modo de identificación con esa doctrina heredada– es la de involucrar la participación al reconocerse militante en las tareas barriales.

A partir de nuestras observaciones pudimos advertir que, con menor masividad pero no por ello con escasa significación dentro de los sentidos construidos acerca de la participación, tenía presencia un grupo de jóvenes que con sus banderas negras y símbolos de la A dentro de un círculo acompañaba a los ciudadanos sanluiseños que se congregaban en diferentes manifestaciones, principalmente las que se realizaban en defensa de los derechos de las mujeres –por ejemplo, en las convocatorias Ni una Menos[2], o ante la

---

2   El movimiento reconocido con ese lema surge como una forma de denunciar e impugnar las sistemáticas violaciones a los derechos de las mujeres ante las acuciantes cifras de feminicidios en Argentina. Su composición es heterogénea pues se integra con mujeres y varones de diferentes edades, predominando el género femenino. También ha logrado un importante apoyo de parte del Colectivo de personas Lesbianas, Gays, Bisexuales y Trans (LGBT). Su primera manifestación fue por medio de una marcha callejera en el año 2015 que se ha reiterado hasta la actualidad. Con el transcurso del tiempo, a su reclamo inicial se fueron incorporando demandas por autonomías económicas y sexuales para las mujeres. Se puede encontrar más información en su página web: http://niunamenos.com.ar

desaparición de Santiago Maldonado[3], denunciando la profundización de la represión de parte de las fuerzas de seguridad estatales. Estos jóvenes se reconocen como anarquistas o bien como defensores de prácticas libertarias. No es casual que estas juventudes involucren su activismo en causas sociales como las que mencionamos, pues el patriarcado aparece como el principio autoritario que regula las relaciones entre las diferentes identidades de género o sexuales, construyendo jerarquías entre unas y otras. Por otra parte, en el reclamo ante la desaparición de Santiago Maldonado es posible ubicar uno de los nudos que estructura el sentido de la participación en las agrupaciones consideradas anarquistas desde sus comienzos en el siglo XIX: el *rechazo a la autoridad estatal*, que no es reconocida como ejercicio del uso legítimo del monopolio de la fuerza pública.

> *... acá antes de la creación del Estado nación argentino había pueblos que... se manejaban y se conocían porque estaban desde hace muchísimos años y no necesitaban de un Estado con leyes* (G. 28 años. Integrante de agrupación de corte anarquista).

Esta modalidad de participación –que puede ser considerada una particularidad del anarquismo que se extiende a otros grupos– entraña una crítica hacia el Estado en tanto modo de organización social y política. Al mismo tiempo, dado que se concibe a la administración estatal como un modo de organización que no es compatible con la libertad –de acuerdo con el significado que le atribuyen estas agrupaciones– su potestad represiva surge como respuesta ante las prácticas que intenten poner en riesgo su estructura. Ya sea el patriarcado o el Estado en su forma tradicional de

---

3 Fue un joven de 28 años, oriundo de la Provincia de Buenos Aires, que desapareció el 1 de agosto de 2017 en el marco de una manifestación de una comunidad mapuche ubicada en una zona cercana a Esquel (Provincia de Chubut), que fue reprimida por Gendarmería Nacional. Santiago Maldonado estuvo desaparecido 78 días hasta que su cuerpo fue hallado sin vida en el Río Chubut.

ejercicio de la represión constituyen modos autoritarios de ejercicio del poder que justifican el involucramiento de los jóvenes que integran tales agrupaciones.

Por otra parte, en el campo de significaciones que es propio de quienes involucran su activismo en partidos o agrupaciones políticas, *el territorio* surge como otro sentido que motiva la participación juvenil. Si bien la construcción simbólica del espacio cobró centralidad política en el mundo contemporáneo (Vommaro, 2015) y se encuentra entramada con otros sentidos que atraviesan diferentes grupalidades, es entre las juventudes que militan en una agrupación vecinal en donde dicha significación es constitutiva del involucramiento con lo público. En el espacio en donde la agrupación vecinal que incorporamos en este estudio desarrolla sus actividades, tiene lugar un conflicto con el gobierno provincial. Se trata de una localidad rural –de menos de 2000 habitantes– en donde el oficialismo ha intentado en diferentes oportunidades y por medio de diversas estrategias obtener la intendencia. Sin embargo, no lo ha logrado y su principal opositor ha sido un movimiento vecinal gestado en ese territorio. Quienes son jóvenes e involucran su participación en el espacio vecinal manifiestan su motivación por incorporarse en ese espacio dado que el oficialismo intenta –de acuerdo con sus expresiones– apropiarse de ese territorio, desconociendo las particularidades que le son propias como así también las de los ciudadanos que lo habitan. Parafraseando a Fanon (1963) podemos afirmar que tales decisiones, la de involucrarse en un espacio vecinal y la de oponerse al oficialismo provincial, constituyen modalidades de resistencia ante la expropiación cultural interna, pues se ponen en juego elementos pertenecientes a la identidad de una localidad por parte de quienes son considerados por los jóvenes organizados como ajenos a las particularidades que confluyen en su construcción. Vale señalar que una peculiaridad que pudimos advertir en nuestras observaciones es el modo en que se vinculan los dirigentes de la agrupación con los vecinos, pues se trata de una relación fluida y cotidiana en donde unos y otros están al tanto de las historias que los involucran y de los contextos que les son propios.

Quienes actualmente se sienten reconocidos por el Estado nacional –pues son parte de la fuerza gobernante– son los jóvenes que militan en Propuesta Republicana (PRO). Entre estas juventudes predomina una significación de la participación ligada a la *gestión de la ayuda estatal.*

> *... la gente venía acá a la sede y nosotros la anotábamos y se enviaban los papeles a la oficina de empleo y los anotaban en un plan... planes nacionales todos... sino venía gente que tenía por ahí problemas con ANSES y nosotros como tenemos conocidos en la oficina los ayudamos... más que todo social* (S. 26 años. Integrante de agrupación juvenil PRO).

Estas juventudes militantes se constituyen en agentes o empleados públicos informales y se ocupan de las tareas administrativas que implican la gestión de medidas de contención social dirigidas a los sectores populares, tales como planes nacionales de empleo o bien el acceso a programas sociales vigentes durante la gestión anterior como la Asignación Universal por Hijo. En las observaciones que efectuamos, los integrantes del colectivo juvenil militantes PRO instalan en las sedes partidarias lo que podemos denominar extensiones de oficinas estatales en donde –desde sus computadoras– realizan las gestiones que les son requeridas. Si bien la concurrencia no es elevada, desde tales espacios se llevan a cabo tareas que son propias de los contextos que corresponden a la administración pública. Asimismo, quienes se ocupan de estas tareas de gestión establecen días y horarios durante los cuales estas pequeñas oficinas funcionan. Algunos de los jóvenes que participan integran la estructura del Estado y realizan estas tareas –que también corresponden a ese ámbito– como parte de su militancia. A partir de ello podemos advertir que la gestión estatal se funde con el activismo político por cuanto realizar tareas que son propias de esa gestión es parte de la condición militante. Al mismo tiempo, pertenecer como empleado a la administración pública y realizar tareas que le son propias pero por fuera de los horarios que les corresponden también integra esa condición. De modo que aquellos estudios sociales que mencionaron que durante el kirchnerismo el Estado fue una causa militante (Vázquez, 2012; 2013; 2015; Vázquez y Vommaro, 2012; Vommaro, 2015; Becher, 2017; Vázquez, Rocha Rivarola y Cozachcov, 2017), respecto de estos jóvenes PRO de la provincia de San Luis podemos advertir –con diferentes trayectorias e involucramientos– que la gestión estatal también tiene centralidad. Sin dudas, las diferencias son evidentes –pues en la década pasada se presentaron otros elementos contextuales que propiciaron la construcción de ese Estado como causa militante– también es posible reconocer algunas semejanzas en las modalidades de participación juvenil de quienes se sienten parte de la actual conformación de la gestión estatal. En el periodo del gobierno popular o progresista argentino tuvo presencia una interpelación directa –por medio de estrategias discursivas y de acciones estatales concretas– dirigida a incentivar la participación juvenil.[4] La respuesta de parte de las juventudes no fue menor, pues en ese momento histórico se manifestaron activismos políticos que canalizaron en

---

4   Un estudio realizado en el año 2013 por el Consejo Latinoamericano de Ciencias Sociales (CLACSO) y la Organización de las Naciones Unidas para la Educación, la Ciencia y la Cultura (UNESCO) relevó un total de 88 programas sociales implementados en Argentina que tenían como destinataria o comprendían a la juventud. Por otra parte, una investigación desarrollada por el Instituto de Investigaciones Gino Germani de la Universidad de Buenos Aires –cuyos resultados son citados en Vázquez (2015)– muestra que existían 150 acciones estatales dirigidas al colectivo juvenil. Asimismo, el Proyecto de Ley para la Promoción de las Juventudes –que finalmente no fue aprobado por la Cámara de Senadores– entre sus fundamentos menciona la existencia de 60 programas que colocaban a los jóvenes como destinatarios (Becher, 2016). Los números difieren pues en el estudio de CLACSO-UNESCO se comprendieron medidas sociales que no tenían a la juventud como destinataria directa, aunque es la que lograba el acceso a los derechos comprendidos en esas acciones estatales. Sucede lo mismo con el estudio de la UBA con la diferencia que se incorporan programas no considerados en el anterior. En todos los casos, las acciones estatales que predominan son las

espacios instituidos de la política y en otros nuevos gestados por los mismos jóvenes. Agrupaciones con fuerte presencia territorial, que dinamizaron los repertorios de acción colectiva, juvenilizando *performances* y estéticas políticas nuevas y viejas. En la actualidad, estas agrupaciones se enfrentan a una nueva coyuntura en donde las juventudes no tienen el protagonismo anterior, y por ello se encuentran en un periodo de transición y de resignificación de sus trayectorias de activismo político en el que ya no forman parte del Estado ni como gestores ni como militantes.

Para finalizar

Si bien consideramos que algunos de los aspectos que planteamos en este texto pueden ser profundizados en trabajos posteriores y que quedaron algunas dimensiones sin incluir en el análisis, pensamos que ante un nuevo escenario sociopolítico es relevante retomar la reflexión sobre el sentido que las juventudes producen acerca de la participación política, incorporando a los diversos actores que ingresan en la escena política juvenil. Este análisis supone indagar en pervivencias y no hablar tanto de novedades sino de reconfiguraciones, emergencias o actualizaciones. Así, tal como muestra Vommaro (2017), el ascenso del Partido PRO –Propuesta Republicana– debe ser analizado en la mediana duración, considerándolo también como una expresión de los cambios políticos sucedidos luego de 2001.

Entre esos sentidos nos encontramos con algunos que son propios de las tradiciones de cada espacio político, al mismo tiempo que identificamos emergencias. También incorporamos juventudes que no se reconocen como actores que despliegan acciones políticas. Estas significaciones

---

que tienen por fin incentivar o promover la participación juvenil, sin embargo, en términos presupuestario ocupan el primer lugar las transferencias condicionadas de inclusión social y acceso a derechos.

muestran la conocida disputa en torno a qué significa *hacer política* y, asimismo, qué es lo político y la política. Intentamos reponer algunos aspectos de esa discusión en los antecedentes en donde dejamos en claro que los aportes sobre el tema, desde comienzos de siglo, vienen mostrando que las dinámicas de politización juveniles ofrecen un crisol de posibilidades. Así, mirando empoderamientos juveniles que se producen por fuera de los espacios instituidos, emergen prácticas alternativas que no escapan a las expresiones del experimentar y resignificar lo político.

En este texto, hemos mostrado que algunos jóvenes no se reconocen como activistas políticos por cuanto no integran los espacios instituidos del mundo de la política. Asimismo, en esa decisión de identificarse con la política, se anudan los sentidos que fuimos relevando y sistematizando, diferenciando entre significantes que surgen de las experiencias juveniles y que pueden operar como estimulantes o desincentivos para asumir un compromiso público. Entre ellos nos encontramos con el *clientelismo* y la *corrupción*, que aparecen muchas veces asociados a los gobiernos progresistas o populares, como situaciones particulares que inciden en la decisión de algunos jóvenes de considerarse como comprometidos o autoidentificarse con la política. Esto habla también acerca de la estigmatización que ha recaído sobre estos gobiernos por parte de los medios de comunicación dominantes, lo que fue aprovechado por la actual coalición de gobierno que ganó las elecciones en 2015. Por su parte, en la provincia de San Luis el clientelismo político aparece como un engranaje que hace posible el sostenimiento del régimen político local.

Al mismo tiempo, entre los sentidos producidos sobre la participación circulan otros que operan como un incentivo para el activismo político juvenil. En el caso de la alianza Cambiemos, el sentido de involucrarse se estructura en torno a la posibilidad que los jóvenes identifican para tener incidencia en los *espacios legislativos* locales. Ello se vincula con la historia de la Unión Cívica Radical (integrante de Cambiemos) en la Provincia y con el lugar histórico que en este momento ocupa.

Entre las juventudes que se involucran en el Partido Justicialista, advertimos que el nudo de sentido se conforma alrededor de la *actividad barrial*, retomada como un aspecto central de la doctrina peronista y recuperando como principales ejemplos a las figuras fundantes de ese movimiento. Sin embargo, al interior de estas grupalidades se construyen otros sentidos que van introduciendo fracturas sobre los hegemónicos, estableciendo modalidades alternativas a las instituidas.

Por su parte, quienes se reconocen como integrantes de grupos anarquistas producen el sentido de participar en aquellas circunstancias que suponen un *uso excesivo del monopolio de la fuerza pública* por parte del Estado. Precisamente ese monopolio es uno de los nudos que motivan el activismo juvenil entre esas grupalidades por cuanto se cuestiona al Estado moderno como modo de organización política y social.

El *territorio* que –tal como hemos mencionado previamente– aparece en el mundo contemporáneo como un espacio de disputa en los universos simbólicos sobre los modos de hacer política, tiene una importante presencia entre las juventudes que integran un movimiento vecinal. Ello se explica a partir de una circunstancia presente en ese espacio social que es la de un conflicto entre el oficialismo y el movimiento local en donde la opción por el vecinalismo aparece, por una parte, como un modo de relacionamiento cotidiano con sus dirigentes y, por otra, como una elección para preservar la identidad de la localidad.

Para ir cerrando este recorrido, agrupamos los sentidos que emergen en las juventudes militantes PRO. Aquí pudimos identificar que la *gestión de la ayuda estatal* es uno de los motivos que activa su involucramiento. Formar parte del Estado fue un estímulo entre los jóvenes kirchneristas y también parece serlo para las juventudes PRO, pues contar con los recursos estatales permite involucrarse políticamente a partir de la gestión estatal, superponiendo, en muchos casos, la condición militante con la de gestor público. Aquí surge un interesante elemento de continuidad entre los gobiernos kirchneristas y la gestión de Cambiemos, que nos proponemos profundizar en futuros trabajos.

Finalmente, es preciso recordar que la producción de sentidos sobre la participación política se expresa, tal como la hemos expuesto, cuando es estudiada en las situaciones singulares en que se desenvuelven las diversas grupalidades juveniles. Si esos mismos sentidos son extrapolados a otros universos simbólicos y otras configuraciones subjetivas, probablemente adquieran una significación diferente y contradictoria con respecto a la que se ha descripto. Por último, señalamos que estos significados se construyen en torno a disputas por el sentido, que muchas veces logran agrietar los hegemónicos, produciendo fugas y sustracciones que se pueden hacer más o menos visibles ante una coyuntura y un espacio singulares.

Bibliografía consultada

Auyero, J. (1997). Evita como performance. Mediación y resolución de problemas entre los pobres urbanos del Gran Buenos Aires. En Auyero, J. (comp.), ¿Favores por votos? Estudios sobre clientelismo político contemporáneo. Buenos Aires: Editorial Losada.

Auyero, J. (2001). La política de los pobres. Las prácticas clientelistas del peronismo. Buenos Aires: Manantial.

Becher, Y. (2016). Políticas de juventud(es): entre la autonomía y la asistencia. Un análisis desde el enfoque de derechos. Revista Administración Pública y Sociedad, 2, pp. 38-59. Universidad Nacional de Córdoba.

Becher, Y. (2017). Las juventudes sanluiseñas y sus miradas sobre la política y las políticas sociales: la influencia de las instituciones. *Crítica y Resistencias. Revista de Conflictos Sociales Latinoamericanos*, 3, pp. 124-139. Colectivo de Investigación El Llano en Llamas.

Blanco, R. (2006). *Los jóvenes y la memoria colectiva. Representaciones de la política y de la militancia en el discurso de las generaciones posdictadura* (Tesis de grado no publicada). Universidad de Buenos Aires.

Blanco, R. y Vommaro, P. (2017). Otros caminos, otros destinos. Transformaciones en los espacios y prácticas cotidianas de participación juvenil en los años ochenta. En Vázquez, M.; Vommaro, P.; Núñez, P. y Blanco, R. (comps.), *Militancias juveniles en la Argentina democrática. Trayectorias, espacios y figuras de activismo*. Buenos Aires: Imago Mundi.

Braun, V. y Clarke, V. (2006). Using thematic analysis in psychology. *Qualitative Research in Psychology*, 3 (2), pp. 77-101.

Borobia, R.; Kropff, L. y Núñez, P. (comps.) (2013). *Juventud y participación política: más allá de la sorpresa*. Buenos Aires: Centro de Publicaciones Educativas y Material Didáctico.

Castro, G. (2007). Jóvenes: la identidad social y la construcción de la memoria. *Última Década*, 26, pp. 11-29, CIDPA, Chile.

Castro, G. (2012). *Los jóvenes y la vida cotidiana. Construcción de la subjetividad y la identidad social en sociedades con cambios socioculturales* (Tesis de doctorado no publicada). Universidad Nacional de San Luis.

Castro, G. (2013). Jóvenes contemporáneos. La historia y la subjetividad. *Revista Argentina de Estudios de Juventud*, 7, Universidad Nacional de La Plata.

Castro, G. (2014). La provincia y sus circunstancias. En Castro, G. (comp.), *Con voces propias. Miradas juveniles contemporáneas en San Luis* (pp. 33-53). San Luis: El Tabaquillo-UNSL.

Chaves, M. (2004). Contra la mishiadura, murgas a la calle. *Revista CIUDADES*, 63, pp. 3-9. México.

Chomsky, N. ([1995] 2002). *El control de los medios de comunicación*. En Chomsky, N. y Ramonet, I., *Cómo nos venden la moto. Información, poder y concentración de medios* (pp. 7-53). Barcelona: Icaria.

Consejo Latinoamericano de Ciencias Sociales (CLACSO). Organización de las Naciones Unidas para la Educación, la Ciencia y la Cultura (UNESCO) (2013). *Políticas de inclusión social de jóvenes en Latinoamérica y el Caribe: situación, desafíos y recomendaciones para la acción*. Consultada el 15 de noviembre de 2015 en https://bit.ly/2BNMo74.

Deutsche Bank (1993). *La juventud argentina. Una comparación entre generaciones*. Buenos Aires: Deutsche Bank-Planeta.

Domenach, J. M. (1962). *La propaganda política*. Buenos Aires: Editorial Universitaria de Buenos Aires.

Fanon, F. (1963). *Los condenados de la tierra*. México: Fondo de Cultura Económica.

Hochstetler, K. (2008). Repensando el presidencialismo: desafíos y caídas presidenciales en el Cono Sur. *América Latina Hoy*, 49, pp. 51-72. Universidad de Salamanca.

Mauger, G. (2007). *La revuelta de los suburbios franceses: una sociología de la actualidad*. Buenos Aires: Antropofagia.

Mouffe, C. (2011). *En torno a lo político*. Buenos Aires: Fondo de Cultura Económica.

Núñez, P. (2003). *Aportes para un nuevo diseño de políticas de juventud. La participación, el capital social y las diferentes estrategias de grupos de jóvenes*. Santiago de Chile: NU-CEPAL.

Núñez, P.; Vázquez, M. y Vommaro, P. (2015). *Entre la inclusión y la participación. Una revisión de las políticas públicas de juventud en la Argentina actual*. En H. Cubides C.; Borelli, S.; Unda, R.; y Vázquez, M. (eds.), *Juventudes Latinoamericanas. Prácticas socioculturales, políticas y políticas públicas*. Buenos Aires: CLACSO.

Saintout, F. (2012). Jóvenes: nuevos modos de recrear la política. *Juventudes en la Argentina y América Latina: Cultura, política e identidades del siglo XX al XXI*, Centro Redes (https://bit.ly/2LIjCV9), Argentina.

Samaja, J. (1995). *Epistemología y metodología. Elementos para una teoría de la investigación científica*. Buenos Aires: Eudeba.

Sidicaro, R. y Tenti Fanfani, E. (comps.) (1998). *La Argentina de los jóvenes. Entre la indiferencia y la indignación*. Buenos Aires: Losada-UNICEF.

Schütz, A. (1993). *La construcción significativa del mundo social. Introducción a la sociología comprensiva*. Barcelona: Paidós.

Tenti Fanfani, E. (1998). *Expectativas y valores*. En R. Sidicaro y E. Tenti Fanfani (comps.), *La Argentina de los jóvenes. Entre la indiferencia y la indignación*. Buenos Aires: Losada-UNICEF.

Trocello, G. (2008). *La manufactura de "ciudadanos siervos". Cultura política y regímenes neopatrimonialistas*. San Luis: Nueva Editorial Universitaria-UNSL.

Vázquez, M. (2012). La juventud como causa militante. Aproximaciones al activismo, la participación y la gestión militante entre jóvenes kirchneristas. Ponencia presentada en el Programa Posdoctoral de Investigación en Ciencias Sociales, Niñez y Juventud. Mimeo.

Vázquez, M. (2013). En torno a la construcción de la juventud como causa pública durante el kirchnerismo: principios de adhesión, participación y reconocimiento. *Revista Argentina de Juventud*, 1 (7). Universidad Nacional de La Plata.

Vázquez, M. (2015). *Juventudes, políticas públicas y participación. Un estudio de las producciones socio-estatales de juventud en la Argentina reciente*. Buenos Aires: Grupo Editor Universitario-CLACSO.

Vázquez, M. y Vommaro, P. (2012). Con la fuerza de la juventud: aproximaciones a la militancia kirchnerista desde La Cámpora. En Pérez, G. y Natalucci, A. (comps.), *Vamos las bandas. Organizaciones y militancia kirchnerista.* Buenos Aires: Nueva Trilce.

Vázquez, M.; Rocca Rivarola, D. y Cozachcow, A. (2017). Fotografías de las juventudes militantes en Argentina. Un análisis de los compromisos políticos juveniles en el Movimiento Evita, el Partido Socialista y el PRO entre 2013 y 2015.

Vilchez, V. (2017). *Clientelismo político institucional. Las prácticas y las construcciones de sentido -acciones simbólicas- del clientelismo político en el Plan de Inclusión Social Trabajo por San Luis. Un estudio de caso* (Tesis de maestría no publicada). Universidad Nacional de San Luis.

Vommaro, G. (2017). *La larga marcha de Cambiemos. La construcción silenciosa de un proyecto de poder.* Buenos Aires: Siglo Veintiuno Editores.

Vommaro, P. (2015). *Juventudes y políticas en la Argentina y en América Latina. Tendencias, conflictos y desafíos.* Buenos Aires: Grupo Editor Universitario-CLACSO.

Espejos en reversa: representaciones juveniles[1]

GRACIELA CASTRO

Introducción

Entre las actividades que comprenden al proyecto de investigación "Involucramientos sociales juveniles en la contemporaneidad: construcción de identidades políticas y sindicales en la provincia de San Luis (Argentina)", financiado por FONCyT/UNSL, emprendimos la tarea de acercarnos al modo en que jóvenes universitarios acceden al conocimiento de hechos y situaciones de la política nacional e internacional. Allí nos detuvimos en el papel de las instituciones dominantes y su incidencia en las opiniones de los jóvenes. Al mismo tiempo, otro aspecto que nos resultó de interés conocer fue la representación que los propios jóvenes tienen de sus congéneres —en particular en el comportamiento de estos en los últimos años en el país— como así también en la posible influencia que hubiesen tenido los partidos políticos. Acerca de este último aspecto —la representación social de los jóvenes— procuraremos realizar algunas reflexiones teóricas.

En el análisis partiremos de considerar la manera en que los sujetos vivencian la presencia de ese *Otro* junto al cual darán lugar a la intersubjetividad. Parafraseando a Schütz (1993), podríamos decir ¿quién es el otro y de qué

---

[1] Una versión de este avance de investigación fue comentada en el panel "Las Juventudes en los escenarios sociopolíticos", que integró el Encuentro Políticas Neoliberales en Argentina Hoy: Crisis y Desafíos, organizado por CLACSO, Maestría Sociedad e Instituciones y Foro Universitario Federal. (FCEJS/UNSL), mayo 2017.

manera me acerco a conocerlo? Estos aspectos se consideran esenciales para poder acercarnos al modo en que los jóvenes representan a sus congéneres cuando la imagen de estos está mediada por acciones políticas.

Apuntes sobre la experiencia

Durante el año 2016, a través de un subsidio de FONCyT/UNSL, iniciamos las tareas de recolección de información diseñadas en el marco del proyecto "Involucramientos sociales juveniles en la contemporaneidad: construcción de identidades políticas y sindicales en la provincia de San Luis (Argentina)". En dicho proyecto se busca comprender en qué medida la cultura política, social y laboral puede influir en la construcción de la vida cotidiana de los jóvenes. Para ello se consideran a estas últimas categorías como centrales en la investigación. Es preciso entender que en la definición de la vida cotidiana se incluyen dos elementos que se construyen en su ámbito: la subjetividad y la identidad social. En cuanto a la categoría juventud se afirma que la misma resulta de una construcción sociocultural, por consiguiente la influencia del contexto es de suma importancia. En el análisis de ambas categorías ocupa un espacio central las características que tiene el contexto sociocultural y político; teniendo en cuenta que este atraviesa la formación de ambas categorías, se procura comprender el significado que los actores otorgan a los elementos que constituyen el contexto.

A partir de lo anterior, se planteó como problema de investigación estudiar el modo en que las circunstancias sociales, culturales y políticas –que se instituyen en el territorio provincial– afectan las motivaciones de los jóvenes para involucrarse en ámbitos políticos y sindicales. Junto a ello se busca analizar si dicho involucramiento constituye un elemento que otorgue significación en la construcción de las identidades sociales juveniles y la visibilización de dispositivos institucionales que afecten la subjetividad del colectivo juvenil. Asimismo se procura conocer si desde los organismos políticos, laborales y sindicales se coloca a las juventudes como protagonistas en la participación activa.

Desde la aprobación del proyecto (2016) venimos realizando la recolección de datos que nos permitan comprender el problema de la investigación. La primera etapa consistió en el diseño de una encuesta dirigida a los estudiantes de las carreras de grado de la Facultad de Ciencias Económicas, Jurídicas y Sociales (FCEJS) de la Universidad Nacional de San Luis. A partir de un muestreo teórico propusimos a estudiantes de aquellas carreras –que aceptaron colaborar de modo voluntario–, una encuesta que entre sus preguntas incluía conocer cinco hechos o situaciones ocurridos en Argentina en los últimos 50 años que cada uno/a considerara de importancia. A continuación se les consultaba por los medios e instituciones a través de los cuales conocieron aquellas situaciones. La otra pregunta se dirigía al papel de las juventudes en Argentina en las últimas décadas. Vale aclarar que la encuesta constaba de otras preguntas que incluían diferentes aspectos vinculados con situaciones políticas de Argentina y Latinoamérica. Dado que en este texto nos detendremos en la manera en que se construyen las representaciones sociales de las juventudes por parte de sus propios congéneres, solo abordaremos las respuestas de la encuesta, que respondieron los estudiantes, vinculadas a este aspecto, y no el análisis de la totalidad de las mismas incorporadas en el instrumento. En la segunda etapa, en la recolección de la información, realizamos –y continuamos haciéndolo– entrevistas en profundidad con jóvenes militantes de distintos partidos y agrupaciones políticas.

Con los insumos obtenidos procuraremos acercarnos a los caminos que conducen a las representaciones sociales de los jóvenes a través de las respuestas de integrantes del mismo colectivo sociogeneracional.

Si bien en la construcción del propio yo es necesaria la presencia de los otros, el modo en que estos son percibidos se halla atravesado por las experiencias y marcas de la historia de cada sujeto. De esa manera comienza a fundamentarse la intersubjetividad que, en términos de Schütz (1993), es el momento en el que el sujeto vivencia un mundo compartido por sus congéneres, esos otros con los cuales se puede coincidir en espacios y tiempos. Es aquí donde comienza a sentirse la influencia del contexto que supera aspectos geográficos y urbanísticos e incorpora en su acepción a la cultura y el tiempo histórico.

La vida cotidiana se halla en el centro de la historia y ella a su vez, se construye cruzada por ámbitos que corresponden a la faz personal pero también a lo sociocultural, económico y político. De esa esfera provienen los aspectos a partir de los cuales se desarrollan las representaciones sociales. Sobre este eje teórico, cuyos primeros estudios refieren a Moscovici en la década de 1960, se han generado debates e investigaciones en las ciencias sociales procurando hallar la definición apropiada que permita la comprensión teórica del mismo. Maricela Perera Pérez, en su tesis doctoral, define las representaciones sociales como "una formación subjetiva multifacética y polimorfa, donde fenómenos de la cultura, la ideología y la pertenencia socio estructural dejan su impronta; al mismo tiempo que elementos afectivos, cognitivos, simbólicos y valorativos participan en su constitución" (Perera Pérez, 2003: 8).

En nuestra tarea de investigación les consultamos a los estudiantes acerca del papel de las juventudes en Argentina en las últimas décadas. En las respuestas que obtuvimos era posible advertir una interesante mirada desde algunas categorías teóricas pertinentes al enfoque epistemológico. ¿Qué elementos habían atravesado la construcción de ese Otro generacional? ¿De qué manera condicionaban esa construcción sus ideas acerca de la política en el país? Y finalmente, ¿qué representaba para ellos la participación política?

Cómo organizar el rompecabezas

En una primera lectura, las respuestas se podían ubicar entre quienes resignificaban el papel de las juventudes en los 70 colocándolas con matices de ejemplaridad y, en el otro extremo, aquellos que entendían que –en la última década– aquel colectivo sociogeneracional había sido influido de modo negativo por partidos y agrupaciones políticas. Para ir adentrándonos en el análisis de las respuestas vale detenerse en el vínculo entre las juventudes y la política, en particular en Argentina. Si bien de manera muy breve es preciso detallar el recorrido de tal vínculo pues ello permitirá advertir la incidencia del tiempo histórico, su contexto y la influencia en tal relación. La década de 1960 colocó a las juventudes como un actor central en los movimientos sociales. En Argentina en particular –y también influidos por las propuestas políticas que avanzaban más allá de las fronteras nacionales– los jóvenes asumieron un protagonismo político y social de envergadura. Sin lugar a dudas podría identificarse esa década con la denominación del tiempo de la militancia. De ese tiempo quedó plasmada, para amplios sectores, la imagen dorada de la participación juvenil; mientras en otros, aquella militancia significó el desborde de la política y el motivo del retraimiento a la vida privada, quizá para buscar la protección ante los ataques de la represión que actuaban como destructores del involucramiento juvenil en la vida ciudadana. La reapertura democrática en 1983 implicó el encantamiento por la participación: para muchos jóvenes descubrir la vida en democracia implicó la posibilidad del regreso a la libertad y el acceso a la vida política, ejercitando su accionar en espacios obturados por la dictadura. Tras un abrupto final ocasionado por un golpe de mercado, al gobierno de Alfonsín sucedieron las dos presidencias de Menem. La década de 1990 mostró al país con elevados niveles de precarización, desocupación, y las privatizaciones y la flexibilización laboral se transformaron en aspectos centrales de las políticas de gobierno.

Junto a las medidas económicas que influyeron de modo negativo en la vida cotidiana de millones de ciudadanos, las prácticas políticas adquirieron maneras banales de expresarse. Estas formas que fueron mostrando la política incidieron para producir un alejamiento de los ciudadanos en la participación, acentuándose en las juventudes en quienes se incorporó el mensaje que llevaba a percibir dichas prácticas políticas rodeadas de corrupción. La crisis nacional de 2001 pareció anunciar un clivaje en la relación entre los ciudadanos y la política aunque aún sin hallar referentes políticos que volvieran a encantar. Los asesinatos de los jóvenes Kosteki y Santillán marcó el final del gobierno de Duhalde y en 2003 se inició la presidencia de Néstor Kirchner quien, de modo lento pero con continuidad, fue definiendo políticas de Estado capaces de motivar a las juventudes para el involucramiento social y político. Durante el gobierno de Cristina Fernández y tras la muerte de Kirchner, el vínculo entre las juventudes y la política se acentuó, de forma particular en agrupaciones que respondían al partido oficial, la izquierda y los movimientos sociales.

La provincia de San Luis durante el mismo período mencionado en el párrafo anterior, no mostró situaciones disímiles al resto del país. Un detalle no menor por cierto sino de relevancia para la provincia en términos políticos corresponde a que, desde el regreso a la vida en democracia y hasta la actualidad, se ha mantenido sin cambios el mismo partido político en el gobierno provincial. Tal situación no resulta extraña en varios gobiernos provinciales en el país. En el caso de la provincia de San Luis no solo importa porque –con excepción de un período de gobierno– fueron ocupados por ambos hermanos Rodríguez Saá con sus personales improntas, que les permitieron ser figuras centrales en la construcción de una cultura política particular, con sus luces y sombras. Este tema lo hemos abordado en otras ocasiones por lo cual no nos detendremos en él ahora (Castro, 2009; 2006; 2007; 2010; 2012).

El breve detalle de las últimas décadas en Argentina, muestra las idas y vueltas en la relación entre las juventudes y la política. La construcción de los vínculos no fue causa del azar sino por el contrario, las organizaciones políticas y sociales –con distintos sentidos y orientaciones– establecieron políticas sociales que alejaban o motivaron el acercamiento de las juventudes. La primera década de 2000 mostró que la ciudadanía no concluía en la emisión del voto, sino que también era necesario sedimentar el ejercicio de la ciudadanía social, la cual, en palabras de Rosana Reguillo, implica "otorgar a todos los miembros del Estado nacional, un conjunto de beneficios sociales como el acceso a la educación, a la salud, a la vivienda, etc." (Reguillo, 2003: 3). De modo tal que no basta con un simple deseo del sujeto para acercarse a la política, sino que es preciso contar con los estímulos suficientes por parte de las organizaciones políticas y sociales para volverse razón sentida el involucramiento social. He aquí un primer aspecto teórico que vale considerar: las instituciones, su significado y características en la formación de la subjetividad que está enmarcada en un proyecto social histórico; tiene que ver con los modos en que el sujeto hace la experiencia de sí mismo, en términos foucaultianos.

La palabra institución incluye las normas, los valores, el lenguaje, las herramientas, procedimientos y métodos de hacer frente a las cosas y de hacer cosas (Castoriadis, 1993), que se manifiestan en una urdimbre de significaciones que permiten la creación del mundo que la sociedad construye. Anthony Giddens (1994) en *Consecuencias de la modernidad* señala que las instituciones modernas se diferencian de las anteriores por su dinamismo y el impacto que tienen en la vida institucional. Las relaciones sociales que se instauran en las instituciones de la modernidad reclaman la confianza como mediación esencial. La esfera en la cual se objetivan las instituciones corresponde a la vida cotidiana, la cual se halla en el centro de la historia, por consiguiente, los cambios que en ella se van presentando, influyen en la construcción de la cotidianidad. En ella se conjugan elementos propios y externos a cada persona y allí se construye la subjetividad y la identidad social (Castro, 1999). Es fácil advertir en esta definición la vinculación de la categoría con un sistema abierto, por consiguiente atravesado por aspectos que provienen del contexto social. Ahora bien, la institución precisa contar con sus específicos ámbitos de acción. Ellas corresponden a las instituciones dominantes (Castro, 1999). Entre estas instituciones se incluyen: la familia, la educación, la religión, la sociedad civil (la política, medios de comunicación, organizaciones sociales). Casi todas estas instituciones son responsables de las informaciones que transmiten acerca de la sociedad y sus actores. En la investigación que venimos desarrollando, los jóvenes colocaron a la familia, la educación y los medios de comunicación, como las principales transmisoras de los hechos y situaciones ocurridos en Argentina en las últimas cuatro décadas. Por consiguiente, el modo en que establecen las representaciones sociales de los propios congéneres –al igual que de la política– se nutre de las informaciones que proveen aquellas instituciones dominantes.

En las expresiones siguientes es posible advertir aquella influencia:

Sobre temas políticos soy bastante ignorante (estudiante de Contador).

Ante tal respuesta es posible preguntarse: ¿por qué no se informó? ¿Hubo alguna influencia para que el tema político no figurase entre sus intereses?

Ha sido fundamental para los reclamos de educación (estudiante de Ingeniería Electromecánica).

Está claro que este joven se refiere al papel desempe-
ñado por las juventudes, ahora bien, la duda es: ¿él mismo
participó en los reclamos? Si no lo hizo, ¿qué influyó para
tal comportamiento?

Si bien participan más hay manipulación y clientelismo que no
permiten una expresión de verdadera ciudadanía (estudiante de
Abogacía).

¿Cuál es el significado que le otorga al clientelismo
como obstáculo para el logro de una verdadera ciudadanía?

En todas las respuestas anteriores se traduce la razón
de las representaciones sociales que los jóvenes van a elaborar de la política, como ámbito de participación, ya sea
expresando que desconocen aspectos de ella y por consiguiente también revelan desinterés; pero también perci-
biéndola por su responsabilidad en actitudes de clientelismo. La recurrencia en el habla del ciudadano común, pero
también algunos periodistas, dirigentes políticos y hasta
intelectuales, a la categoría "clientelismo" merece su atención. Javier Auyero (2003) afirma que "El clientelismo es
entendido como una práctica política antidemocrática que,
siendo uno de los pilares de la dominación oligárquica,
refuerza y perpetúa el dominio de las elites políticas tradicionales" (p. 182). Sin embargo, el mismo investigador
detalla que dicha relación clientelar, desde su perspectiva,
deriva más de la imaginación y el sentido común que de
la investigación social.

Con relación al tema en cuestión, en una investigación
realizada en la provincia de San Luis (2012) donde se traba-
jó a partir de las "voces" de los propios actores receptores
de planes sociales, como así también con relación a ciertas
políticas culturales provinciales, advertimos que a diferencia de lo que el sentido común señalaría como intercambio
de favores entre políticos y ciudadanos, estos –en un porcentaje muy elevado– interpretaban que ser beneficiarios
de los planes sociales les había permitido no solo mejorar

su nivel de vida, sino también su autopercepción al sentir que podían realizar tareas que les otorgaban dignidad. Por otro lado, como una de las políticas culturales –implementadas en la provincia en esa época– se hallaba íntimamente vinculada con el espectáculo, nos permitió plantear como hipótesis que este actuaba como práctica de dominación por parte del líder político, pero sin recurrir a la denominación de clientelismo. Por consiguiente esa acción permitía controlar emocionalmente al ciudadano –ya sea a través de un plan social o del espectáculo– y de tal modo logra mayor adhesión en los actores prolongándose en el tiempo la efectividad de la dominación. De allí a proponer como una categoría la *identidad soporte*. Con este nombre se hace referencia a la identidad que se construye con elementos externos a la persona estableciendo hacia ellos una dependencia emocional. Estos elementos son propuestos por grupos o personas que ejercen liderazgos sociales o políticos quienes, a través de recursos discursivos, van construyendo identidades que son incorporadas en personas o grupos en situación de vulnerabilidad o serias dificultades socioeconómicas, culturales y/o emocionales que los llevan a sentirse integrados a la sociedad solo a través de la identidad que les provee los elementos, símbolos y situaciones que les aporta el líder (Castro, 2012).

En aquel contexto se forman las representaciones sociales que "constituyen sistemas cognitivos en los que es posible reconocer la presencia de estereotipos, opiniones, creencias, valores y normas que suelen tener una orientación actitudinal positiva o negativa" (Araya Umaña, 2002: 11). Pero también la representación social que elaboran acerca de la política afecta la que corresponde a las juventudes.

> *Ha tomado mayor participación y se ha involucrado más en la política, pero también ha habido adoctrinamiento de ideas* (estudiante de Abogacía).

Los jóvenes han tenido el papel de la vagancia, militan en partidos políticos con el fin de robar (estudiante de Ingeniería Electromecánica).

Han tomado mucha participación en el gobierno, sin embargo se puede ver como estas agrupaciones influyen de manera negativa en los jóvenes pues siguen apoyando a sus partidarios por más que se ha descubierto graves actos de corrupción (estudiante de Abogacía).

En las últimas décadas han mostrado mayor desinterés por la política (estudiante de Abogacía).

Entonces, como los actores políticos son percibidos con el atributo de corrupción ello implica que muestren una visión negativa sobre los jóvenes que militan en alguna agrupación. De manera similar puede advertirse que entienden la política como ámbito en el cual se "adoctrina" a los jóvenes. Ambas percepciones tienen rasgos negativos que se reflejan entre las juventudes que se involucran en la política. Vale tener en cuenta el papel de los medios de comunicación en la distribución de noticias que vinculan a ciertos políticos con actos de corrupción sin que tengan una decisión judicial en algunos casos, mientras en otros, cuando los propios implicados demuestran la falsedad de las acusaciones ellas nunca vuelven a ocupar las tapas de los diarios o la centralidad televisiva que le dedicaron a describir la supuesta corrupción.

Mientras aquellos estudiantes que manifiestan actitudes favorables hacia la participación en la política y actividades sociales permiten inferir que su representación social de la vida política es favorable, tal vez por experiencias propias o familiares.

Ha tenido gran participación en las últimas décadas... quieren impulsar cambios a nivel político y social (estudiante de Contador).

Ha comenzado a importarle más la situación del país, integrándose y luchando por sus derechos (estudiante de Administración).

Ha sido importante ya que participan de intereses culturales y políticos para que las nuevas generaciones se inserten en la sociedad con más facilidad (estudiante de Trabajo Social).

Por otro lado, algunas respuestas permitieron mostrar otras aristas en la representación social que los estudiantes tienen de sus propios congéneres que devienen muy interesantes para el análisis pues incorporan otros ámbitos de la vida cotidiana, por ejemplo, las que se relacionan con la educación, la cultura y los comportamientos sociales en general.

La juventud en los últimos años se ha perdido debido a varios factores; las niñas quieren ser señoras y los niños usan aros (estudiante de Ingeniería Electrónica).

Poca participación (estudiante de Contador).

Muy desinformados, poca lectura, poco interés (estudiante de Administración).

No han tenido un papel muy significativo como en los 70 (estudiante de Trabajo Social).

Ha expresado y participado en las decisiones; muchas reformas y proyectos han sido impulsados por ellos (estudiante de Abogacía).

Aquellas respuestas nos llevan a recurrir al apoyo teórico de Schütz cuando afirmaba lo siguiente: "Mi vivencia de ti, así como el ambiente que te adscribo, llevan la marca de mi propio Aquí y Ahora subjetivo y no la marca del tuyo" (Schütz, 1993: 134).

De modo tal que algunas expresiones que adquieren rasgos de estereotipos son el resultado de creencias y opiniones en las cuales, como señalan los psicólogos, en cuanto a las primeras se pueden confundir con la realidad y pierden el carácter de ideas, mientras en las segundas prima el conocimiento que se tenga del objeto o hecho en cuestión y en este sentido se ponen en juegos las diversas fuentes donde se adquirió esa información que puede basarse en datos científicos o banales. Por lo tanto, al interpretar las vivencias del Otro no se realiza desde las experiencias de este, sino de quien construye esa representación. Si retomamos una vez más a Schütz, el análisis permite comprender que:

> Aunque tuviera un conocimiento ideal de todos tus contextos de significado en un momento dado, y fuera por lo tanto capaz de ordenar todo el repositorio de tu experiencia, no podría sin embargo determinar si tus contextos particulares de significado, en los cuales yo ordené tus vivencias, son los mismos que tú estabas utilizando. (Schütz, 1993: 135)

Las instituciones en la construcción del conocimiento

Si intentamos organizar las piezas de este rompecabezas que nos ayuden a entender el modo en que los jóvenes perciben a sus congéneres, es preciso contar con aliados teóricos que vayan abriendo el camino de la comprensión científica. Así, creencias, estereotipos, imágenes míticas, actitudes, confluyen en las instituciones dominantes. Ellas son las que a través de los procesos de socialización transmiten valores, actitudes, modos de actuar que cada persona incorpora como propio y actúa en consecuencia (Castro, 1999). A partir de las respuestas de los estudiantes que respondieron a la encuesta originada en nuestra investigación, son tres las instituciones que prevalecen entre quienes les aportan informaciones sobre los hechos políticos y sociales: la familia, la educación y los medios de comunicación. Por lo tanto, la pregunta consecuente es: ¿qué tipo de información se transmite? Y este tema nos conduce a señalar que no hay ninguna información inocente, ni neutral, pues siempre hay un emisor que tiene sus marcos de referencia, sus historias, sus marcas sociales. En el mundo contemporáneo es evidente el protagonismo que tienen ya no solo los medios tradicionales de comunicación, sino la centralidad que muestran las redes sociales en la difusión de la información. En los primeros –y en particular en los medios hegemónicos– priman los intereses de los grupos económicos que los sostienen, mientras en los segundos la posibilidad de no aseverar las identidades puede conducir a la difusión de informaciones carentes de certeza al igual que amplios niveles de violencia. Desde ya que hay excepciones en ambos y también pueden aportar al conocimiento de la realidad social.

La otra institución que adquiere relevancia en la transmisión de información es la educativa, que se halla representada en las organizaciones educativas: escuelas y universidades. En ellas el proceso de construcción del conocimiento y su transmisión requiere mayor cuidado por ser el espacio cuyo bien central es precisamente el conocimiento. ¿Qué tipo de conocimiento se construye y se reproduce? De modo similar a los medios de comunicación, los actores educativos –docentes, investigadores, estudiantes– enmarcan su vida cotidiana en estrecho nexo con el contexto histórico, social y político, pero la gran diferencia es la responsabilidad que tienen tales organizaciones en formar profesionales que cuenten no solo con los conocimientos teóricos necesarios al desarrollo de su disciplina, sino también formar ciudadanos responsables con su tiempo, con los conocimientos apropiados para formar su sentido crítico y reflexivo y así superar ese riesgo que planteaba Lander (2000) de dormirse en el *sonambulismo intelectual*, que puede advertirse en las universidades.

En la investigación que venimos llevando a cabo en el marco del PICT, un porcentaje elevado de jóvenes expresó que se informaban acerca de hechos y situaciones ocurridas en el país y Latinoamérica a través de la educación. Con relación a esta institución se advierte de modo fácil las diferencias en las respuestas a partir de cuál es la carrera que se hallan cursando. En ellas se advierten imágenes idealizadas, prejuicios, estereotipos y en menor medida, conocimientos cercanos a la realidad política y social. Es evidente el modo en que tales imágenes son el resultado de las representaciones sociales, las cuales –como afirma Maricela Perera Pérez– se trata de formaciones subjetivas y en su constitución influyen elementos afectivos, cognitivos, simbólicos y valorativos. De lo expuesto se podría inferir que en el ámbito educativo se incorporan otros actores que –desde sus discursos– aportan las informaciones que posteriormente se sumarán para construir las representaciones sociales de los propios congéneres como así también de la sociedad en general. Acá podríamos regresar a aquellas preguntas que nos planteábamos algunos párrafos más arriba: ¿Qué tipo de conocimiento se construye y se reproduce? No resultan azarosas respuestas tales como "las niñas quieren ser señoras y los niños usan aros"; "ha habido adoctrinamiento de ideas"; "siguen apoyando a sus partidarios por más que se ha descubierto graves actos de corrupción"; "militan en partidos políticos con el fin de robar"; "hay manipulación y clientelismo que no permiten una expresión de verdadera ciudadanía". Todas las expresiones anteriores tienen un elemento en común: son atravesadas por creencias pero ninguna podría centrarse en un conocimiento lógico apoyado en bases verificadas. En todas ellas las informaciones –sin dudas– devienen de alguna institución dominante que en el caso de la familia o los medios de comunicación no tienen la obligación de basarse en datos demostrables y comprobados, pero el conocimiento que se construye en ámbitos educativos debe tener esa premisa para ser considerado con rigurosidad científica. En la investigación que venimos desarrollando, se advierte que aquellos que cursan la licenciatura en Trabajo Social expresan mayor cercanía con temas políticos y sociales de modo favorable, mientras que aquellos que lo hacen en las carreras de Ingeniería,

Abogacía y Contador se advierte una fuerte presencia de prejuicios y actitudes negativas acerca de la política y sus actores.

Si la intersubjetividad precisa la presencia del otro para su construcción, allí la confianza es un elemento esencial para establecer la certidumbre interpersonal. Tras ella surge el paso inmediato para el involucramiento social, pues es en esos espacios que los sujetos pueden construir sus subjetividades. La participación ciudadana no concluye en la emisión del voto cada vez que los tiempos institucionales lo reclaman. Rosana Reguillo (2003) propone la categoría de ciudadanía social que implica otorgar derechos sociales a todos los miembros del Estado nacional. Sin embargo junto al acceso a derechos se requiere el involucramiento ciudadano en espacios de la vida pública para lo cual la motivación que aporta el conocimiento es de suma importancia. Pero ¿qué sucede si desde sus organizaciones la educación está atravesada por prejuicios, en particular, hacia la práctica política que debería constituir el medio apropiado para buscar y proponer alternativas que tiendan a la construcción de una sociedad con menores índices de desigualdad social y dignidad ciudadana? Acá regresamos a los contenidos de los conocimientos que se reproducen en las universidades y la consecuente atención en pensar qué perfiles de estudiantes se busca: ¿que tengan solo excelencia en su formación disciplinar específica? ¿O también procurar constituir ciudadanos con educación cultural amplia y actitudes de solidaridad y sentido crítico?

Con respecto a la formación de los ingenieros, Alberto Rodríguez García (2017), decano de la Escuela de Ingeniería de la Universidad Eafit, en Bogotá (Colombia) expresaba que

> … deben formar en competencias ciudadanas, para lograr personas sensibles y autónomas, que participen activa y armónicamente tanto en la producción como en el goce y

el disfrute de lo cultural, estético, ambiental, social. Capaces de apreciar y valorar diversas formas de expresión humana y reconocer los contextos de donde provienen.

Si la educación junto a la familia y los medios de comunicación son las instituciones dominantes que aportan mayor cantidad de información acerca de los hechos que ocurren en la sociedad, ello conduce a detenerse en el papel que ellas están desarrollando. Un primer aspecto en el cual coinciden es en su cuota de poder para aportar a la construcción de la subjetividad. Cuando nos referimos al poder no solo pensamos en el político, sino también en aquellas otras instituciones a las que hemos denominado dominantes por la incidencia que ellas ejercen en aquella construcción de los sujetos. Recurriendo al valioso aporte de Foucault, él asevera que el poder se constituye en redes y se trata de relaciones asimétricas. Si bien en la teoría política se hace referencia al poder del Estado, desde la perspectiva foucaultiana se plantea que existe una multiplicidad de poderes que se ejercen en la esfera social y allí las instituciones dominantes tienen su espacio para el ejercicio del poder social. En épocas de neoliberalismo el poder adquiere matices particulares. Al respecto Byun- Chul Han (2014) en su texto *Psicopolítica* expresa

> La técnica de poder propia del neoliberalismo adquiere una forma sutil, flexible, inteligente, escapa a toda visibilidad. El sujeto sometido no es siquiera consciente de su sometimiento. El entramado de dominación le queda totalmente oculto. De ahí que se presuma libre (p. 28).

Cuántos de nosotros, simples ciudadanos de a pie, nos cruzamos a diario con personas que con asertividad reproducen informaciones que han escuchado en algunos medios de comunicación relativas a situaciones o personas relacionadas con partidos políticos y sociales sin interesarles si tales noticias se basan en datos ciertos o meras especulaciones. Ninguno de ellos, por un momento, llega a plantearse dudas frente a dichas informaciones, solo reproducen lo que han escuchado o leído en medios hegemónicos. La pretensión de un debate queda obturada porque la supuesta certeza está en las noticias que ellos reproducen sin buscar análisis de los hechos por otros caminos que no sean los que transmiten los medios o redes sociales. Así, la noticia queda instalada y ellos se autoperciben como sujetos libres e informados. Vana ilusión de libertad que encubre no ya sumisión, sino dependientes del control que ejercen los artefactos del poder.

A modo de conclusión

En esta etapa de la investigación nos propusimos acercarnos al modo en que los jóvenes perciben a sus congéneres y también la incidencia de las instituciones dominantes tanto en aquellas representaciones sociales como en las actitudes hacia la política y sus actores. Un elemento común a las juventudes y las instituciones es el contexto social y político. Este último va tiñendo aquellas categorías y en función del modo en que se despliega, las primeras van adquiriendo matices especiales. Es indudable que el tiempo histórico vivido en las últimas décadas en Argentina dejó su impronta en la representación de las juventudes como así también afectó el funcionamiento de las instituciones dominantes. Los conocimientos, creencias y valores que ellas transmiten aportan informaciones a partir de las cuales se elaboran las representaciones sociales.

Un primer elemento que llamó la atención en las respuestas de los estudiantes fue la inmediata vinculación entre la política y las juventudes al momento de describir el modo en que percibían a sus congéneres, sin que en la encuesta se haya sugerido esa posibilidad. De allí es posible comprender que las percepciones se ubicaron en dos extremos pero vinculados con la situación política en el país. De tal modo un porcentaje expresó que las juventudes actuales no igualan en la ejemplaridad que tenían las de la década del 70. En el otro extremo se ubicaron aquellos que al interpretar la práctica política con la corrupción, el clientelismo y el adoctrinamiento los lleva a percibir a sus congéneres con adjetivos tales como "vagos y corruptos".

Si, como señalamos en párrafos anteriores, las representaciones sociales se forman a partir de las informaciones que transmiten las instituciones dominantes, y de ellas los estudiantes identificaron a la familia, la educación y a los medios de comunicación como aquellas que les aportan tales informaciones, la consecuencia para comprender la manera como perciben a sus congéneres y elementos que circundan a tal percepción es formada a partir de los conocimientos que aportan aquellas instituciones. Si bien en la familia como en muchos medios de comunicación y redes sociales es posible que se transmitan datos que carecen de un fundamento científico, no debería suceder lo mismo en la transmisión del conocimiento en ámbitos educativos. Sin embargo, en las respuestas de los estudiantes es posible advertir prejuicios, estereotipos y desinformación. Así mismo son notorias las diferentes actitudes que muestran los estudiantes de acuerdo a la carrera que se hallan cursando.

Con relación a la familia, es esperable que predominen los sentimientos y emociones en las relaciones. En cuanto a los medios de comunicación y redes sociales, es preciso que tomemos en consideración –tal como asevera Byun-Chul Han (2014)– la diferencia entre ambos conceptos: las emociones tienen su raíz en aspectos afectivos que "representan algo meramente subjetivo; mientras que el sentimiento indica algo objetivo" [...] "el sentimiento tiene una longitud y anchura narrativa. Ni el afecto ni la emoción son narrables" (p. 66). Por consiguiente y, teniendo presente aquellos modos de entender ambos conceptos, no resultaría extraño que ambos tengan en la familia su espacio. Por otro lado, si los medios de comunicación y no ya las redes sociales en su totalidad, procuran difundir informaciones sería deseable que también concedan lugares para transmitir informaciones certeras. Ahora bien, el conocimiento precisa contar con las bases sólidas de la rigurosidad científica, aunque sus actores sociales tengan para su vida personal sus emociones. Si en las respuestas de los estudiantes se advierte una fuerte presencia de prejuicios y desconocimiento acerca de situaciones de la vida política y si ellos mismos detallan que tanto a través de la familia, como la educación y los medios de comunicación, son las instituciones por las cuales reciben las informaciones, quizá sería posible preguntarse ¿qué sucede con los actores de aquellas instituciones los que podría inferirse que transmiten informaciones sobre situaciones y prácticas políticas sobrecargadas de prejuicios y estereotipos?

Frente a las narraciones de los jóvenes podríamos aseverar lo que González Casanova (2006) afirmó que "el colonialismo interno se da en el terreno económico, político, social y cultural" (p. 409). El mismo investigador en otro de sus textos requería a los universitarios: "En las propias organizaciones de profesores, de estudiantes y de trabajadores tenemos que recordarnos día a día, y en los momentos más críticos, que solo construyendo las fuerzas alternativas desde la base y con el respeto que nos debemos como universitarios habrá nueva Universidad" (2000).

En síntesis, las representaciones sociales son aprendidas a través de toda la vida de los sujetos y de allí el cuidado en la información y los conocimientos que transmiten las instituciones dominantes y sus actores. Al final, como afirmaba Jean Paul Sartre: "Cada hombre es lo que hace con lo que hicieron de él".

Bibliografía consultada

Araya Umaña, S. (2002). Las representaciones sociales. Ejes teóricos para su discusión. *Cuadernos de Ciencias Sociales*, 172, FLACSO/COSTA RICA, ISSN 1409-3677.

Auyero, J. (2003). Cultura política, destitución social y clientelismo político en Buenos Aires, un estudio etnográfico. En Svampa, M. (ed.), *Desde abajo. La transformación de las identidades sociales*. Buenos Aires: Biblos.

Borón, A. A.; Amadeo, J. y González, S. (comps.) (2006). Colonialismo interno (una redefinición). *La teoría marxista hoy. Problemas y perspectivas*. Buenos Aires: CLACSO.

Castoriadis, C. (1993). *El mundo fragmentado*. Montevideo: Editorial Altamira.

Castoriadis, C. (1993). *La institución imaginaria de la sociedad*. Vol.1 y 2. Buenos Aires: Tusquest Editories.

Castro, G. (1999). *La vida cotidiana como categoría de análisis a fin de siglo*. Mimeo.

Castro, G. (2006). Entre los otros y nosotros... vos sabés. Los espacios juveniles entre el centro y la periferia. *Revista Argos*, vol. 23, N° 45, Venezuela, ISSN: 0254-1637. FONACIT Reg-2006000018.

Castro, G. (2007). Jóvenes: la identidad social y la construcción de la memoria. *Última Década*, año 15, N° 26, julio 2007, Chile, ISSN 0717-4691.

Castro, G. (2010). Los jóvenes en la vida institucional. Más allá del clientelismo y el espectáculo. En Saintout, F. (comp.), *Jóvenes argentinos: pensar lo político*. Buenos Aires: Prometeo Libros.

Castro, G. (2012). *Construcción de la subjetividad y la identidad social en sociedades con cambios socioculturales* (Tesis de doctorado no publicada).

Foucault, M. (1988). *Las palabras y las cosas*. México: Siglo XXI Editores.

Foucault, M. (1996). *Las redes del poder*. Buenos Aires: Editorial Almagesto.

González Casanova, P. (2000). La nueva universidad. Recuperado el 10 de marzo de 2016: https://bit.ly/2NbQI4t.

Giddens, A. (1993). *Consecuencias de la modernidad*. España: Alianza Editorial.

Guattari, F.; Rolnik, S. (2006). *Micropolítica. Cartografías del deseo*. Madrid: Traficantes de Sueños.

Han Byun-Chul (2014). *Psicopolítica. Neoliberalismo y nuevas técnicas de poder*. Madrid: Herder Editorial.

Heller, A. (1994). *La revolución de la vida cotidiana*. Barcelona: Ediciones Península.

Lander, E. (2000). ¿Conocimiento para qué? ¿Conocimiento para quién? Reflexiones sobre la universidad y la geopolítica de los saberes hegemónicos. Recuperado el 4 de marzo de 2016: https://bit.ly/2w20TPk.

Perera Pérez, M. (2003). A propósito de las representaciones sociales. Apuntes teóricos, trayectoria y actualidad. CLACSO/CIP, La Habana. Recuperado de: https://bit.ly/2JRqKxU.

Reguillo, R. (2003). Ciudadanías Juveniles en América Latina. *Última Década*, N° 19, noviembre, Viña del Mar, Chile.

Schütz, A. (1993). *La construcción significativa del mundo social*. Barcelona: Paidós.

De trincheras y fronteras

La construcción de la identidad juvenil en la política

A modo de inicio

Los datos a los cuales acudimos provienen de una investigación que se desarrolla en la provincia de San Luis. Este último no es un dato pueril o banal, pues aquella es el espacio –geográfico y simbólico– en donde se ubica nuestra investigación. Si bien las actividades en el marco de dicho proyecto iniciaron en el año 2016, desde comienzos del siglo XXI llevamos a cabo tareas de investigación en donde las juventudes sanluiseñas son las principales protagonistas. En el año 2006 Mariana Chaves –en el primer informe de investigaciones sobre juventudes– advertía acerca de la necesidad de promover investigaciones en provincias del interior del país pues la mayoría de ellas se concentraban en Buenos Aires y el Area Metropolitana. Probablemente –y los subsiguientes informes lo aseveran– no estemos aún equiparados a dicha zona geográfica pues no podemos dejar de considerar las desigualdades de recursos con las cuales se desarrollan unas y otras investigaciones. En ese sentido nuestros aportes buscan contribuir a tal nicho de la ciencia social.

El estudio de las identidades admite múltiples enfoques teóricos y metodológicos. En este texto hemos seleccionado uno en particular –al cual haremos referencia– por cuanto consideramos que coloca especial énfasis en dos aspectos que son de nuestro interés: el modo en que se construye el propio posicionamiento en la adscripción identitaria y de allí el modo en que se significa la presencia de los otros ya sean o no jóvenes. Tales inquietudes surgen de los primeros resultados que obtuvimos –a fines del año 2016– en el marco de nuestra investigación. Allí muchos jóvenes establecieron particulares posicionamientos a partir de los cuales justificaban su involucramiento en un partido o agrupación política y expresaron sus percepciones –influidas por tales posicionamientos– sobre las características que tienen los otros –ya sean o no miembros del colectivo sociogeneracional– que participan en espacios distintos.

A partir de estas primeras pistas los invitamos a iniciar un recorrido en el cual esperamos con ansias no agobiarlos, sino por el contrario acompañarlos de manera amena por un camino que pretende aportar humildemente al sendero inagotable de la investigación social.

Apuntes de investigación

Con el fin de iniciar las tareas, el primer instrumento de recolección al que acudimos fue una encuesta semiestructurada en la cual consultamos sobre aspectos ligados a nuestro principal objetivo –conocer las modalidades de construcción de las identidades políticas– en donde las principales preguntas, entre otras, giraron en torno a conocer el modo en que los mismos jóvenes significan a otros miembros del colectivo sociogeneracional. Allí la investigación social –del modo que siempre sorprende a sus actores– nos mostró que tales significaciones reciben una importante influencia de las instituciones sociales (tales como la familia y los medios de comunicación) y de allí que se significa a las juventudes actuales en una particular ligazón con el mundo de la política. Nociones tales como corrupción y clientelismo político son los principales significantes que cual espada de

Damocles pendulan en torno a las modalidades de participación juveniles en la provincia de San Luis. La situación latinoamericana y las políticas sociales contemporáneas no son más que unas meras convidadas de piedra en la construcción de aquellos significantes.

En una segunda etapa del mismo proyecto, nos propusimos realizar una entrevista grupal de la que participaron siete jóvenes y otras individuales en profundidad con doce jóvenes militantes de diferentes agrupaciones. Asimismo, se agregan otras técnicas de recolección de datos tales como observación participante y conversaciones informales. Allí las principales inquietudes fueron conocer el modo en que iniciaron su militancia; las motivaciones para realizar tal actividad; sus expectativas con respecto a su futuro político; el espacio que ocupa la militancia en su vida cotidiana; entre otros aspectos que fueron incorporados oportunamente. Entre los partidos y espacios políticos que conformaron esta etapa –todos radicados en la provincia– se encuentran el Partido Justicialista (PJ), la agrupación Kolina vinculada al Frente para la Victoria (FPV), un partido vecinal de una localidad rural denominado Movimiento Vecinal Independiente Provincial (MOVIPRO), el Partido Nuevo Encuentro, una agrupación estudiantil denominada De Frente Independiente, que a nivel nacional integra el Movimiento de Participación Estudiantil (MPE), la Alianza Unión Cívica Radical (UCR)-Cambiemos y el Partido Propuesta Republicana (PRO). Con todos los riesgos que acarrea el uso de categorías de contenido ideológico –dada la laxitud que las caracteriza– podemos ubicar a los cinco primeros espacios políticos en la centro izquierda y a los otros en la centro derecha. Sencillamente Torcuato S. Di Tella (2015) señala que en una orientación político-ideológica lo que prima son los intereses de los sectores populares y en la otra la de los sectores altos y concentracionarios del poder económico. De modo que nuestra unidad de estudio quedó conformada por miembros del colectivo sociogeneracional que se involucran activamente en agrupaciones políticas y otros que no, al mismo tiempo, tanto varones como mujeres formaron parte de la misma. En cuanto a las edades –aspecto no menor en el ámbito de los estudios sociales sobre juventudes– no solo se tuvieron en cuenta los criterios etarios que son propios de aquel concepto, sino también los simbólicos que lo conforman. Si bien no trabajamos con jóvenes que excedieran los clásicos rangos etarios –propuestos por el INDEC o la DINAJU a nivel nacional y la ONU a nivel internacional– lo cual hubiese permitido trabajar la noción de juventudes en perspectiva e incorporar particularmente los elementos simbólicos; sí pudimos integrar ambos elementos materiales y simbólicos al conformar la investigación con jóvenes que ocupan espacios políticos propiamente juveniles –tales como secretarías de juventud– en el marco de los partidos o agrupaciones políticas.

El cúmulo de los datos recolectados nos proporciona un crisol de inquietudes e hipótesis sobre las cuales podríamos profundizar, sin embargo, en esta oportunidad hemos seleccionado una dimensión de análisis que nos permitirá trabajar en profundidad –desde ya, siempre con la posibilidad de continuar ahondando en los caminos inacabables de la investigación social– la construcción de las identidades, haciendo hincapié en el modo en que se significa al otro que milita en una agrupación política distinta de aquel que es el autor del significante. Ello pone en juego particulares posicionamientos –parafraseando a Stuart Hall ([1990] 2010) podríamos decir modos de enunciación– en donde se tejen marcas de la propia subjetividad y del contexto cultural.

Apuntes teóricos

En un texto titulado "Instituciones esponjosas", Luis López-Lago (2009) se refería a la multiplicidad de enfoques y perspectivas a partir de las cuales podía ser estudiado el concepto de institución, del mismo modo, sucede con tantos otros conceptos de las ciencias sociales y entre ellos uno que se presenta particularmente esponjoso es el de identidad. En tal sentido, Lomnitz (2008) en *Términos críticos de sociología de la cultura* realiza un recorrido por tales perspectivas que vale la pena tener en cuenta. Comienza por Freud, reconocido como una de las principales influencias del psicoanálisis y a quien se le ha atribuido en diferentes circunstancias su paternidad, el cual, en *Psicología de las masas y análisis del yo* (1921), utiliza el término identificación. Dado que la madre es quien constituye el objeto de deseo del niño, aquel comienza identificándose con su padre, que es quien ha obtenido tal objeto de deseo. Superada esa instancia, el sujeto empieza a identificarse con otros con quienes comparte alguna cualidad y de allí que ya se supera la ligazón con el deseo sexual. De modo que –desde la perspectiva freudiana– el identificarse comienza con un lazo emocional con un otro que en muchas circunstancias (producto de la emocionalidad) puede conducir a la irracionalidad. Ya más adentrados en el siglo XX es la sociología la que comienza a ejercer su influencia en torno a la construcción teórica del concepto. En aquellos años los aportes del interaccionismo simbólico –con las primeras obras de Goffman (1959) y Barth (1969)– la identidad comienza a ser comprendida como una adscripción fluida que se construye en la interacción social con otros y no como un determinismo estático. En *La presentación de la persona en la vida cotidiana* (1959) Goffman comienza a plantear los principales aspectos de su teoría del *framing* a partir de la cual son los diferentes contextos comunicacionales los que inciden en los aspectos de la identidad que cada sujeto pone en juego en la interacción social. Si bien el interaccionismo simbólico –tal como plantea Vander Zanden (1990)– es uno de los enfoques a partir de los cuales puede ser comprendida la psicología social, en la consideración de la identidad psicosocial también ejercieron su influencia otras propuestas tales como la de Eric Erikson (1968). De allí que –desde aquella perspectiva– ya no es suficiente considerar que el sujeto interactúa en función de roles que va asumiendo, sino que tales roles deben integrarse a una jerarquía pues solo de ese modo –y podemos notar la influencia estructuralista– podría comprenderse el aspecto social de dicha identidad. Por ello tanto para Erikson como para algunos otros miembros de la Escuela de Frankfurt, entre los cuales podemos contar a Horkheimer (1972), la identidad psicosocial se conforma integrando aspectos propios del desarrollo psicológico con otros que provienen del contexto sociohistórico. Ya más a fines del mismo siglo XX nos encontramos con el posestructuralismo y uno de sus principales autores: Michel Foucault. En "El sujeto y el poder" (1988) el filósofo francés comienza a delinear su teoría sobre la construcción de la identidad colectiva y el modo en que tal construcción –por medio de estrategias discursivas y de poder– se funda con la noción de soberanía. Desde tal mirada son rechazadas tanto las posturas interaccionistas –en tanto la identidad no siempre puede ser utilizada estratégicamente– y la propuesta psicosocial de Erikson por cuanto la identidad no puede ser considerada una construcción integrada a roles estáticos.

Desde un enfoque sociocultural –que recurre a los elementos teóricos antes mencionados– son dos los aspectos claves considerados en la conformación de la identidad: por una parte el modo en que se significa la presencia del otro o de los otros, y por otra, la construcción de la diferencia. A ello se agrega una dimensión témporo-espacial en donde se objetivan tales aspectos. Arfuch (2005) dice:

> La concepción contemporánea de las identidades, a la luz del psicoanálisis, la lingüística y las teorías del discurso, se aleja de todo esencialismo –en tanto conjunto de atributos "dados", preexistentes– para pensar más bien su cualidad relacional, contingente, su posicionalidad en una trama social de determinaciones e indeterminaciones, su desajuste –en exceso o en falta– respecto de cualquier intento totalizador (p. 14).

Asimismo, justifica con certeza –dadas específicas claves contextuales– el uso de la noción identidades en plural, pues tal motivo radica en la diversidad y heterogeneidad propias de la vida social contemporánea. Aquella inasible dimensión global –que a mediados de la década de 1990, Giddens en *Consecuencias de la modernidad* (1994) ya había vislumbrado con su noción de desenclave– en donde se produce una nueva experiencia del espacio y la temporalidad.

Stuart Hall (1996) en su ya clásico texto "Who needs identity?" define la identidad como una construcción social nunca acabada –abierta a la contingencia– y fijada temporariamente en el juego de las diferencias. Ahora bien, ¿cómo se construyen esas diferencias y qué marcas llevan con ellas? El mismo Hall en otro texto ([1990] 2010) señala que tales diferencias se construyen a partir de prácticas de representación, las cuales siempre implican posiciones desde las que hablamos o escribimos: son posiciones de enunciación. Allí mismo deviene relevante incorporar los aportes de Alfred Schütz (1993) –quien proviene de la fenomenología de la intersubjetividad– y afirma:

> Mi vivencia de ti, así como el ambiente que te adscribo llevan la marca de mi propio Aquí y Ahora subjetivo y no la marca del tuyo. También yo te adscribo un ambiente que ya ha sido interpretado desde mi punto de vista subjetivo (p. 134).

De modo que tales prácticas de representación –desde las cuales tomo mi posición como enunciador– y en ello las marcas que conlleva la significación del otro provienen también de esa misma representación; ambos son los elementos que contribuyen a la construcción de las identidades. A partir de ello nos interesa bucear –considerando las propias voces y experiencias juveniles– en el modo en que se construye esa adscripción identitaria con el partido o la agrupación política y de allí las marcas diferenciales –que son siempre subjetivas– que se les asignan a los otros que enmarcan su involucramiento social en espacios políticos distintos de los propios.

De trincheras y fronteras

Si consideramos los aspectos teóricos antes mencionados sobre la construcción de las identidades, podremos indagar en las diferentes modalidades que asumen –de acuerdo a nuestros intereses de conocer el modo en que las juventudes sanluiseñas significan su involucramiento político en la agrupación o partido y la influencia que en ese significante tiene la presencia de los otros militantes– si conocemos su propia representación por cuanto se trata de su posicionamiento de enunciación y la que realizan respecto de los otros desde aquel posicionamiento en donde –tal como señala Schütz (1993)– se imprimen las huellas de la propia subjetividad y del contexto cultural. Haremos el intento. Allí va:

> Esa mañana (en la que asumía su nuevo cargo de gestión) miraba hacia la ventana con mayor frecuencia con la que lo hacía habitualmente, pues por una parte pensaba en las promesas de campaña que deben cumplir para no decepcionar a los vecinos que con su voto los apoyaron y, por otra parte, en lo dificultosa que había sido esa última campaña política. No pudo evitar recordar las discusiones con su padre ante su decisión de no integrar el Partido Justicialista pues no coincidía en la modalidad verticalista de toma de decisiones. Su propia vida afectiva y de pareja estuvo en riesgo pero ella debía comprender que esta vez no fue igual a otras. El oficialismo arremetió con mayor fuerza pues si bien no contaban con grandes candidatos, acudían a sus típicas prácticas de ofrecer dinero o bolsas de comestibles a cambio de votos. Aunque siempre cometían el mismo error: sus candidatos poco conocían del pueblo y de las historias de los vecinos. Ellos ya no se referencian en ningún liderazgo pues

se reconocen vecinalistas. Da un sobresalto cuando golpean la puerta. Uno de sus empleados le comenta que un vecino pide prestada una cortadora de césped. Su repuesta fue la misma de siempre: que la utilicen pero que colaboren con el pueblo y corten el césped que rodea la plaza. (E., 29 años de edad. Varón. Funcionario municipal y dirigente del MOVIPRO).

En la conformación de la identidad de E. con el partido vecinal en que milita, podemos advertir la importante presencia que tiene la construcción territorial, pues en su significación del partido oficialista la derrota proviene del desconocimiento del pueblo y de las historias de los vecinos. Tal como señala Massey (2007), la construcción territorial supera lo meramente geográfico para convertirse en un entramado simbólico en donde –como todo campo de significación– se construyen particulares relaciones de poder por la lucha de determinados significantes. Esa lucha se da particularmente entre el vecinalismo –en donde se ubica E.– y el oficialismo provincial. Sin dudas, la derrota de ese oficialismo y por consiguiente la victoria del vecinalismo también proviene de un modo particular de construcción de identidad con el territorio. Fanon (1963) es quien advierte la presencia que tiene la historia social en la construcción de las identidades, pues de lo contrario nos convertiríamos en "individuos sin ancla, sin horizonte, sin color, sin estado, sin raíces: una raza de ángeles" (p. 176). Ante lo cual, Hall ([1990] 2010) reflexiona que la expropiación interna de la identidad cultural incapacita y deforma cuando no existen resistencias. De modo que la elección ciudadana de ese pueblo por una opción política –con la cual se identifica E.– en donde la construcción territorial tiene un mayor peso parece constituir una de esas modalidades de resistencia.

La historia de S. adquiere una serie de particularidades, pues ella nació en la provincia de Buenos Aires y de allí que por momentos no puede evitar sentirse una extranjera en San Luis. Ese extrañamiento que tanto anhelan los antropólogos para ella es algo habitual. Es inevitable recorrer los pasillos de la universidad y no recordar su vida en la villa miseria cuando sus padres perdieron el empleo. Allí fue donde comenzó la militancia social de sus padres y gran parte del incentivo para iniciar su propia militancia. Aunque reconoce que ellos han sido un gran estímulo para iniciarse en la vida política, no puede dejar de notar sus diferencias ideológicas (y de estilo de vida), de allí la decisión de no continuar compartiendo el hogar. Cansada de los sermones evangélicos y con cierta aversión cada vez que las hermanas del templo se referían a su madre como sierva decidió regresar a Buenos Aires. Allí se unió al Partido Comunista y militó durante algunos años. Si bien estaba convencida de que ese espacio la satisfacía ideológicamente, sintió la necesidad de realizar una lectura marxista más acorde con el contexto de los años 2009-2010. Se empezó a interesar por la situación latinoamericana y la construcción de aquello que ella misma denomina la Patria Grande. Al transcurrir algún tiempo, no pudo evitar extrañar a sus padres, de modo que emprendió el regreso a la provincia de San Luis. Ya convencida del espacio político en el cual quería militar –pues lo había charlado con sus amigos comunistas– decidió unirse a la agrupación kirchnerista Kolina.

Mientras recorre el pasillo, se encuentra con sus compañeros que participan de una agrupación estudiantil independiente de estructuras partidarias. No puede evitar comentarles sus actividades en Kolina y dar su opinión sobre algunos aspectos de la coyuntura actual. Transcurridos unos minutos, uno de sus compañeros le pide que no utilice el espacio de la agrupación para expresar sus opiniones político-partidarias, pues no quieren que los nuevos estudiantes interpreten que ellos tienen alguna filiación con un partido político. S. finaliza la conversación y se retira de ese lugar indignada pues no comprende esa lógica de no querer ser identificados con agrupaciones partidarias (menos aun frente al momento sociopolítico actual) cuando todos conocen que sus compañeros de Franja Morada militaron activamente para el PRO y lo continúan haciendo. Como ella misma comenta ante el regreso de la "derecha recalcitrante" se siente más convencida de formar parte de un espacio político que nuclea a otros y en donde la consigna común es la unión y la organización (S., 26 años de edad. Mujer. Dirigente de Kolina).

Lo primero que podemos notar es que la adscripción identitaria de S. con una agrupación en donde las actividades de corte social –en barrios de sectores populares– son una de las principales actividades proviene de una influencia biográfica familiar en la cual la opción por la ayuda a tales sectores es algo presente en esa historia. Sin embargo, también es esa misma influencia –por medio de su apego a lo religioso evangélico– lo que provoca en S. la actitud de distanciarse de su familia e involucrar su identidad en un partido –el comunista– en donde lo religioso no es precisamente un aspecto valorado.

Si podemos ubicar un núcleo central en la conformación identitaria de S. y de allí su filiación político-partidaria es la centralidad que ocupa lo ideológico –con una orientación a la que podemos denominar de izquierda– en dicha conformación. En este punto podríamos recordar la cita de Schütz realizada anteriormente o bien acudir a una de Arfuch (2005) en donde dice:

> La pregunta sobre cómo somos o de dónde venimos… se sustituye, en esta perspectiva, por el cómo usamos los recursos del lenguaje, la historia y la cultura en el proceso de devenir más que de ser, cómo nos representamos, somos representados o podríamos representarnos. No hay identidad por fuera de la representación… (p. 24).

De allí que la falta de comprensión de S. por aquellos compañeros que participan en una agrupación independiente de estructuras partidarias y las opiniones que provienen de esos ámbitos son tema tabú; al mismo tiempo, la aversión que le produce el apoyo de sus compañeros de Franja Morada hacia un espacio político de centro derecha forma parte de su propia representación –en tanto posicionamiento de enunciación eminentemente subjetivo– y de allí el modo de establecer fronteras o límites –también una construcción subjetiva pues involucra el modo en que representa a los demás– respecto de aquellos con quienes negocia su sociabilidad.

Es día sábado y A. se prepara para visitar el barrio. Mientras se mira en el espejo piensa que recogerse el cabello con un rodete le quedaría muy bien, pero finalmente decide no hacerlo. Mientras recoge la mercadería y la coloca en bolsas para llevarlas al barrio, responde mensajes de Whatsapp de sus compañeros del Partido Justicialista. En el grupo es inevitable referir a la última reunión del partido en donde A. mantuvo un caluroso intercambio con sus otros compañeros pues no está de acuerdo con algunas de las decisiones de la actual gestión provincial. Ella es una mujer de carácter –y ya lo saben– y por consiguiente no se queda callada frente a tales injusticias. Al mismo tiempo que responde los mensajes del grupo, recibe uno de su madre. Fue ella quien la introdujo en la militancia en el Partido Justicialista. Aunque tampoco puede desconocer la historia de su padre, un reconocido dirigente de dicho espacio político. Ambos se conocieron realizando actividades sociales para el partido del mismo modo que en aquel enero de 1944 lo hicieron Eva y Perón. La misma historia se repitió con su pareja actual.

Si bien A. cuenta con un cargo de gestión, en ningún momento puso en duda su militancia en el barrio, pues ese es el tipo de política que a ella le gusta y el incentivo por el cual participa en el partido. No comprende a sus compañeros que no se interesan por la actividad barrial, pues considera que ese es uno de los núcleos de la doctrina peronista. Ella no podría dejar desamparados a los niños y niñas que con frecuencia visita, sus rostros alegres mientras les entrega la ayuda –generalmente comestibles– son el incentivo para continuar militando. Ellos prefieren que sea A. quien los cargue en sus brazos y los colme de afecto en lugar de alguno de sus otros compañeros. Es inevitable reconocer que es la líder de su agrupación, que orgullosamente lleva el nombre de Eva.

Tocan la bocina de un auto. Es J. Su compañero de amor y de militancia. Se cubre con una campera la remera celeste de la agrupación –que en su frente lleva una de las imágenes más difundidas de Eva– pues sabe que en el barrio los fríos vientos sanluiseños calan hondo en el cuerpo, pero el sacrificio vale la pena pues sus niños la esperan (A., 28 años de edad. Mujer. Dirigente del Partido Justicialista).

En este relato podemos notar nuevamente la influencia de los aspectos biográficos en la decisión de involucrarse y de hacerlo dentro de una determinada orientación político-ideológica. Sin embargo, en esta historia en particular no queremos dedicarnos en detalle a esa cuestión, pues nos parece que el aspecto de la identidad ligado a la representación como modo de posicionarse en tanto enunciador puede advertirse con mayor claridad. Asimismo, el modo en que A. construye diferencias respecto de sus compañeros quienes –dentro de la misma orientación político-ideológica– adoptan otros posicionamientos y no se interesan por las actividades barriales. Si bien aquel aspecto es claro, podemos preguntarnos ¿pueden las identidades anclarse en un referente político? Auyero (1997) no tendría dudas en afirmarlo y con mayor asertividad en el caso de Eva Duarte pues como señala aquella es una *performance* recurrente entre las mujeres peronistas. Ahora bien, ¿por qué esas mujeres eligen tal referencia? Aquí es donde la identidad comienza a jugar uno de sus papeles fuertes en donde se involucra la representación pero también un modo de legitimación, pues cómo una mujer peronista no va a encontrar en Eva a una de sus principales referencias. Cómo una mujer peronista no va a soñar alguna vez con peinarse con el rodete de Eva. Cómo una mujer peronista no va a militar en los barrios. Cómo una mujer peronista podría no amparar a los humildes. Todas aquellas no dejan de ser figuras estereotipadas sobre uno de los principales mitos fundantes del peronismo. Imágenes que –más en algunos momentos que otros– han sido utilizadas estratégicamente por los mismos actores políticos. Tal como señala Ulloa (1969), la construcción mitológica ocupa un espacio importante en la conformación de las identidades en las instituciones. Del mismo modo afirma Hall ([1990] 2010) en referencia a la identidad: "Se construye siempre a través de la memoria, de la fantasía, de la narrativa y del mito". A partir de ello nos interrogamos: ante la presencia de una figura cuasimitológica, ¿cómo es posible negociar otra identidad o modo de representación? Seguramente la figura de Eva Duarte ha ido perdiendo centralidad entre las generaciones más jóvenes, pero parece –al menos eso muestra la historia de A.– que continúa teniendo presencia. Ante ello –aunque seamos reiterativos– podemos preguntarnos ¿las identidades pueden ser utilizadas como búsqueda de legitimidad? Cada uno encontrará su propia repuesta, pues la nuestra ya es evidente.

A modo de cierre

Seguramente podríamos haber acudido a otras de las tantas historias que tan generosamente las juventudes sanluiseñas que conformaron la muestra nos permitieron, con gentileza y sin tapujos en algunos casos, conocer. Sin embargo, las tres que intentamos reconstruir, de manera limitada y en algunos de sus aspectos, nos parecieron significativas por cuanto pudimos constatar aspectos relevantes vinculados con las modalidades que asume la construcción de las identidades en la política. Si recordamos los aspectos teóricos antes mencionados sobre la construcción de las identidades –desde un enfoque sociocultural– es posible identificar que son dos los aspectos de nuestro interés: el modo en que se significa la presencia de los otros, para lo cual todo sujeto lleva a cabo prácticas de representación por medio de las que adopta una posición de enunciación –aspecto que podemos figurar con la imagen de una trinchera– y de allí construye diferencias con otros a partir de las propias fronteras que ya ha construido. En ambas instancias se imprimen las huellas de la propia subjetividad y del contexto cultural de los actores. Ahora bien, ¿cómo se presentan estos elementos en nuestras historias? Si bien las tres muestran aspectos distintivos, convergen en uno que les es común: la influencia de las instituciones tradicionales.

Bourdieu en *¿Qué significa hablar?* (1985) refería a la incidencia que ejercen tales instituciones en la reproducción –ya sea por medio de actitudes de aceptación o de rechazo– de comportamientos intergeneracionales. Entre ellas podemos mencionar a la familia, la educación, la política, el empleo, los medios de comunicación. En materia de estudios sociales sobre juventudes, esas instituciones han sido denominadas como dominantes y consideradas un aspecto central en la construcción de las identidades (Castro, 2012). De acuerdo con las historias que hemos intentado reproducir, podemos advertir la influencia que ejerce la institución familiar en la decisión de involucrarse políticamente en un partido o agrupación política y en algunos casos también en la opción por su orientación político-ideológica. Esto mismo lo hemos advertido –en el marco de este proyecto de investigación y con idéntica muestra– en otros casos (Becher, 2017). Ante estos determinantes tiene sentido preguntarnos ¿por qué la familia tiene tanta centralidad en la construcción de la identidad? ¿Es solo la constitución de la institución familiar o son los elementos que la rodean los que aportan a dicha construcción? Arfuch (2013) afirma que en la morada familiar habitan un reservorio de afectividades y de simbolismos cuasi únicos –en tanto ocupan en la memoria un espacio excluyente de otros recuerdos– pues es uno de los primeros cobijos de la temprana subjetividad. De allí que podemos incluir no solo a la institución familiar como una influencia en la construcción de las identidades, sino también al espacio y la temporalidad en donde se construyen esos vínculos. Al comienzo del texto mencionábamos el modo en que tanto uno como otro aspecto enmarcan –en términos goffmanianos– la identidad.

A partir de esas influencias familiares y del propio recorrido biográfico de las juventudes, se van delineando los aspectos que integran sus identidades. Seguramente muchos de los engranajes que conforman tales identidades pueden haber sido eludidos por este análisis –pues aquellas son limitaciones propias de la investigación social–, sin embargo hemos podido detectar algunos nudos centrales de esas conformaciones. En la historia de E. se advierte la relevancia que tiene en la conformación de su adscripción identitaria con un partido vecinal la construcción territorial. Dicha construcción supera los meros límites urbanísticos o rurales para incorporar un campo de significaciones particulares que se encuentra anclado en esa delimitación espacial. Como en todo campo de significaciones se producen pugnas por la propiedad de esos significantes. En la experiencia de E. lo que prima –ante tal circunstancia– es la posibilidad de formar parte de ese territorio y conocer las historias de aquellos a quien denomina como vecinos. En nuestros propios registros observacionales pudimos constatar el modo amigable y ameno con que E. se vincula con los ciudadanos de la localidad en donde milita. Un detalle no menor es que en el marco de tales observaciones todos se refirieron a E. por su nombre de pila. Puede parecer un detalle pueril o banal, aunque en realidad nos muestra mucho acerca del modo en que se construyen las relaciones sociales en esa localidad donde lo que importa es conocer –en sus aspectos biográficos– quién es el otro. De modo que la trinchera de E. se construye a partir de ser quien conoce ese territorio y sus vecinos en tanto las fronteras se elevan respecto de aquellos que no cumplen con esa condición en donde ubica al oficialismo provincial. Por su parte, la historia de S. nos abre un abanico de particularidades para pensar en torno a la construcción de las identidades y la influencia biográfica y familiar. Sin dudas un aspecto que emerge como central en dicha construcción es la influencia de lo ideológico y lo político-partidario. Parte de esas elecciones surgen como actitudes de rechazo ante la influencia religiosa evangélica de su familia. S. –esto lo agregamos ahora– expresa y practica una actitud de total aversión ante todo tipo de manifestación religiosa. Tal circunstancia ha motivado muchas de las opciones de vida que ha realizado aunque solo hayamos detallado una de ellas, que es la de abandonar el hogar familiar. Tal espacio central que ocupa lo ideológico en la construcción de la identidad de S. conduce a construirse como una enunciadora con un claro posicionamiento político-partidario ante situaciones de coyuntura y de allí diferenciarse de quienes se encuentran en el polo opuesto. No solo ello pues también expresa un rechazo por aquellos compañeros de agrupaciones estudiantiles que se denominan independientes y evitan ser identificados con orientación política alguna. Vale señalar que estudios sociales sobre el tema han mostrado que esa pretendida independencia no es más que un ideal fantaseado –heredado en el marco de la historia reciente de la década de 1990– en donde persisten múltiples liderazgos informales que negocian tanto con la estructura universitaria como con la partidaria (Becher, 2017). Casi al final nos encontramos con la historia de A. En este caso en particular emergen una serie de interrogantes –que pueden ser útiles a otras investigaciones sobre liderazgos políticos e identidades– que redundan en la inquietud sobre el modo de construcción de identidad referenciada en un líder político. Desde ya, el caso se vuelve significativo pues tal referente no es más ni menos que Eva Duarte. Figuras mitológicas si las hay del peronismo. La presencia de Eva en la construcción de la identidad partidaria ha sido tan central que el mismo Auyero (1997) ha observado el modo en que grupos amplios de mujeres peronistas –que se desempeñan en el marco del Estado– reproducen las imágenes más difundidas sobre aquella mujer mito del Partido Justicialista. Allí nuestros interrogantes se encuentran ligados con el vínculo entre identidad y legitimación y hasta qué punto es posible negociar otra identidad y obtener legitimidad. Sin dudas, la figura de Eva siempre constituirá una puerta de ingreso al peronismo y de allí que algunos jóvenes –como A– aun acudan a ella. Aunque esto de ninguna manera significa que sea la única pues en nuestra misma muestra otras jóvenes mujeres adoptan actitudes diferentes de aquellas que reproduce A. De modo que es posible negociar otra identidad aunque nada garantiza obtener el mismo grado de legitimidad que tiene la *performance* de Eva y principalmente la actividad con los sectores populares. Precisamente allí se ubica la trinchera de A. y las fronteras que construye respecto de aquellos que reniegan de tales actividades. Todas estas trincheras y fronteras –propias de la construcción de las identidades– limitan las modalidades de relacionamiento tanto entre quienes son o no miembros del colectivo sociogeneracional, aunque al mismo tiempo refuerzan los lazos sociales entre aquellos militantes que comparten la misma o similar adscripción identitaria.

Bibliografía consultada

Arfuch, L. (2005). Problemáticas de la identidad. En Arfuch, L. (comp.), *Identidades, sujetos y subjetividades* (pp. 21-43). Buenos Aires: Prometeo Libros.

Arfuch, L. (2013). *Memoria y autobiografía. Exploraciones en los límites.* Buenos Aires: Fondo de Cultura Económica.

Auyero, J. (1997). Evita como performance. Mediación y resolución de problemas entre los pobres urbanos del Gran Buenos Aires. En Auyero, J. (comp.), *¿Favores por votos? Estudios sobre clientelismo político contemporáneo.* Buenos Aires: Editorial Losada.

Barth, F. (ed.) (1969). *Ethnic Groups and Boundaries.* Boston: Little Brown.

Becher, Y. (2017). Las juventudes sanluiseñas y sus miradas sobre la política y las políticas sociales: la influencia de las instituciones. *Crítica y Resistencias. Revista de Conflictos Sociales Latinoamericanos*, 3, pp. 124-139. Colectivo de Investigación El Llano en Llamas.

Bourdieu, P. (1985). *¿Qué significa hablar? Economía de los intercambios lingüísticos.* Madrid: Akal.

Castro, G. (2012). *Los jóvenes y la vida cotidiana. Construcción de la subjetividad y la identidad social en sociedades con cambios socioculturales* (Tesis de doctorado no publicada). Universidad Nacional de San Luis.

Chaves, M. y Faur, E. (2006). *Informe: Investigaciones sobre juventudes en Argentina. Estado del arte en Ciencias Sociales.* La Plata – Ciudad de Buenos Aires: UNSAM – Ministerio de Desarrollo Social – DINAJU – UNICEF.

Di Tella, T. (2015). *Coaliciones políticas. De la movilización social a la organización política.* Buenos Aires: El Ateneo.

Erikson, E. (1968). Psychosocial Identity. En Sills, D. (comp.), *The International Encyclopedia of the Social Sciences* (pp. 61-65). Nueva York: MacMillan.

Fanon, F. (1963). *Los condenados de la tierra.* México: Fondo de Cultura Económica.

Foucault, M. (1988). El sujeto y el poder. *Revista Mexicana de Sociología*, 50 (3), pp. 3-20.

Freud, S. (1921). *psicología de las masas y análisis del yo.* Buenos Aires: Amorrortu.

Giddens, A. (1994). *Consecuencias de la modernidad.* España: Alianza.

Goffman, E. ([1959] 2004). *La presentación de la persona en la vida cotidiana.* Buenos Aires: Amorrortu.

Hall, S. (1996). Who needs identity? En Hall, S. y Du Gay, P. (Eds.), *Questions of Cultural Identity.* London: Sage Publications.

Hall, S. ([1990] 2010). Cultural Identity and Diaspora. En Rutherford, J. (Ed.), *Identity: Community, Cultural, Difference* (pp. 222-237). London: Lawrence & Wishart.

Horkheimer, m. (1972). authority and the Family. En *Critical Theory: Selected Essays. New York: Herder and Herder.*

Lomnitz, C. (2008). Identidad. En Altamirano, C. (comp.), *Términos críticos de sociología de la cultura* (pp. 129-134). Buenos Aires: Paidós.

López Lago, L. (2009). Instituciones esponjosas: análisis desde la teoría sociológica y propuestas etnográficas para el análisis institucional en el capitalismo de la última generación. *Teoría y Praxis*, 14, pp. 79-94.

Massey, D. (2007). *Geometrías del poder y la conceptualización del espacio*. Conferencia dictada en la Universidad Central de Venezuela.

Schütz, A. (1993). *La construcción significativa del mundo social. Introducción a la sociología comprensiva.* Barcelona: Paidós.

Ulloa, F. (1969). Psicología de las Instituciones. Una aproximación psicoanalítica. *Revista AAPA*, XXVI.

Vander Zanden, J. (1990). *Manual de Psicología Social*. Buenos Aires: Paidós.

Recorridos de militancia[1]

Entre la cercanía social y los aparatos partidarios

GRACIELA CASTRO

Introducción

A partir de la segunda mitad del siglo XX las juventudes ocuparon un lugar protagónico en diversos momentos y circunstancias sociales, culturales y políticas, tanto a nivel mundial como en la Argentina en particular. Una sucesión de adjetivos fue construyendo la representación del colectivo sociogeneracional, incluían expresiones tales como: rebeldes, utópicos, violentos, apáticos, desencantados, apasionados, etc. Un detalle no menor que permita comprender aquellas calificaciones radica en el tiempo sociopolítico que cada generación fue atravesando. De la convulsionada década de 1960 con sus movimientos revolucionarios que implicaron un parteaguas en la vida política mundial, junto a creativos avances culturales y científico-tecnológicos; a todo ello continuaron oscuras noches –en particular para los países del cono sur latinoamericano– que alteraron profundamente la vida cotidiana de los ciudadanos cubriéndola de miedos, incertidumbres y destrucción de las relaciones interpersonales por las tragedias que ocasionaron las dictaduras. A ese tiempo sucedieron breves primaveras democráticas atosigadas por el poder de las corporaciones que no

---

1 Una versión de este artículo fue presentada en las V Jornadas Internacionales de Problemas Latinoamericanos (UNC), Córdoba, noviembre 2017. Inédita.

resignaban sus deseos de poder. Así, las juventudes fueron mutando sus modos de comportarse: desde la militancia activa al desencanto frente a la banalización. Quizá influidos por la manera de actuar de cierta dirigencia política y su alejamiento de las preocupaciones e intereses de los ciudadanos, ello distanció el interés por la participación política, en especial entre los jóvenes. El comienzo del siglo XXI fue tumultuoso para los argentinos: crisis socioeconómicas, debilidades políticas y el abismo que parecía asomarse cada día un poco más. Las calles citadinas se tornaron espacios de reclamos por parte de ciudadanos hastiados y agobiados por el peso de la crisis social y el grito "que se vayan todos" expresaba la ausencia de figuras políticas convocantes.

En el primer recorrido temporal del nuevo siglo –sin demasiadas expectativas desde la ciudadanía– comenzaron a asomarse cambios en las políticas sociales y económicas que se trasladaron a los discursos de los dirigentes políticos. Ciertos avances en el ejercicio de los derechos permitieron que amplios sectores de la sociedad argentina –y en particular las juventudes– avizoraran la posibilidad de un acercamiento hacia la práctica política.

La muerte de Néstor Kirchner en 2010 puso en evidencia las construcciones juveniles que se venían conformando tras el 2003 y se mostraron en plenitud en el momento del deceso del expresidente. Ante el protagonismo que ocupaban los jóvenes, una vez más, como en otras épocas en el país, surgieron voces otorgando calificativos negativos hacia el colectivo sociogeneracional. Antes habían sido subversivos, ahora se volvían –peyorativamente– "choriplaneros". El nuevo encantamiento hacia la praxis política entre los jóvenes también se observó en la mayoría de los partidos políticos, aunque cada uno de ellos con sus perfiles propios.

Para los investigadores que se dedican al estudio de la participación política juvenil, siempre es tema recurrente detenerse en las características que tal participación va asumiendo. En este artículo nos interesa exponer acerca de avances parciales que venimos realizando en el marco del PITC/UNSL: "Involucramientos sociales juveniles en la contemporaneidad: construcción de identidades políticas y sindicales en la provincia de San Luis". En esta ocasión nos detendremos en tratar de hallar algunas respuestas que nos permitan comprender cuáles serían los aspectos que motivarían a los jóvenes para involucrarse en la práctica política; al mismo tiempo, conocer qué elementos aportan a la construcción del imaginario político, qué actores sociales intervienen en dicha construcción y qué percepción se forman de los dirigentes de los partidos o agrupaciones donde militan.

Apuntes sobre el proyecto

El proyecto mencionado en la Introducción surge de la inquietud de un equipo de investigadores que venimos desarrollando nuestra actividad en la Universidad Nacional de San Luis desde el año 2000. Con los lógicos cambios de integrantes que el tiempo fue mostrando, durante 2015 nos presentamos a la convocatoria de FONCyT y tras las evaluaciones correspondientes y la obtención del subsidio iniciamos las actividades previstas en el proyecto. El problema central este se determinaba en los siguientes términos:

> … estudiar el modo en que las circunstancias sociales, culturales y políticas –que se instituyen en el territorio provincial– afectan las motivaciones de los jóvenes para involucrarse en ámbitos políticos y sindicales. Junto a ello se busca analizar si dicho involucramiento constituye un elemento que otorgue significación en la construcción de las identidades sociales juveniles y la visibilización de dispositivos institucionales que afecten la subjetividad del colectivo juvenil. Asimismo se busca conocer si desde los organismos políticos, laborales y sindicales se coloca a las juventudes como protagonistas en la participación activa.

Desde el inicio de las tareas en el equipo a comienzos del 2000, siempre tuvimos presente que si bien las culturas juveniles –más allá del espacio geográfico que habitan–, pueden mostrar comportamientos sociales similares, es interesante no desconocer el papel que puede desempeñar el contexto sociocultural donde residen. Esta hipótesis de trabajo la veníamos sosteniendo desde el inicio del proyecto– radicado entonces en la secretaría de Ciencia y Técnica de la UNSL– y que con posterioridad fuimos encontrando elementos que nos permitían acercarnos a aquella hipótesis. Así fuimos tratando de reflejarlo en resultados de la investigación desde entonces (Castro, 2006; 2007a; 2007b; 2007c; 2009a; 2009b; 2010; 2012; 2014). El punto central de nuestra hipótesis radicaba en las particularidades de la cultura política provincial atravesada por una variable que, entendíamos, le otorgaba cierta singularidad al estar conducida por una saga familiar desde el reinicio de la democracia en 1983. Tal situación podría hallar similitudes en otras provincias de Argentina, aunque en el caso de San Luis resultaba interesante no solo por la continuidad de un mismo partido político, sino también integrantes de una misma familia con rasgos de conducción que fueron construyendo marcas en la cultura provincial de modo muy acentuados y reflejados en las políticas sociales que se fueron implementando en la provincia y en las cuales, sin ser los destinatarios directos, las juventudes fueron el colectivo sociogeneracional donde tuvieron mayor influencia, con sus grados de aceptación y rechazo, desde ya, de acuerdo a la posición política de los actores. Los acercamientos a la cultura política provincial y su vínculo con las juventudes, nos condujeron a comprender el importante papel que puede desempeñar el contexto social e histórico.

Una categoría central en el proyecto fue y es la vida cotidiana. En este sentido hicimos propia la interpretación de Agnes Heller, quien consideraba a la historia como el eje central de la construcción de aquella categoría, "es la verdadera 'esencia' de la sustancia social" (Heller, 1985: 42).

Tal interpretación ha sido una constante teórica en el pensamiento de la investigación y, por consiguiente, nos propusimos darle un lugar importante a la influencia del contexto sociohistórico provincial: los jóvenes que constituían nuestro objeto de estudio habían nacido y crecido en un tiempo político donde las figuras políticas centrales dejaban una impronta en la cultura provincial. Con una oposición política que –desde 1983 hasta la actualidad (2017)– nunca ocupó la gobernación y muy pocas intendencias en el interior provincial, el interjuego político no parecía motivar demasiado a las juventudes para su involucramiento. Por otro lado en la faz institucional aquel colectivo sociogeneracional tampoco hallaba su espacio formal de reconocimiento y recién en 2017 –durante el mes de junio– fue creada la secretaria de la juventud en la estructura del gobierno provincial con gran apoyo oficial y una muy interesante respuesta entre los jóvenes, en particular, del partido político oficial obviamente. Este contexto político interesó nuestra indagación investigativa desde el comienzo y en la convocatoria 2015 de FONCyT reiteráramos la inclusión de aquel aspecto –tal como lo habíamos planteado en el anterior PICT/UNSL en 2012–.

Las estrategias de recolección de datos en el proyecto actual las iniciamos con una encuesta dirigida a estudiantes de las carreras de grado que se ofrecen en el ámbito de la Facultad de Ciencias Económicas, Jurídicas y Sociales, de la UNSL, algunos de cuyos avances expusimos en reuniones científicas (Castro, 2017). La segunda etapa comprendió la realización de entrevistas en profundidad a jóvenes que actualmente militan en algún partido político y agrupaciones estudiantiles en la universidad. En la actualidad nos hallamos realizando dichas tareas por lo cual en este artículo se tiende a avanzar en un análisis preliminar. Con fragmentos de ese material procuraremos acercarnos a conocer qué aspectos y situaciones motivan a jóvenes –que residen en la provincia de San Luis– para involucrarse en la práctica política y qué interpretaciones nos permiten las categorías teóricas a las que recurrimos.

Historias de familias y política

Desde la psicología es muy sencillo plantear que, para que una conducta se adquiera y se mantenga, es preciso contar con un estímulo atractivo y su consecuente refuerzo para que se reitere su expresión. La política, no ya como un valor sino como una praxis, precisa contar con elementos que permitan acercarse a su construcción: qué la identifica, quiénes la representan, qué se espera de ella, entre otros aspectos. A partir de las entrevistas efectuadas desde el PICT/UNSL ya mencionado, nos hallamos con algunos de estos relatos que nos muestran el modo por el cual los jóvenes se acercaron a la política:

Vengo de una familia, más que de una familia de mi papá principalmente, que milita el radicalismo desde hace muchos años, entonces yo desde chico, por una afinidad con él en principio, de querer estar con él todo el día, siempre hay chicos más pegotes que otros, empecé a acompañarlo cuando iba a las reuniones, en los comités, en los actos y por supuesto que tengo patente un acto en el año 99 que vino De la Rúa que era candidato a presidente de la alianza en el Palacio de los Deportes y la verdad que fue un actaso impresionante, muchísima gente, estaba a pleno el palacio, eso me quedó grabadísimo y esa fue la primera chispa que se me dio por iniciarme en la política. (D., militante radical).

Yo soy peronista, vengo de la esencia de lo que es el peronismo [...] ya de mis abuelos, mi mamá, también era militante, incluso mis padres se conocen en política. (A., militante justicialista).

Papá era el que siempre estuvo más ligado a la política, él milita en la dictadura en Montoneros, no fue una militancia orgánica, nos los cuenta ahora de grande, ayudaba en villas, en comedores barriales, tenía esa cuestión; no era evangélico en esa época, cuando se conocen con mi mamá, vivían en el mismo barrio e iban a la misma iglesia [...] *conoce el trabajo territorial de mi mamá, ella no tenía una cuestión política o partidaria pero siempre desde la cuestión de la solidaridad, no desde la caridad, es la solidaridad.* (S., militante de izquierda).

Participo en el Partido PRO (Propuesta Republicana) desde el 2012, paso desde la política universitaria a través de los centros de estudiantes, los cuales me motivaron a participar en la política en general. En mi familia nunca fueron demasiados políticos, más allá que mis padres, los dos directores de escuela, de una u otra forma siempre tocaban esos temas. (P., militante del PRO).

Mi papá todos los fines de semana tenía reuniones con un grupo de amigos, donde charlaban de política siempre, mi mamá también, se les unía por ahí. Pero a mí no me llamaba la atención, iba a un colegio con una orientación más contable, no me llamaba para nada si bien en casa se hablaba mucho no me interesaba. Mi papá militaba con el Partido Justicialista, tenía mucho afecto por el partido, pero no militaba, era más de juntarse con ese grupo de amigos y entre ellos ver qué acción llevar adelante, coordinarlo con algún organismo, pero no... me parece que no asistía al partido ni nada [...] *mi mamá charlaba con mi papá pero no le interesaba tanto* [...] *pero eran más las coincidencias que las diferencias...* (N., militante justicialista).

Arrancamos por curiosidad, teníamos un chico amigo que la segunda vuelta de noviembre nos decía que faltaban fiscales en una escuela, que la plata no había llegado pero que necesitaban fiscales, entonces por curiosidad le digo "anotémonos, seamos fiscales para tomar una experiencia" Yo creo que como todo joven que tiene esa curiosidad, y desde ahí nos metimos de lleno, inclusive, porque mi militancia viene de antes porque mi mamá también había militado antes en un partido político, que era el Frente para la Victoria, entonces ya hemos vivido ese entorno, lo que es hacer una campaña, un acompañamiento, el salir a los barrios, el hacer las pegatinas, y es algo que también me gusta, entonces por qué no hacerlo ahora, por qué inclusive no incluir a mi hijo, que si salimos a una marcha o algún movimiento es mi compañero fiel porque vamos a todos lados juntos. (T., militante de Nuevo Encuentro).

A partir de los relatos anteriores, lo primero que podemos advertir es la decisiva influencia familiar en el acercamiento de los jóvenes a la praxis política. Con excepción del militante del PRO en el cual no es la familia el medio fundamental de acercamiento, en los demás, dicha presencia cobra importancia. Tal situación conduce a analizar el papel de las denominadas instituciones dominantes (Castro, 1999). Entre estas instituciones se incluyen: la familia, la educación, la religión, la sociedad civil (la política, medios de comunicación, organizaciones sociales). Casi todas estas instituciones son responsables de las informaciones que transmiten acerca de la sociedad y sus actores y en ellas se construyen una urdimbre de significaciones que permiten la creación del mundo y de la sociedad. Si nos concentramos en la política –como institución dominante– lo prioritario es contar con una definición de ella que nos permita iniciar la indagación que nos ayude a comprender cómo es construida dicha representación entre las juventudes. De acuerdo a la posición epistemológica y también disciplinar, se podrán hallar varias definiciones. En este texto partimos de la que propusieron Alford y Friedlan (1991) al afirmar que "La política está vinculada con el poder y por lo tanto entraña competir por influencia, estrategias de dominación y luchas por la hegemonía en circunstancias históricas diferentes" (p. 353). Estos aspectos se vinculan con los imaginarios sociales. De acuerdo a la afirmación de García Canclini (2007) los mismos "corresponden a elaboraciones simbólicas de lo que observamos o de lo que nos atemoriza o desearíamos que existiera". Por consiguiente, la política recurre a dichos imaginarios para motivar a los sujetos a su involucramiento, y en ellos pasa a ocupar su espacio la cultura política. Llegamos acá a otro concepto de no fácil elucidación, pues también su significado está atravesado por el enfoque disciplinar. Nosotros hacemos propia la explicitada por Berezin (1997), quien la define en los siguientes términos: la cultura política es "la matriz de significados encarnada en símbolos expresivos, prácticas y creencias, que constituye la política ordinaria en una colectividad delimitada" (1997: 364). Con estos ejes teóricos definidos, retornamos a los relatos de los jóvenes que entrevistamos. Tal como lo detallamos al inicio del párrafo, en la mayoría de las historias ha sido un miembro de la familia quien, en ciertos casos de modo vicario a través de sus modos de comportarse, se transformó en instancia motivacional para el acercamiento a la política. En algunos advertimos la presencia de padres que inclusive constituyeron su vida sentimental en ámbitos propios de la práctica política. En otros se entremezclan acciones religiosas mientras que en otro, si bien no describen una militancia activa, refieren la recurrencia a temas políticos en sus diálogos familiares. Estas conductas van mostrando situaciones, momentos, que muestran la posibilidad que la política se transforme en un estímulo de interés. Tales vínculos –entre la familia y la política– es posible advertirlos en aquellos jóvenes cuyos familiares han estado relacionados con los partidos tradicionales en Argentina –radicalismo, justicialismo e izquierda–. En los partidos que podríamos denominar de formación reciente en Argentina, el acercamiento surge por propio interés de los jóvenes aunque, en el caso de la joven que milita en Nuevo Encuentro, también se halla la presencia familiar aunque no haya sido ella la figura decisiva en la elección de la militancia pero ya había en su propia historia familiar recuerdos cercanos a la participación en política. Entre los testimonios con los que trabajamos en la investigación, el comportamiento diferente lo encontramos en el joven militante del PRO, quien detalla que en su familia el tema político no era frecuente siendo su propia motivación que lo acercó al partido. Una inferencia que ayudaría a comprender esos acercamientos podría centrarse en la importancia que, en los partidos tradicionales, se le otorga a la política como arena propicia para acceder al poder, confrontar y buscar respuestas para la vida en sociedad. En el caso de Nuevo Encuentro, si bien en el testimonio que presentamos es la propia actitud de la joven quien produce ese acercamiento, la vida política no resulta ajena a su entorno familiar. Por otro lado, vale no desconocer vínculos entre algunos dirigentes fundadores de dicho partido con la formación de otros agrupamientos de izquierda, tal como el Partido Comunista, que mostraría el protagonismo de los partidos políticos en la vida en sociedad y de allí el sentido en ubicar a Nuevo Encuentro con aspectos similares a los partidos tradicionales. Una situación diferente correspondería al PRO que, de modo recurrente en los discursos de sus dirigentes, hacen gala de denostar a la política y a sus actores presentándose como un partido moderno que estaría fuera de –lo que ellos consideran– prácticas de corrupción, clientelismo e ineficiencia y donde el centro de sus intereses radicaría en la "gestión" (Vommaro, G.; Morresi, S., 2014). Para una mejor comprensión de los perfiles del PRO como partido político se debe tener en cuenta los tiempos históricos de su origen a comienzos del siglo XXI y las circunstancias sociopolíticas que atravesaba Argentina por entonces.

Para continuar con el análisis que nos permita acercarnos a las razones por las cuales los jóvenes podrían involucrarse en la vida política, se vuelve necesario retomar los conceptos de significados e imaginario. Sin duda alguna, un referente teórico fundamental en el tratamiento teórico del concepto de significado es Castoriadis. Dicho filósofo afirma que este "remite a las representaciones de los individuos, efectivos o virtuales, que provoca, induce, permite, modela" (1993: 292). A través de los relatos de los jóvenes de nuestra investigación –y como veníamos señalando en el párrafo anterior– podemos advertir que el involucramiento político se fue incorporando en sus vidas de un modo afectivo a través de sus familiares. Aunque, por la edad de entonces, los jóvenes fueran simples observadores de las prácticas de sus padres, el entorno de las actividades no les resulta aversivo, sino por el contrario, les permite ir construyendo representaciones que más adelante, en su devenir evolutivo, les favorece acercarse a dicha práctica sin dificultades ni temores. Podemos observar ese vínculo en el testimonio de una joven militante del justicialismo cuando refiere:

> *Mi abuelo era militante de la rama de O. B.*, (dirigente provincial de fuerte presencia en el justicialismo) *es más, yo lo conozco desde muy chiquitita, cuando iba a su casa él me mostraba las cartas que Evita le contestaba a él, y libros, fotos, por eso digo que yo soy peronista porque mi inspiración viene en realidad de lo que Evita y Perón hicieron por el pueblo en su época. Y que dejaron huellas en la Argentina.* (A., militante justicialista).

Del testimonio anterior podemos deducir la importancia que fueron adquiriendo los modos de comportarse de los miembros de su familia con relación a la política y que le aportaron elementos constitutivos del significado. Retomamos a Castoriadis cuando expresa:

> Las significaciones no son evidentemente lo que los individuos se representan consciente e inconscientemente, ni lo que piensan. Son aquello por medio de lo cual y a partir de lo cual los individuos son formados como individuos sociales, con capacidad para participar en el hacer y en representar/decir social. (1993; 322)

En consecuencia, aquellas maneras de actuar de los miembros de su familia –en el testimonio anterior– permitirán que en años posteriores la propia joven se transforme en una dirigente política capaz de conformar su agrupación dentro del partido y hasta integrar la estructura provincial de este, en tanto y en cuanto la elaboración de aquellos significados no surgieron de modo individual, sino que se van adquiriendo a partir de pautas familiares que se integran a una cultura política inserta en la sociedad. Así lo detalla un joven militante:

> *Si bien no surgió como una iniciativa de mi papá meterme en política yo lo acompañaba a él y por ende estaba ahí y bueno después me empezó a gustar y ya estoy acá militando activamente. Pero sí*

creo que fue fundamental que él estuviera en el radicalismo [...] *La política lo que tiene es que cuando uno la toma como una forma de vida, te consume... el tiempo, te consume la vida, te lleva todo. Al que le gusta la política te entregás ahí y prácticamente estás todo el tiempo con eso, por más que tenemos actividades por supuesto de trabajo te consume mucho y al que le quitas tiempo es a la familia.* (D., militante radical).

Me interesó el querer ayudar al otro, de cómo poder mejorar nuestra ciudad, nuestras escuelas que es lo básico, también de esas charlas de decir que uno como persona, que si no se interesa las cosas no cambian. (T., militante Nuevo Encuentro).

En el apartado siguiente nos detendremos en la manera en que los jóvenes perciben a los adultos de sus propios partidos políticos: ¿sienten que los mayores les favorecen su militancia o desconocen su involucramiento? Asimismo, intentaremos desentrañar si esos comportamientos de los adultos inciden en sus recorridos de la militancia.

Senderos propios para la militancia

En los relatos de los jóvenes que entrevistamos –con la excepción del joven del PRO– se hizo evidente la influencia familiar en su acercamiento hacia la política. Si bien ya hicimos referencia al tema en el apartado anterior, en este lo continuaremos bajo determinadas categorías teóricas que incluyen el habitus y las necesidades. Todo ello tendiendo a comprender el involucramiento juvenil en la política y sus recorridos de militancia.

Si bien la noción de habitus no es original de Bourdieu, sin dudas en el campo científico lo habitual es recurrir al investigador francés cuando apelamos a esta categoría para ayudarnos en el análisis de los comportamientos sociales. De tal modo buceando en la definición hallamos que su autor lo establece en los siguientes términos: "principios generadores y organizadores de prácticas y representaciones" (Bourdieu, 1980, citado en Gutiérrez, 1995: 65). Dichas disposiciones a actuar llevan a Alicia Gutiérrez a proponer su interpretación del concepto como "la historia hecha cuerpo" implicando ello las maneras que los sujetos perciben, sienten, valoran y actúan (Gutiérrez, 1995). Los relatos de los jóvenes muestran las acciones que ellos advertían en sus familiares, las cuales más tarde reproducen en sus prácticas como militantes:

> *Mis padres vienen los dos de familias muy laburantes, muy luchadoras, donde uno podía ser pobre pero siempre digno, trabajando [...] ellos dos son pastores evangélicos. Entonces esa cuestión social, esa cuestión de la realidad en la vulnerabilidad la lleva primeramente a mamá a organizar las ollas populares en el barrio [...] te estoy hablando en el 2001 prácticamente, 2000, 2001, yo tendría 10, 9 años. Y era yo la que la acompañaba a mi mamá a lo que era pelearla en el barrio. (S., militante de izquierda).*

> *Empecé a observar cómo se podían solucionar problemas de la gente muy sencillamente y por ahí hay personas que ante un problema que tienen para otra persona con un llamado de teléfono lo pueden resolver. (D., militante radical).*

> *Es parte de mi esencia de chiquitita, de ir a los barrios, de acompañarla a mi mamá, ver esa imagen de mi mamá repartiendo zapatos, ropa, viendo la necesidad de la gente, ya para mí es algo natural, y algo que me apasiona. Y es que es algo que hemos venido desarrollando actualmente, hace 5 años que tengo una agrupación de jóvenes, que son aproximadamente 40 jóvenes. (A., militante justicialista).*

Un primer aspecto que podemos advertir en los testimonios es la apelación en sus recuerdos a la presencia de "otros" quienes tienen necesidades que por distintos medios sus familiares contribuyen a resolver. Así la solidaridad como un valor se va incorporando en las vivencias juveniles aunque en algún caso se manifiesta con apelar a ciertos vínculos que la propia práctica política de sus familiares otorga: desde hacer un llamado telefónico a quien tiene la posibilidad de resolver el problema de las personas o aportar abrigos y hasta comida. Esas situaciones son las que se incorporan en sus vidas de modo afectivo y ellos mismos posteriormente reproducen. He allí la manera en que las historias familiares se van incorporando al habitus y dejan sus marcas.

> *Cuando mi papá fue candidato a diputado recorrimos todos los pueblitos del departamento Pedernera, hablamos con los dirigentes, con la gente. A mí encanta eso y lo sigo haciendo ahora desde la juventud, lo hago más con los jóvenes que con la gente en general, me gusta mucho porque la gente te transmite los problemas que tiene, te transmite los agradecimientos cuando le resolvés algo y podés conocer un poco la idiosincrasia de cada pueblo al que vas, eso está muy bueno, ni hablar si podés solucionarle el problema por supuesto.* (D., militante radical).

En todos los testimonios, más allá del partido en que militen, se observa cierta apelación a las palabras ayudar, resolver problemas de otros. Recurren a aquellas palabras cuando les consultamos por los motivos por los cuales se acercan a la política. Entonces se ayuda a quien presenta alguna necesidad. Por consiguiente será preciso que definamos el alcance de este concepto, tarea no sencilla pues al igual que otras categorías a las que recurrimos en las ciencias sociales, su precisión depende del marco de referencia del cual se parta. En este caso y sin desconocer otras acepciones, recurrimos a la manera en la que Agnes Héller (1994) identifica el término: "necesidad no denota un sentimiento concreto, sino muchos sentimientos distintos en su cualidad de señalar una carencia" pero no todos pueden señalar una carencia, de allí que "la mayoría de las necesidades son sentimientos compuestos, llamados 'disposiciones de sentimientos' [...] es también una motivación" (1994: 170). La definición helleriana resulta apropiada a nuestro análisis, pues al mismo tiempo que se entiende como una carencia del otro –que desde la política se procura resolver–, se constituye en la motivación que los acerca a la vida política.

Cuando entro a la facultad, ahí es el cambio. Elijo estudiar trabajo social porque yo hacía muchas misiones con frailes franciscanos cuando iba a la secundaria entonces era como esto de acercarse al que menos tiene, entonces entro a trabajo social interpretando de esa forma a la carrera, como estar al lado del que más necesita, y bueno, después me doy cuenta que es algo totalmente diferente el trabajo social, así que bueno con esta carrera me empiezo a interesar más por la política. (N., militante justicialista).

Siempre fui muy compañera de mis padres, no nos obligaban a ninguna actividad, las únicas obligaciones eran la casa, la huerta comunitaria, porque eso sí, no había para comer y se sacaba de algún lado; nosotros trabajábamos de lunes a lunes en la huerta comunitaria pero después no, al momento de salir a la calle, de armar las ollas populares los sábados y domingos en la canchita del barrio, o de ir a alguna que otra reunión que se hacía de piqueteros iba porque me gustaba ir creo. (S., militante de izquierda).

En los testimonios anteriores advertimos que quizá favorecidos por el habitus donde han desarrollado sus vidas no les resulta ajeno tratar de acercarse a personas o situaciones con vulnerabilidad social, pero al mismo tiempo, la posibilidad de ayudar a otros con sus necesidades el mismo hecho se transforma en la fuerza motivadora para que cada uno/a de ellos/as se acerque más a la militancia política. Así podemos ver que ellos/as mismos/as van ubicando la práctica política como el medio apropiado para enfrentar no solo situaciones personales, sino que ingresa la preocupación por lo colectivo.

Si bien sus militancias los pueden asimilar a las acciones que desarrollaban sus familiares, también expresan sus discrepancias con los comportamientos que desarrollan los adultos de sus propios partidos, quizá como una búsqueda de su autoafirmación y la necesidad consciente o inconsciente de ir marcando sus estilos de militancia.

No creo que se estimule. Se usa la juventud como una bandera y un slogan de decir los jóvenes, los integramos pero no les damos realmente participación [...] hace seis años o cuatro años, sí cuatro años, se renovaban las autoridades del partido y hasta ese momento la juventud radical la manejaba un grupo que normalmente, como pasa en los partidos cuando hay un grupo que maneja ciertas cuestiones, tiende a cerrarse entre ellos, entonces ellos manejaban la juventud [...] yo era de otro sector político que no tenía injerencia en el espacio juvenil, entonces les dije: "yo quiero estar en la juventud", y así me les planté. Les pedí una reunión, nos juntamos y les dije: "quiero participar estoy en un grupo político donde hay jóvenes pero no estamos integrados a la juventud radical y queremos integrarla, no estamos en condiciones de ir a una interna, de matarnos para los cargos pero sí queremos una representación". Entendieron el pedido, lo tomaron y nos dieron el 30% de la representación de todos los espacios de jóvenes. Vino una nueva elección después de dos años, exigimos un poquito más, en base al acuerdo, y después en la última elección les dije: "che bueno creo que estoy en condiciones y quiero ser presidente". No quisieron de entrada así que dijeron "bueno tenés que ir a una interna y empezamos a trabajar sobre la interna". Bueno después hubo interferencias de mayores que dijeron muy respetuosamente: "che por qué no se sientan a discutir por ahí pueden llegar a un acuerdo". Efectivamente nuevamente llegamos a un acuerdo y me pusieron a mí como presidente de la juventud pero fue todo a fuerza de empuje y de plantarse y decir "che yo quiero estar". Los jóvenes no solo estamos para repartir votos, sino estamos para opinar y participar y estar en los ámbitos en donde se discuten las cosas de Estado de los gobiernos. (D., militante radical).

Nos fuimos ganando el espacio, porque a veces como que se cierran en los viejos que dirigen a los más chicos y los hacen que se cierren en algunas cuestiones. Pasó cuando se armó el estado del Consejo Departamental me llamó una señora militante, me dijo "A., venite porque te van a dormir", veo el listado... me habían puesto suplente y dijeron que yo no militaba, ni tiene agrupación. "¿Van a querer que labure para la campaña?", se armó un despelote porque también había gente que no estaba en la lista y se habían acomodado entre ellos, nos habían puesto últimos. Y eso es lo que a veces le hace perder gente al peronismo, que siempre son uno, dos, tres, no el peronismo, sino la gente que está dentro del partido [...] A nosotros nos identifican como una agrupación fuerte. Por ahí a veces se cierran pero es como que no nos pueden dejar digamos afuera de nada porque saben que trabajamos, y lo que hemos ganado lo hemos ganado en buena ley, yendo a los barrios, el cariño de la gente. (A., militante justicialista).

C, nos invitó un día a las reuniones, nos hicieron una bienvenida relinda, recálida, y lo que más me gustó de Nuevo Encuentro que hasta el día de hoy es lo que más me convence es que no hay individualismo, no hay jerarquía, en Nuevo Encuentro es todo colectivo, si hay una decisión que tomar se consulta entre todos, no hay nadie que haya venido y que haya dicho "tomé esta decisión se las comunico". Al contrario pasa esto y lo consultamos entre todos. (T., militante Nuevo Encuentro).

Milito en el MoViPro que es un partido vecinal, es un partido totalmente diferente al justicialista, tratamos de traer gente al partido y que sea más grande, que la gente apoye y se ayude, es vecinalista, para que los vecinos se ayuden unos con otros, ese es el fin del partido. Y anda muy bien gracias a Dios... tampoco es que desde el partido cada uno tiene su actividad, no. Si hay que hacer algo se hace entre todos, si tenemos que hacer el festejo del día del niño, trabajamos todos. No es que se da la designación a uno, vos hacé esto otro, no, es muy vecinal, muy diferente a los otros. En cambio yo me acuerdo cuando estaba en el PJ que llegaban las elecciones y te mandaban de cabeza a la escuela que tenías que estar de fiscal. (E., militante MoViPro – Movimiento vecinalista provincial).

A través de los testimonios de los jóvenes se podría inferir que el funcionamiento interno de los partidos pasa por una construcción más vertical en el caso de los partidos tradicionales, como el radicalismo y el justicialismo; mientras que en aquellos que podríamos ubicar como los que emergen a partir del 2000 conforman su funcionamiento interno con cierta horizontalidad aunque hay un reconocimiento –entre los jóvenes– hacia aquellos líderes que fundaron la agrupación. Otra arista del análisis conduce a internarse en las lógicas intergeneracionales. Tal como afirma Urresti (2013):

> …la política se identifica tradicionalmente con los adultos e incluso con los adultos mayores [...] lo que coloca siempre en situación de falta a las generaciones menores que, como deben demostrar que están a la altura de una misión tan importante, se les exige credenciales que no son necesarias en los otros casos y se le imponen limitaciones que no valen para el resto. (2013: 5)

Tal situación se puede visualizar de modo muy claro en el relato de la joven militante del justicialismo cuando refiere que no fue tenida en cuenta para la conformación del consejo departamental del partido aludiendo a una "supuesta" falta de militancia, lo cual implicaba la negación del funcionamiento que la propia joven realizaba en su agrupación como líder. Expresiones similares hallamos en el relato del joven militante del radicalismo. En ambos testimonios se destaca la asertividad de los jóvenes para reclamar a los adultos por sus espacios en la estructura del partido sin lo cual no hubiesen podido lograr el reconocimiento. Otro aspecto que no debería desconocerse es la característica de personalidad de los jóvenes que los estimula a mantener con firmeza sus convicciones y sus decisiones.

Desde el mundo adulto se observan dos actitudes hacia el involucramiento político juvenil que encubren un comportamiento paradojal: por una parte se les reclama la participación y en caso de no realizarla se los cataloga como apáticos o indiferentes –tal como ocurrió durante la década de 1990–; o, por otro lado, se los estigmatiza y desacredita como sucedió en las décadas de 1960/70. Tras la reapertura democrática, dichas actitudes se reiteraron cada vez que alguna agrupación juvenil comenzó a adquirir visibilidad, fundamentalmente mediática. Entre dichas agrupaciones podemos mencionar a quienes integraban la Coordinadora radical durante el gobierno de Raúl Alfonsín y su contracara con aquellos en lo que por entonces se denominó el grupo sushi durante el gobierno de la Alianza. Con abismales diferencias ideológicas y prácticas políticas entre ambos, las juventudes mostraron su protagonismo político y fueron objeto de críticas desde algunos sectores adultos, colocándolos como responsables de ciertas políticas implementadas durante sus respectivos gobiernos. En la década pasada, los gobiernos kirchneristas no fueron ajenos a esta situación. Así La Cámpora se transforma en la agrupación más estigmatizada por la derecha argentina. Al respecto, Florencia Saintout la describe como "la agrupación que levanta banderas clásicas del peronismo (justicia social, independencia económica, soberanía), pero además políticas de memoria, verdad y justicia como así ampliación de nuevos derechos subjetivos y civiles" (2013: 101). Sin embargo, no resulta la única vía de militancia juvenil en la década pasada. A partir de 2008 comienza a construirse lo que luego conformarían "los jóvenes PRO". Fidanza y Vommaro (2014) los caracterizan del siguiente modo: "Además del rechazo a definirse ideológicamente, los reúne cierta homogeneidad: la pertenencia a las clases medias altas, y al polo más vinculado con los negocios que con la vida intelectual de esas clases". De modo similar a las agrupaciones radicales –ya mencionadas en líneas anteriores–, aunque disímiles por entonces en sus referencias ideológicas, que podría asimilarse a las diferencias entre La Cámpora y los jóvenes PRO, el punto en común es que todas ellas mostraron el protagonismo juvenil en su tiempo político pero también han sido estigmatizadas con aspectos negativos por amplios sectores de la sociedad. Este punto nos resulta de interés para quienes estudiamos las culturas juveniles pues muestra el modo en que desde el mundo adulto se construye la representación juvenil en la política: o puede hallarse en dicha representación predominio de idealismo o preeminencia de intereses económicos y/o personales para la involucración. Aunque no sea esta la representación que todos los líderes de los partidos políticos refieran con relación a la militancia juvenil –de hecho han sido algunos de ellos los que estimularon dicha militancia–, habría una cierta tendencia en el mundo adulto de la política a creer que los jóvenes carecen de la formación cognitiva necesaria para asumir responsabilidades en la estructura partidaria como así también en cargos públicos de relevancia institucional. Esta percepción sobre las supuestas carencias de los jóvenes nos conduce al otro punto considerado en este análisis: la formación en sus carreras políticas.

Expectativas y formación

Tal como habíamos comentado en el apartado anterior, desde el discurso de algunos adultos es posible escuchar expresiones como que "a los jóvenes no les interesa la política" y por otro lado manifestar que "no pueden ocupar espacios en el partido pues no cuentan con la necesaria formación para desempeñarse". Estas expresiones remiten a bucear qué implica hacer política. Si bien la finalidad disciplinar de esta ponencia no se centra en la ciencia política, sin duda alguna por la relevancia científica de Weber es preciso recurrir a sus palabras sobre el tema. De tal modo entenderemos que: "Quien hace política aspira al poder; al poder como medio para la consecución de otros fines (idealistas o egoístas) o al poder 'por el poder', para gozar del sentimiento de prestigio que él confiere" (Weber, 1979: 84). Más adelante, el mismo autor diferencia entre el político ocasional, como profesión secundaria o como profesión principal. Pero ya sea que desea contar con poder, el cual como afirma Foucault se trata de una relación asimétrica constituida por dos instancias: autoridad y obediencia, o atravesada la militancia por el idealismo o gozar del capital simbólico es indudable que demandaría contar con cierta formación propia del campo político. Con ese objetivo nos interesó conocer la manera en que los jóvenes realizan dicha formación: ¿participan los adultos en ella? ¿La realizan de modo sistemático o circunstancial? ¿Les interesa una formación teórica o meramente conocer el modo en que se lleva a cabo la práctica de las tareas?

Antes de que yo fuera presidente de la juventud la formación era a los ponchazos, te pusieron en una lista, fuiste concejal y te llevaron hasta el concejo y no sabías lo que era una ordenanza entonces tuviste que aprender a los golpes lamentablemente y sino la otra es que cada uno individualmente, que es una cosa que pretendo cambiar, se vaya formando. Por ejemplo hay chicos que son becarios en la cámara de diputados, entonces, van aprendiendo muchísimo, nutriéndose de lo que es una ley, cómo se hace un proyecto, cómo se resuelve, etc., etc. Y hay otros que individualmente agarramos un libro y empezamos a leer. (D., militante radical).

Tenemos reuniones todos los miércoles pero hemos empezado a agregar una reunión los días lunes con compañeros del palo: el primer punto es educarse, formarse, tenemos un grupo de Whatsapp, que es Nuevo Encuentro San Luis y los compañeros de San Luis que por ahí algunos están metidos de lleno todo el día siempre nos pasan notas, nos pasan audios, nos pasan capturas de pantalla de la tele "está pasando esto en este momento". La formación es necesaria para cualquier militante pero sobre todo para la sociedad, es necesaria para la sociedad para que empiece a entender cómo realmente se maneja el país, para que sepa de que no es realmente lo que le muestran los medios, que hay algo más allá, que hay algo que no estamos viendo o que siempre nos ocultan o que le buscan la forma para que no nos enteremos. (T., militante Nuevo Encuentro).

Es importante que los jóvenes tengan una formación no solo política, sino también a nivel profesional. D. trabajaba con mi mamá, nos conocimos, empezamos a charlar de peronismo y quedamos refascinados, le dije "¿no querés hacer un curso?", "No te van a dejar, porque ahí en el partido se llegan a enterar y te corren", me dijo. "A mí no me corre nadie del partido", le dije. El curso que dio fue sobre la historia del peronismo, cómo trabajaba Evita, cómo trabajaba Perón, si bien yo ya sabía no es lo mismo que yo se lo cuente que "uh, viene alguien de afuera" y que lo cuente. (A., militante justicialista).

Y crecimos como juventud, habíamos llegado a ser unos 30, 40 jóvenes, había un par de compañeros y compañeras de secundario, y en un plenario, porque nosotros nos organizábamos así, teníamos cada dos o tres meses plenarios donde discutíamos la línea política, armamos un documento, la dirección, porque yo era parte de la dirección, fui formada en logística y organización. Me formó el grupo, nos formamos entre nosotros, empezábamos a buscar material, entre los cinco, seis que éramos de la dirección y nos íbamos formando. (S., militante de izquierda).

No me gusta leer de política, es muy diferente los libros con lo que pasa en la actualidad, entonces uno va aprendiendo del día a día, yo voy a Terrazas [edificio central del gobierno provincial] *y te encontrás con cada cosa que vos decís "no es tan fácil" para ir y pedir una audiencia, o presentar un papel o para pedir un número de expediente de algo y se pierden, o por ahí te dicen "no, nunca me lo presentaste" o "yo te llamé" y no, entonces vos vas aprendiendo el día a día. El libro te dice que vos vas y te dan las cosas, y no, no es así.* (E., militante MoViPro).

Lo primero que podemos advertir en los testimonios es la casi nula presencia de los adultos en la carrera militante de los jóvenes. Son ellos mismos quienes se interesan por conocer ya sea la historia de su partido, acudir a textos teóricos clásicos o acceder a otras versiones de las noticias diarias pero más allá de las informaciones que difunden los medios hegemónicos de comunicación. Otros testimonios muestran que el interés en la formación se centra en conocer el modo en que se realizan aspectos prácticos de las tareas que demanda la política, tales como presentación de las notas en cuanto a su redacción y lugares donde hacerlas, o preparación de proyectos tanto en el concejo deliberante como en la legislatura provincial. En casi todos observamos que en la formación hay participación de congéneres y de modo excepcional puede ser un adulto el que –por hallarse en esos momentos en alguna tarea legislativa– les brinda ese espacio para la formación en las actividades prácticas específicas de la función. Pero en ningún caso se destaca una figura adulta que actúe como guía u orientador, tampoco se advierte una sistematización u orden lógico en la formación política. Tal vez algunos podrían plantearse acerca de la importancia que tendría la formación en la militancia política; ¿acaso se estaría proponiendo que solo los eruditos puedan acceder a la política transformándola en un ámbito reducido a ciertos sectores sociales? Nada más alejado de lo que planteamos acá en cuanto a la importancia que adquiere la formación. La política es la arena decisiva para la vida en sociedad. Ella es la que posibilita la construcción de ciudadanía que supera a la concepción legal en cuanto al cumplimiento de los deberes de cada ciudadano. Entendemos a la ciudadanía desde una concepción social y cultural que conduzca a un empoderamiento social. Desde esta perspectiva se incluye la relevancia del papel del conocimiento, no como un simple acopio de información, sino por la responsabilidad para la construcción de ciudadanos capaces de analizar la complejidad del mundo actual, con las herramientas cognitivas necesarias para desarrollar sentido crítico y respeto a sus semejantes y a la naturaleza. En todo ese proceso, sin duda la educación, como institución dominante, tiene su espacio de privilegio, pero de ningún modo quedan excluidos otros actores sociales que habiendo adquirido la formación y la experticia necesaria puedan ser transmisores de la formación que la tarea requiere.

Si unimos ciudadanía y juventudes es preciso tener en cuenta aspectos que muestra la vida contemporánea. Al respecto, la investigadora mexicana Martha Nateras Gonzáles (2012) afirma: "Formular una noción de ciudadanía juvenil que reconozca las transformaciones políticas y culturales actuales requiere examinar las posibilidades reales que tienen los jóvenes para acceder a sus derechos en una sociedad desigual y en una economía excluyente" (p. 69). Por consiguiente, acceder a los derechos en tiempos de capitalismo salvaje precisa contar con ciudadanos lúcidos, formados y conscientes de sus derechos y deberes. Si, como señalábamos, la política es el ámbito apropiado para la construcción de ciudadanía, es preciso que sus actores –esto es, los militantes y dirigentes políticos que actuarán como representantes de la sociedad– no entiendan la actividad enmarcada en un mero voluntarismo y banalidad. Así se podrá comprender que contar con la formación no es una tarea menor, en particular para las juventudes que inician sus recorridos de militancia.

Expectativas hacia el futuro en las militancias políticas

En este último apartado del texto nos detendremos en las expectativas que expresan los jóvenes con relación a sus futuros políticos. ¿Qué aspectos rodean las futuras carreras de militantes?

> *A mí me encantaría poder ser intendente de Villa Mercedes* [ríe]. *Me encantaría realmente pero entiendo que falta mucho, me falta mucha preparación política y técnica ni hablar entonces yo... por lo pronto estoy en la etapa de formarme y tratar de consolidarme primero como un dirigente de los jóvenes y después si se puede de algún espacio de mayores o de mi espacio que es el Para San Luis principalmente.* (D., militante radical, actualmente es presidente de la juventud).

> *Desde que me puse la camiseta de la CTA de los Trabajadores, uno de mis objetivos el día de mañana es el gremio, de militar ahí.* (T., militante de Nuevo Encuentro).

> *Yo no sé si llegaré en algún momento a ocupar un cargo a nivel político* [...] *me gustaría, no sé si podré algún día, dentro del oficialismo o fuera, lo que siempre soy de la idea de que si tengo que armar un partido, un movimiento aparte como han surgido muchos partidos pequeños lo haría* [...] *Si no se le da participación a las ideas, a los proyectos, me iría del peronismo.* (A., militante justicialista, actualmente es presidenta de su agrupación y primer vocal del Consejo Departamental del Partido).

> *No sé si me gustaría ser concejal, eso es muy personal en el sentido de que los proyectos no son personales son colectivos, la única forma que yo pueda llegar a ocupar un lugar de una banca es si hay un colectivo que lo legitima, si no son proyectos individuales,*

eso se da dependiendo la etapa y el contexto en el que estés. (S., militante de izquierda, actualmente es secretaria de una concejala del FPV).

Mi idea es ser algún día intendente, legislador no, intendente, pero todo a su tiempo, no es que tampoco me quiero apresurar, hay otras prioridades, pero no quiero ser ya, creo que en el 2019 va a ser una elección difícil porque va a haber varios candidatos. (E., militante MoViPro, actualmente es secretario de gobierno de su municipio –menos de 2000 habitantes–).

Realmente he logrado mucho en poco tiempo, me han ofrecido ser subsecretario de estado, director nacional, en lo institucional, y en lo político he tenido la oportunidad de ser candidato a lo que yo he querido, hoy por hoy lo que quiero es disfrutar la política de donde me toque estar, las cosas se van a dar solas a su debido tiempo [...] Soy secretario general del partido distrito San Luis, también soy vocal en la juventud nacional de mi partido. (P., militante del PRO).

Los testimonios precedentes nos permiten adentrarnos por varios caminos de análisis. En primer lugar está el autopercibirse como sujetos incorporados en la vida política. De allí la relevancia que le otorgan al involucramiento en sus expectativas futuras. Esta primera situación conduce a pensar que a diferencia de algunas creencias –en particular de adultos–, la vida política no resulta aversiva ni indiferente para muchos jóvenes. En este punto es indudable la necesidad de considerar la influencia del contexto. La historia argentina de las últimas décadas puso en evidencia la desconfianza hacia la política y sus actores por sus vínculos con la corrupción, la banalización de sus comportamientos y el desgobierno que condujeron a graves crisis sociales. Algunos investigadores (Vázquez y Vommaro, 2012; Vázquez, 2013) ubican al año 2008 como el tiempo en el cual se produce el inicio del actual acercamiento de las juventudes a la política.

> … encontramos una coyuntura en la cual se produce un proceso de recomposición de la capacidad de gestión del Estado y de la política formal, que tiene como centro a los espacios político-partidarios. Allí la juventud se convierte en una categoría política destacada, una de las principales invocaciones para el reclutamiento militante y en un criterio de legitimidad del quehacer político. (Vázquez, Vommaro, Núñez, Blanco, 2017).

Como se recordará, fue durante el año 2008 que la gestión de Cristina Kirchner debió enfrentar una fuerte resistencia en amplios sectores sociales vinculados con los grupos agropecuarios (Sociedad Rural, Coninagro, Federación Agraria y Confederaciones Rurales Argentinas) como resultado de la aplicación de la Resolución 125 que establecía un nuevo sistema para las retenciones de algunos productos agrícolas. Tal situación produjo un verdadero clivaje político que movilizó a la ciudadanía –a favor y en contra– del *look out* de las patronales agropecuarias que se extendió por 129 días. A esta situación sucedió con posterioridad –en el año 2010– el fallecimiento de Néstor Kirchner, que motivó a numerosos jóvenes para acercarse, fundamentalmente, al partido oficialista de entonces en el país. Estos hechos ponen en evidencia la importancia que adquiere el contexto sociopolítico como un factor que favorece la motivación para el involucramiento juvenil en las actividades de la sociedad. A diferencia de épocas anteriores, donde la representación del colectivo sociogeneracional se relacionó con comportamientos violentos y luego con desinterés por la vida política, en los años señalados precedentemente desde el propio campo político se aportan elementos para construir una representación social diferente. No solo se realizan –desde los actores políticos– apelaciones a integrarse a opciones políticas y sociales, sino que desde el gobierno nacional se objetiviza el reconocimiento a las juventudes a través de la aprobación de nuevos derechos en los cuales la juventud es su centro.

Las circunstancias referidas en el párrafo anterior no solo motivaron el acercamiento de las juventudes a la participación social, sino que a ello se sumó la cada vez más notoria presencia juvenil en las candidaturas políticas, como así también en espacios de la administración pública en tares relevantes. En tal sentido podemos advertir en el testimonio de los jóvenes entrevistados desde el PICT que ocupan en la actualidad alguna tarea vinculada con el partido en el que militan: presidencia de la juventud, vocal de la misma, integrante del Consejo departamental de su partido y presidenta de su agrupación; mientras en dos casos observamos que realizan tareas vinculadas con alguna instancia de gobierno aunque pudiesen interpretarse que no revisten demasiada relevancia política, sin embargo ello puede entenderse como la posibilidad de ir formándose en tareas ejecutivas y legislativas.

Las tareas que desarrollan en la actualidad los jóvenes entrevistados les permiten conformar sus expectativas hacia el futuro. Algunos no dudan en expresar su anhelo de ocupar un cargo ejecutivo en su municipio aunque reconocen la necesidad de contar –para arribar a ese momento– con formación política y técnica. Este aspecto mostraría que entienden el involucramiento político como "carrera o recorridos" que supera la voluntad y el tiempo presente. En otros –quizá por sus características de personalidad y hechos de sus biografías personales– la alternativa de ocupar algún cargo legislativo está enmarcada en la construcción de un proyecto social y político que puede ir definiéndose en el tiempo y reconociendo la importancia de acciones colectivas más que individuales.

Las circunstancias relatadas por los actores juveniles colocan de relieve un aspecto indiscutible: la identidad política de los entrevistados. Al referirse a esta categoría Chantal Mouffe afirma que "estamos tratando con la creación de un 'nosotros' que solamente puede existir a partir de la demarcación de un 'ellos'", y agrega que tal situación no significa "que esa relación sea necesariamente antagónica" pues puede convertirse en una relación amigo y enemigo (Mouffe, 2005: 84).

En los testimonios detallados en este artículo podemos observar casi de manera predominante ciertas discrepancias generacionales hacia el interior de sus propios partidos y eventualmente hacia otros. Ninguna de ellas implicaría identificar a los "otros" con un sentido antagónico –continuando con expresiones de Mouffe– casi como enemigos, sino que los podríamos entender desde la forma de un *agonismo*, siguiendo palabras de la propia autora. Ello se pondría de manifiesto en las expresiones de los jóvenes cuando señalan sus expectativas hacia el futuro dentro de su propio partido o también de entrever alguna posibilidad de nuevas construcciones de proyectos partidarios que quizá en el fondo pueden ser una respuesta a discrepancias personales actuales pero no definitivas teniendo en cuenta las biografías de los jóvenes.

Palabras finales

Nos habíamos propuesto en esta instancia del PITC "Involucramientos sociales juveniles en la contemporaneidad: construcción de identidades políticas y sindicales en la provincia de San Luis" acercarnos a conocer cuál era la representación social que las juventudes de la provincia tienen acerca de la política. En la mayoría de las ocasiones las investigaciones se detienen en analizar el nivel de involucramiento de los jóvenes, los ámbitos en que se realiza y las características que dicho involucramiento ha mostrado a través de los tiempos. Sin dudas, todas aquellas investigaciones han tenido su importancia para quienes nos dedicamos al estudio de las culturas juveniles. Sin embargo, desde el equipo del PITC, nos pareció oportuno que tendría su relevancia científica analizar diversas aristas que nos permitieran conocer en qué medida elementos que no dependen de los propios jóvenes pueden influir en el acercamiento o alejamiento de ellos hacia la praxis política.

En primera instancia buscamos saber el papel que habían jugado las instituciones dominantes en la relación con la política. En este punto observamos en las biografías de los/as jóvenes –en la mayoría de ellos– la fuerte presencia de la familia como un factor que fue incorporando en el imaginario acciones de la práctica política y social de manera que la actitud juvenil pudiese contar con elementos que favorecen el acercamiento a esta. Tal circunstancia no es un detalle menor por cuanto la actual generación de jóvenes creció junto a adultos que, en términos generales, transcurrieron sus propias etapas de juventud en tiempos políticos donde el contexto histórico no favoreció el involucramiento del colectivo sociogeneracional, ya sea por ubicarlos como peligrosos o apáticos. Esta situación pone en evidencia la incidencia que las instituciones dominantes pueden desempeñar en los aprendizajes sociales ya sea de manera directa o vicaria como ámbitos de formación de valores y actitudes. Asimismo, esos ámbitos van incorporando símbolos que les permiten familiarizarse con aquellos de las prácticas políticas que, con posterioridad, los propios jóvenes reproducen en sus comportamientos sin necesidad de ser totalmente iguales pero que continúan en el mismo sentido que las que se fueron sumando a sus recuerdos infantiles.

Lo señalado en el párrafo anterior en cuanto al papel que corresponde a las instituciones dominantes está estrechamente vinculado con el contexto histórico. Tal situación nos permite reafirmar aquella aserción de Agnes Héller –que anotamos en apartados anteriores– en cuanto a considerar al tiempo histórico como el eje central en la construcción de la vida cotidiana en la cual las instituciones dominantes son quienes permiten que se formen las identidades sociales. Así como señalábamos que en décadas anteriores en Argentina se estigmatizó a las juventudes, tal como lo han mostrado investigaciones –que referimos en este mismo texto– demostraron el modo en que hechos políticos y sociales ocurridos en el país a partir de 2008/2010 favorecieron el involucramiento juvenil. Por consiguiente, en nuestra intención de averiguar acerca del papel de variables externas al comportamiento juvenil en la participación política, podemos afirmar la relevancia del contexto social y político en tales conductas, en particular en las acciones de políticas sociales que se establezcan desde el Estado.

Un tercer elemento que buscamos conocer fue el papel que cumplen los adultos de los partidos políticos en los cuales militan los/as jóvenes. Allí hallamos que, en expresiones de la mayoría de los testimonios, los logros del colectivo sociogeneracional responden a esfuerzo y reclamos propios. Parecería que el mundo adulto considera que la política requiere de la formación técnica y teórica de la cual las juventudes carecen y por consiguiente el recorrido de las militancias debe ser ganado por los intereses de los propios jóvenes quienes apelan a su formación cognitiva y práctica. Al respecto vale mencionar que algunos consideran relevante contar con la primera de ellas como una integración que les favorece los recorridos militantes y otros colocan la prioridad en la praxis, en particular en aquellas acciones relativas al funcionamiento burocrático administrativo de las tareas políticas.

Al detenernos en analizar el involucramiento juvenil en la política, es indudable el papel que desempeña el contexto sociopolítico y las políticas públicas que se implementen desde el estado. De igual modo las huellas familiares dejan marcas en las biografías de los/as jóvenes que favorece la construcción de significados positivos que favorecen la representación de la política y sus actores. Sin duda alguna, también las instituciones educativas pueden favorecer el acercamiento juvenil. En síntesis, la complejidad que muestra la realidad social y política y la necesidad de contar con herramientas cognitivas apropiadas para hacer frente a políticas neoliberales que acentúan la desigualdad social, coloca en la escena a las nuevas generaciones como actores protagonistas de los recorridos políticos que, sin contar con motivaciones de su mundo cercano u otras instituciones dominantes, no lograrían involucrarse y elegir la militancia política entre las actividades de su vida cotidiana.

Bibliografía consultada

Alford, R.; Friedland, R. (1991). *Los poderes de la teoría. Capitalismo, estado y democracia.* Buenos Aires: Ediciones Manantial.

Berezin, M. (1997). Politics and Culture: A Less Fissured Terrain. *Annual Review of Sociology,* vol. 23, agosto.

Castoriadis, C. (1993). *La institución imaginaria de la sociedad vol. 2.* Buenos Aires: Tusquets Editores.

Castro, G. (2006). Entre los otros y nosotros... vos sabés. Los espacios juveniles entre el centro y la periferia. *Revista Argos,* vol. 23, N° 45, ISSN: 0254-1637, Venezuela. FONACIT Reg-2006000018.

Castro, G. (2007). Jóvenes: la identidad social y la construcción de la memoria. Última Década, año 15, N° 26, julio 2007, Chile, ISSN 0717-4691.

Castro, G. (2007). Las identidades juveniles entre la autonomía y el control. 4.o Encuentro de investigadores de Ciencias Sociales de la Región Centro Oeste, Septiembre de 2007, UNSJ , San Juan.

Castro, G. (2007). El camino de la memoria: utopías, miedos y apatías. 9.a Jornadas Rosarinas de Antropología Sociocultural, Rosario, octubre 2007, ISSN: 1667-9989.

Castro, G. (2009). Las identidades juveniles. La influencia del proyecto político y el deseo de autonomía. *Revista Observatorio de Juventud,* año 6, N° 24, diciembre 2009, Chile, ISSN 0718-3119.

Castro, G. (2009). Participación política juvenil. Entre las prácticas y el símbolo. 5.o Encuentro de Investigadores en Ciencias Sociales y 2.o Binacional, Universidad Nacional de San Juan, octubre 2009, ISBN: 978-950.605.609-4.

Castro, G. (2010). Los jóvenes en la vida institucional. Más allá del clientelismo y el espectáculo. En Saintout, F. (comp.), *Jóvenes argentinos: pensar lo político*. Buenos Aires: Prometeo Libros.

Castro, G. (2012). *Construcción de la subjetividad y la identidad social en sociedades con cambios socioculturales* (Tesis de doctorado sin publicar).

Castro, G. (comp.) (2014). *Con voces propias. Miradas juveniles contemporáneas en San Luis*. Villa Mercedes (San Luis): Editorial El Tabaquillo. FONCyT/UNSL.

Fidanza, A.; Vommaro, G. (2014). La cara bonita de la nueva derecha. *Revista Anfibia*.

García Canclini, N. (2007). ¿Qué son los imaginarios y cómo actúan en la ciudad? *Revista Eure*, vol. XXXIII, N° 99, agosto, Santiago de Chile.

Gutiérrez, A. (1995). *Pierre Bourdieu. Las prácticas sociales*. Córdoba: Editorial Universitaria (UNMisiones) – Dirección de publicaciones (UNC).

Heller, A.; Ferenc, F. (1994). *Políticas de la posmodernidad. Ensayos de crítica cultural*. Barcelona: Ediciones Península.

Mouffe, Ch. (2005). Políticas y pasiones: las apuestas de la democracia. En Arfuch, L. (comp.) *Pensar este tiempo. Espacios, afectos, pertenencias*. Buenos Aires: Paidós.

Natera González, M. (2012). *Construcción de ciudadanía y participación de los jóvenes de la Universidad Autónoma del Estado de México. Serie las Ciencias Sociales*. México: UAEM – Miguel Ángel Porrúa Editor.

Saintout, F. (2013). *Los jóvenes en la Argentina. Desde una epistemología de la esperanza*. Bernal, Argentina: Editorial Universidad Nacional de Quilmes.

Urresti, M.; Vázquez, M.; Kriger, M. (2014). *Juventudes políticas. Sociales en debate 06.* Buenos Aires: Universidad de Buenos Aires.

Vázquez, M.; Vommaro, P.; Núñez P.; Blanco, R. (comps.) (2017). *Militancias juveniles en la Argentina democrática. Trayectorias, espacios y figuras de activismo.* Buenos Aires: Ediciones Imago Mundi.

Vommaro G.; Morresi, S. D. (2014). Unidos y diversificados: la construcción del partido PRO en la CABA, *Revista SAAP*, vol. 8, N° 2, noviembre 2014, pp. 375-417, ISSN 1666-7883.

Weber, M. (1979). *El político y el científico.* Madrid: Alianza editorial.

III. Políticas
e institucionalidad pública

Juventudes, vulnerabilidad y ¿resistencias?

Rocío Velazquez

Introducción

Este trabajo es un primer avance de la investigación sobre "Vulnerabilidad social, juventudes y acceso a la salud. Una experiencia desde el sur de la ciudad de San Luis, 2017-2019" inserta en el PROICO N.° 150418 "Juventudes contemporáneas: políticas, desafíos y tensiones" y como instancia final de la Maestría en Sociedad e Instituciones de la FCEJS-UNSL. Una versión previa fue presentada en el Simposio "Juventudes latinoamericanas y activismo político" en el marco de las V Jornadas Internacionales de Problemas Latinoamericanos "Los Movimientos sociales frente a la restauración neoliberal: resistencias, oposición y re-construcción de perspectivas teórico-políticas emancipatorias".

A partir de los primeros encuentros con jóvenes sanluiseños/as, es posible indagar de manera preliminar qué posibilidades de resistencia política existen cuando la condición juvenil está asociada a la vulnerabilidad. Desde los testimonios relativos a experiencias sobre condiciones de acceso al subsector público de salud, se realizará un análisis que permita acercar posibles respuestas a este interrogante.

El abordaje se realiza a partir de la estrategia metodológica cualitativa en tanto es interpretativa, inductiva, multimetódica y reflexiva (Vasilachis, 2006). Emplea métodos flexibles y sensibles al contexto social en el que los datos son producidos. Centrándose en la práctica real, se basa en el proceso interactivo en el que intervienen el/la investigador/a y los participantes. En este sentido, a partir de entrevistas en profundidad se procura conocer –desde la perspectiva de los/as jóvenes– algunos aspectos de sus historias de vida y, en particular, sus experiencias respecto al acceso a la salud pública.

Al sur del sur

El referente empírico de esta investigación está conformado por jóvenes de entre 15 y 29 años. Se parte de concebir la juventud como una construcción socio-cultural y no simplemente como una etapa vital. En ese sentido, resulta imposible analizarla como una categoría homogénea y considerando una sola variable en su identificación; es preciso incluir aspectos cronológicos, familiares, culturales, psicosociales e institucionales, que permanecen interrelacionados e influenciados por el contexto sociopolítico (Castro, 2004).

Asimismo, es preciso tener en cuenta que los/as jóvenes "no comparten los modos de inserción en la estructura social, lo cual implica una cuestión de fondo: sus esquemas de representación configuran campos de acción diferenciados y desiguales" (Reguillo, 2013: 26).

Los/as jóvenes que aquí interesan son aquellos que desarrollan su existencia en contextos de alta vulnerabilidad social. Por ello el trabajo de campo se está desarrollando en dos barrios periféricos ubicados en el límite sur de la ciudad de San Luis. A partir de información recabada y proporcionada por integrantes de un equipo estatal que trabaja hace algunos años en la zona, es posible realizar una primera caracterización. Estos complejos habitacionales fueron inaugurados entre 2013-2014 y están conformados por alrededor de 200 viviendas. Las casas están edificadas sobre premoldeado de hormigón, polietileno expandido (comúnmente conocido como telgopor), malla de hierro y concreto. Cada vivienda cuenta con cinco ambientes, un patio interno y un frente amplio.

Los servicios básicos a los que accede la población son luz, agua corriente, sistema cloacal sin terminar, alumbrado público y recolección de residuos aunque con frecuencia reducida. No cuentan con distribución de gas natural por redes, por ende la provisión de este elemento es a través de garrafas. La pavimentación solo está realizada en uno de los barrios, el más pequeño. Los denominados sitios verdes están descuidados, sin embargo funcionan como espacios comunes de recreación sobre todo para los más chicos.

La mayoría de sus habitantes se ubica en la franja etaria comprendida entre los 15 y los 44 años, con predominio del género femenino. Respecto a la situación laboral y educativa, el panorama es crítico. Un gran porcentaje de los residentes no cuenta con un puesto de trabajo formal, prevaleciendo la informalidad laboral y/o la titularidad de algún programa estatal de protección social (tales como la Asignación Universal por Hijo [AUH], Argentina Trabaja y Ellas Hacen, entre otros). De esa situación se deriva que la mayoría de los/as vecinos/as cuenten únicamente con la cobertura de los servicios públicos de salud. En cuanto a los indicadores educativos, se presentan altos índices de deserción escolar, repitencia y rezago, sobre todo en la población joven. La mayoría de las familias que actualmente viven en estos dos barrios, provienen de asentamientos y/o situación de calle.

Primeros encuentros

En la mayoría de los casos, el recibimiento ha sido cálido por parte de los/as vecinos/as. En las recorridas por los barrios suelen acompañarme integrantes de una entidad gubernamental que realiza diariamente actividades deportivas, culturales y educativas con los/as integrantes de la comunidad. Gracias a la intervención de uno de ellos, aprendí que durante mi presentación no es conveniente utilizar la palabra "investigación" dado que ese término tiene una connotación negativa para los jóvenes del barrio. Al ser asediados casi de manera constante por efectivos policiales en el marco de "megaoperativos de prevención del delito", el primer sentido que les evoca la palabra "investigación" es el relativo a las tareas que realiza la División de Investigaciones de la Policía provincial. La violencia institucional se vuelve evidente ya en las primeras interacciones.

Luego de mi presentación y explicitación del porqué de mi presencia en la zona, con quien haya aceptado ese día participar de la investigación, nos disponemos a conversar. El lugar elegido por los/as jóvenes ha sido el barrio pero fuera de sus casas, alejados de los adultos de la familia. Sentarnos sobre el cordón de alguna de las calles del barrio suele ser la mejor opción.

Hasta el momento he podido entrevistar a cinco jóvenes, tres mujeres y dos varones, de entre 15 y 20 años. Todos viven con sus familias; la jefatura de hogar femenina es casi un factor común. Solo una de las jóvenes pertenece a un núcleo familiar con jefatura masculina, donde existen mayores niveles de protección social gracias al empleo formal de su padre. En el resto de los casos, el medio de subsistencia primordial para todo el grupo familiar es la AUH y/o la pertenencia a algún programa social. Es por ello que algunos de estos jóvenes realicen o hayan realizado "changas" para colaborar con la manutención familiar. Asimismo, ninguno de ellos/as ha podido finalizar aún el nivel de estudios secundario. Solo uno cursa de manera regular; el resto abandonó en una o varias oportunidades y actualmente intentan retomar y/o mantener sus estudios.

De las tres jóvenes entrevistadas, dos están atravesadas por la experiencia de la maternidad: una está transitando un embarazo y la otra tiene una hija de 2 años. Todas definen su principal ocupación a partir de tareas relativas al hogar y los cuidados parentales. Quien no se ocupa de la crianza de su hija, se ocupa del cuidado de hermanos/as menores, de adultos con discapacidad y de realizar tareas domésticas. Casi la totalidad de ellos/as manifiesta ser o haber sido partícipes de conflictos interpersonales (en la familia o en la escuela) que han implicado o implican violencia física o psicológica.

Crecer en las desigualdades

En tiempos de restauración neoliberal, una vez más el clima de época se caracteriza por la emergencia de la incertidumbre mientras el Estado abandona sus funciones esenciales de protección social integral dejando sin cobertura a cada vez más argentinos y argentinas (Carballeda, 2014). Se cristalizan de este modo escenarios de violencia social que condicionan el desarrollo de nuestros pueblos en condiciones de vida digna (García Sánchez y Guerrero Barón, 2012); profundizándose cada vez más las desigualdades en la desigualdad, ya que como afirma Tolcachier (2017): "la pobreza en América Latina tiene cara de mujer, rasgos indígenas o piel negra, vive en el campo o en los suburbios y además, si es niño o joven, la desigualdad lo perseguirá durante toda la vida" (p. 2). Así, uno de los grupos más afectado lo constituyen los/as jóvenes de contextos sociales vulnerables que permanecen dentro de la estructura social como "siluetas inseguras, en los márgenes del trabajo y en los límites de las formas de intercambio socialmente consagradas" (Castel, 1997: 15).

En referencia a lo descripto hasta el momento, podemos apreciar que en consonancia con amplios sectores de población joven de nuestro país, ellos/as también se encuentran al margen de al menos uno de los dos principales mecanismos de inclusión social para estas edades: del sistema educativo y del mercado laboral (informe "Juventud y vulnerabilidad social en Argentina" del Observatorio Social, 2015; Sosto y Romero, 2013).

Asimismo, siguiendo a Calero (2015), en lo concerniente al uso del tiempo ya se advierte una doble condición de vulnerabilidad por ser mujer y joven: son ellas quienes dedican en promedio más horas a la realización de tareas domésticas y el cuidado de personas.

> Las desigualdades existentes no solo se manifiestan respecto de los adultos, sino también dentro de los mismos jóvenes [...] Por patrones culturales, las mujeres jóvenes se ocupan más del trabajo no remunerado (al interior del hogar), que los varones del mismo grupo etario (20% y 2%, respectivamente) limitando de esta forma su participación laboral y perpetuando la inequidad de género (p. 4).

Tal como se advierte, las condiciones materiales y simbólicas de las vidas de estos jóvenes están atravesadas por múltiples desigualdades. En otras palabras, son víctimas de aquellas desigualdades persistentes (Tilly, 2000 en Chaves y otros, 2015 y en Rizzo, 2015), y podemos suponer (dado que aún esto no ha sido indagado en las entrevistas) que estas condiciones han atravesado a varias generaciones. Así y todo, la llegada al barrio ha significado para algunos de ellos/as una mejora objetiva de sus condiciones materiales de vida. "Manso barrio" o "está joya la casa" son algunas de las expresiones de uno de los jóvenes que antes de la fundación del barrio vivía en un asentamiento. No obstante, aunque han existido lo que podría denominarse movilidades sociales intraclase, permanecen insertos/as en

> ... redes de desigualdad, en las que se entretejen la acumulación de desventajas y las continuidades en las posiciones subalternas tanto en forma diacrónica, al comparar históricamente entre su antes y ahora [...], como en su forma sincrónica, en tanto las desigualdades persisten en diferentes esferas de la vida a la vez. (Chaves y otros, 2015: 55).

Como es de esperarse, la dimensión socio-afectiva también está inscripta en las tramas de la desigualdad. El desarrollo emocional de estos/as jóvenes no permanece exento de la influencia de las privaciones materiales y afectiva que atraviesan sus vidas. Así, tal como caracteriza Bonvillani (2010):

> ... se trata de escenarios vinculares donde confluyen las dificultades materiales para sostener el diario vivir, con deprivaciones afectivas inscriptas en procesos de socialización conflictivos, donde abundan los abandonos y las separaciones familiares, situaciones que generalmente se caracterizan por generar intenso sufrimiento psíquico (p. 32).

"Y de salud, ¿cómo andamos?"

Al comenzar a adentrarnos en las condiciones sanitarias de estos/as jóvenes y sus relaciones con el subsector público del sistema de salud surgen como principales emergentes el acceso por motivos curativos, algunas barreras en la accesibilidad y la violencia institucional.

Para comenzar a problematizar estos temas es necesario definir, en primer término, las categorías de salud, enfermedad y atención.

Es posible entender los procesos de salud-enfermedad-atención como emergentes estructurales de las condiciones históricas y materiales de una sociedad a partir de la articulación de procesos económico-sociales, políticos e ideológicos determinados (Grimberg, 1992; 1995; 1998 en Strasser, 2012). En la misma línea, el sanitarista F. Ferrara (2002) subraya el peso de los determinantes sociales de la salud y la función indelegable del Estado para garantizar su acceso al afirmar que "el problema de la salud en nuestra Patria no es un problema aislado, es decir de la salud propiamente dicha, sino que está íntimamente ligado al modelo económico y social del país" (p. 46).

En este sentido, resulta oportuno además comenzar por definir la accesibilidad como "una construcción colectiva y eminentemente política que da cuenta de la salud de una población y muestra de manera concreta la llegada real de las políticas sanitarias a la población" (Carballeda, 2014: 3). Asimismo, resulta pertinente conceptualizarla en términos relacionales, en tanto vínculo que se construye entre los sujetos y los servicios de salud. Esta relación surge de una combinatoria entre las "condiciones y discursos de los servicios y las condiciones y representaciones de los sujetos y se manifiesta en la modalidad particular que adquiere la utilización de los servicios" (Stolkiner y otros, 2000). A partir de estas conceptualizaciones, la accesibilidad poseería una dimensión subjetiva que es necesario indagar. Es decir, se pondrían en juego vivencias, saberes, sentires y representaciones en la posibilidad y el modo que construyen los sujetos para acceder a los servicios de salud (Comes, 2003).

Siguiendo a Mauro, Stolkiner y otros (2006) es posible también considerar a la accesibilidad a partir de cuatro dimensiones que condicionan e inclusive pueden constituirse en barreras en el acceso al sistema de salud. Sintéticamente, estas dimensiones pueden ser: geográfica (relativa a la distribución y localización de los servicios); económica o financiera (relativa al poder adquisitivo del usuario para afrontar los gastos derivados de los servicios médicos); organizacional (relativa a cuestiones burocráticas tales como la organización de turnos, horarios y recorridos dentro del sistema); y cultural o simbólica (relativa a "los hábitos y prácticas de los individuos respecto al cuidado y autocuidado de la salud y las limitaciones que estas imponen en el acceso a los servicios", Hamilton, 2001 en Mauro, Stolkiner y otros 2006: 2).

En todos los casos, coincidimos en que "las diferentes posibilidades de acceso y los distintos patrones de utilización de los servicios de salud es una de las formas en que se expresa la desigualdad ante los procesos de salud, enfermedad, atención/cuidado" (Ballesteros, 2013: 2).

Por otra parte, es de destacar que de acuerdo a datos provistos por el Ministerio de Salud de la Nación (2016) en su informe "Situación de salud de los/as adolescentes de Argentina" se señala que este grupo etario representa la población más numerosa que cuenta únicamente con la cobertura del subsector público de salud alcanzado un 45% de los/as adolescentes del país. Para el caso de la provincia de San Luis, ese porcentaje se eleva al 50%.

En función de los testimonios relevados hasta el momento, los/as jóvenes consideran que su estado de salud actual es relativamente bueno y por lo general acceden al sistema sanitario ante síntomas o dolores persistentes que no pueden controlar a través de la automedicación, accidentes y/o ante embarazo, maternidad y paternidad. Asimismo, reportan que en caso de realizar tratamientos medicamentosos cuentan con la provisión de estos desde el centro de salud. Sin embargo, aquellos procedimientos médicos que requieran insumos cuya cobertura no está garantizada por el subsector público de salud corren el riesgo de no realizarse por dificultades económicas para afrontarlos.

Cuatro de ellos cuentan exclusivamente con la cobertura sanitaria del subsector público. La joven restante desde hace algunos meses puede acceder a los servicios del subsector privado a partir de la obra social de su padre. No obstante, ha recibido atención del subsector público y habitualmente accede al mismo para la atención de su hija.

Estos/as jóvenes asisten principalmente a los centros de salud más cercanos a sus lugares de residencia. Se trata de un Centro de Atención Primaria de la Salud de administración municipal que cuenta con consultorios de medicina general y de un Hospital de Día que brinda los servicios de laboratorio, guardia, farmacia y los consultorios de fonoaudiología, radiología, odontología y salud reproductiva. El primero está ubicado aproximadamente a 10 cuadras, en tanto que el segundo está a 2 km. No reportan mayores dificultades para obtener turnos y suelen trasladarse hacia ellos en transporte público o caminando.

En el caso de las jóvenes que son madres o están cursando un embarazo, deben recorrer una distancia de aproximadamente 13 km para realizar los controles del último trimestre de gestación y luego parir en el único centro de salud público habilitado para tal fin. Para ello deben tomar dos colectivos: uno que las traslade al centro de la ciudad y el otro, desde el centro hacia la Maternidad.

A partir de estas primeras aproximaciones, podemos advertir que el vínculo con el subsector público de salud se establece generalmente a partir de motivaciones ligadas a la cura y/o restablecimiento del estado de salud más que por cuestiones relativas a la prevención. En consonancia con lo reportado por Ballesteros (2014: 21): "… las personas más jóvenes tienen mejores estados de salud autorreportados, declaran tener menos enfermedades de tratamiento prolongado, consultan menos los servicios de salud, y cuando lo hacen, en mayor proporción es por motivos curativos" (López *et al.*, 2005).

Por otra parte, en función de lo descripto con anterioridad, ya se pueden advertir algunos condicionamientos en el acceso al sistema de salud; barreras que son características de la posición que estos jóvenes ocupan dentro de la estructura social. Entre estas se destacan las barreras geográficas (sobre todo para acceder a la Maternidad), económicas (fundamentalmente para solventar tratamientos) y culturales. Sobre esta última haremos algunas consideraciones aparte.

Todos/as manifiestan que en términos generales se sienten cómodos/as cuando consultan a algún profesional de la salud dentro del subsector público, en tanto se sienten tratados/as con cordialidad y ante alguna duda, se animan a consultar o pedir alguna explicación. Sin embargo, se observa que el capital cultural con el que cuentan es otro de los factores que condiciona sus trayectorias dentro del sistema de salud. Mientras que algunos/as tienen dificultades para explicitar a qué procedimientos médicos fueron sometidos o para explicar las causas por las que asistieron al centro de salud (por ejemplo M., de 15 años, que relata: *¿Viste que te ponen una gilada así?* [realiza el ademán de algo circular], *no sé, como un... ¿viste una gilada así como te dormís?* [...] *Una gilada así, ¿cómo se llamaba? Un pla... ¿cómo se llamaba?*); otros/as cuentan con los conocimientos básicos para comprender sus demandas sanitarias y exigir su cumplimiento (tal es el caso de F., de 20 años, que manifiesta: *Yo cuando estoy enferma y me agarra la gripe, yo no me medico sola* [...] *porque capaz que si es una gripe con anginas e infección, con placas en la garganta y yo me estoy tomando una pastilla que nada que ver...* [...] *En el mismo instante cuando te está explicando las cosas hay que preguntar lo que no entendiste, lo que tenés, todas esas cosas*). No resulta casual que quienes se encuentran en este segundo grupo son aquellos/as que cuentan o han contado con mejores condiciones materiales y simbólicas de socialización aún dentro de contextos sociales vulnerables.

Como ya se apuntó en distintas partes de este trabajo, estos/as jóvenes están atravesados por diversas tramas de violencias institucionales (Chaves, 2015): interpersonal, escolar, policial, entre otras. Interesa comenzar a desandar los caminos de la violencia institucional en el campo de la salud.

Al retomar la conceptualización de la accesibilidad en términos relacionales, en tanto vínculo que se construye entre los sujetos y los servicios de salud (Stolkiner y otros, 2000), siguiendo a Fleury (2013), es posible sostener que la relación establecida entre los/as profesionales y los/as usuarios/as del sistema está atravesada por "las asimetrías sociales, valores y preconceptos existentes entre sus participantes, como así también por las condiciones materiales que condicionan esa relación y constituyen el escenario donde se produce" (p. 3). En otras palabras, en el ámbito sanitario también se reproducen las relaciones de exclusión y subordinación social ancladas en la estructura socioeconómica y que son "generadores tanto de condiciones de

salud diferenciadas por grupos sociales, como de dificultades de acceso, mala distribución y baja calidad de los
servicios" (p. 3).

Si bien –al igual que las otras categorías presentadas–
es una dimensión a profundizar en su análisis, en estos primeros encuentros ya se advierten secuencias de violencia
institucional anclada no solo en desigualdades materiales,
sino también simbólicas manifestadas a través del maltrato
y la discriminación. Expresiones como: *y la próxima (antes
de volver) te sacás la mugre de las uñas*; o el trato deshuma-
nizado ante la pérdida de un embarazo adolescente con-
densado en frases como: *no me dieron información: ¿por qué
falleció?, ¿por qué lo perdí? No me dieron información de ¿qué
es lo que era?, no me lo mostraron [...] Me sentí remal, remal.
Estuve como un mes así, sintiéndome mal. Me trataron remal, ni
siquiera me lo mostraron... por lo menos, algo que me hubieran
dicho* (S., de 16 años), dan cuenta de la violencia institucional expresada en un plano simbólico-ideológico donde la
condición socioeconómica, el género y la edad parecen ser
variables que aumentan las probabilidades de ser discrimi-
nado/a (Fleury, 2013).

Algunas primeras conclusiones

Para finalizar estas primeras aproximaciones al problema
de investigación relativo a juventudes de contextos sociales
vulnerables y condiciones de acceso al subsector público
de salud, retomaremos el interrogante planteado al inicio
de este trabajo: ¿qué posibilidades de resistencia política
existen cuando la condición juvenil está asociada a la vulnerabilidad?

En este punto resulta útil retomar algunas de las conceptualizaciones que Foucault realiza en "El sujeto y el
poder" (1988). Allí sostiene que

... el ejercicio del poder [...] se trata de un modo de acción de algunos sobre algunos otros [...] no existe algo llamado el Poder, o el poder, que existiría universalmente, en forma masiva o difusa, concentrado o distribuido. Solo existe el poder que ejercen "unos" sobre "otros". (Foucault, 1988: 14).

El autor advierte que el poder será ejercido siempre sobre sujetos libres y supone la existencia de un "otro" en un campo de diversas posibilidades de acción frente al ejercicio del poder. Entre ellas destaca la –siempre presente– posibilidad de resistir. Es decir, el ejercicio del poder no solo oprime, sino que también habilita la resistencia, la oposición y en definitiva la lucha.

A partir del material presentado, circunscripto al vínculo que estos sujetos establecen con el sistema de salud, es dable pensar que las respuestas ante las inequidades que se reproducen en las condiciones de accesibilidad, y en particular ante la violencia institucional, también están moldeadas por las características de sus subjetividades como producto de las condiciones materiales y simbólicas de sus existencias. Tal como sostiene Fleury (2013) estas reacciones "pueden variar entre la negación, la aceptación pasiva y/o naturalización, la resistencia a través de la violencia, la politización y la judicialización" (p. 5).

En los testimonios aparecen en mayor medida indicios de aceptación y/o naturalización de este tipo de desigualdades expresadas en, por ejemplo, su conformidad con los servicios de atención recibidos. Aun cuando pueden detectar la necesidad de implementar mejoras en los servicios prestados, se manifiestan satisfechos con la atención dispensada.

Sin embargo, al considerar que el ejercicio del poder no solo oprime, sino que también habilita la posibilidad de resistir, se aprecia la emergencia de deseos, pensamientos y acciones que desde una perspectiva foucaultiana pueden ser interpretados como actos de resistencia. Estas respuestas pueden incluir desde las inasistencias a los turnos programados y las tentativas de acceder a los servicios del subsector privado de salud con la ilusión de encontrar una mejor atención hasta reacciones más activas ante situaciones de violencia institucional: *Discutí con una doctora también: ¿por qué me tratan así? ¿Porque soy menor se creen que me van a tratar como ellos quieren?* (S., de 16 años).

Como ya se anticipó, es posible sostener que algunas características de la subjetividad de estos/as jóvenes tales como "la devaluación de la autoestima, la naturalización del sometimiento y la resignación que caracterizan la manera de mirarse a sí mismos" (Bonvillani, 2010: 35) –producto de procesos de socialización en condiciones psicosociales altamente desvalorizantes– moldean sus posibilidades de resistencia, contribuyendo así a perpetuar las injusticias en el sistema de salud donde una vez más las inequidades están a "la orden del día".

Lejos de brindar respuestas acabadas y bajo la premisa de construir socialmente conocimientos que estén al servicio de la transformación social (Martín-Baró, 1986; De Sousa Santos, 2009), nos proponemos –a partir de estas primeras reflexiones– profundizar la indagación y agudizar la escucha a fin de realizar mayores aportes para la compresión de estos fenómenos.

Bibliografía consultada

Ballesteros, M. (2014). Un análisis sobre las desigualdades en el acceso a los servicios de salud en la población adulta urbana de Argentina a partir de datos secundarios. *Documentos de Jóvenes Investigadores*, N.o 41. Instituto de Investigaciones Gino Germani, Facultad de Ciencias Sociales, UBA. Recuperado de https://bit.ly/2oJXil5.

Ballesteros, M. (2013). Las barreras en el acceso a los servicios de salud en Argentina: reflexiones a partir del análisis de los resultados de dos encuestas nacionales. En X Jornadas de Sociología. Facultad de Ciencias Sociales, Universidad de Buenos Aires, Buenos Aires.

Bonvillani, A. (2010). Jóvenes cordobeses: una cartografía de su emocionalidad política. *Revista Nómadas*, N.o 32, abril 2010, pp. 27-44.

Carballeda, A. (2014). La accesibilidad y las políticas de salud. *Revista Sociedad*. Recuperado de https://bit.ly/2wT8Hnc

Calero, A. (2015). Juventud y desigualdad multidimensional. *Documento de trabajo N.o 08*. Secretaría de Política Económica y Planificación del Desarrollo, Ministerio de Economía de la Nación. Recuperado de https://bit.ly/2N0NcKd.

Castel, R. (1991). La dinámica de los procesos de marginalización: de la vulnerabilidad a la exclusión. En Acevedo, M. y Volnovich, J. (comp.), *El espacio institucional*. Recuperado de https://bit.ly/2Eu5w7U.

Castel, R. (1997). *Las metamorfosis de la cuestión social. Una crónica del salariado*. Buenos Aires: Paidós.

Castro, G. (2004). Los jóvenes: entre los consumos culturales y la vida cotidiana. *Kairos, Revista de Temas Sociales*. Año 8, N.o 14. Recuperado de http://www.revistakairos.org.

Castro, G. (2014). La provincia y sus circunstancias. En Castro, G. (comp.), *Con voces propias. Miradas juveniles contemporáneas en San Luis* (pp. 33-53.) Villa Mercedes: El tabaquillo.

Chaves, M. y Faur, E. (2006). *Investigaciones sobre juventudes en Argentina: estado del arte en ciencias sociales*. Recuperado de https://bit.ly/2QbgyV3

Chaves, M.; Fuentes, S. y Vecino, L. (2016). *Experiencias juveniles de la desigualdad. Fronteras y merecimientos en sectores populares, medios altos y altos*. En Vommaro, P. (dir.), *Las juventudes argentinas hoy: tendencias, perspectivas, debates*. Buenos Aires: Grupo Editor Universitario.

Comes, Y. (2004). Accesibilidad: una revisión conceptual. Documento laboris del Proyecto de investigación P077 – UBACyT. Recuperado de https://bit.ly/2MEAvpj.

Comes, Y. y Stolkiner, A. (2005). Ciudadanía y Subjetividad: representaciones del derecho a la atención de la salud de las mujeres pobres del AMBA. En *Anales las XII Jornadas de Investigación de la Facultad de Psicología, UBA*. Recuperado de https://bit.ly/2MVGVAk.

Comes, Y. y otros (2008). Derechos, ciudadanía y participación: Algunas articulaciones en torno al acceso a la atención en salud. En Jornada de Investigación UCES, Buenos Aires, Argentina.

De Sousa Santos, B. (2009). *Una epistemología del Sur*. México: Siglo XXI-CLACSO.

Fleury, S.; Valéria, B. y Rangel, G. (2013). Reacciones a la violencia institucional: estrategias de los pacientes frente al contraderecho a la salud en Brasil. *Revista Salud Colectiva*, 9(1): 11-25, enero-abril 2013. Buenos Aires. Recuperado de https://bit.ly/2wAu8cD.

Foucault, M. (1988). El sujeto y el poder. *Revista Mexicana de Sociología*, Vol. 50, N.o 3, julio-septiembre 1988, pp. 3-20. Disponible en https://bit.ly/2j6COy5.

Giraldo Díaz, R. (2006). Poder y resistencia en Michel Foucault. *Revista Tabula Rasa*, N.o 4, enero-junio, ISSN 1794-2489, pp. 103-122.

Martín-Baró, I. (1986). Hacia una psicología de la liberación. *Revista Electrónica de Intervención Psicosocial y Psicología Comunitaria*, Vol. 1, N.o 2, agosto 2006, ISSN 1851-3441, pp. 7-14.

Mauro, M.; Solitario, R.; Garbus, P. y Stolkiner, A. (2006). La accesibilidad a los servicios de salud: una experiencia con adultos mayores de 59 años. En XIII Jornadas de Investigación y Segundo Encuentro de Investigadores en Psicología del Mercosur, Facultad de Psicología, Universidad de Buenos Aires, Buenos Aires. Recuperado de https://bit.ly/2C2ir3p.

Ministerio de Salud de la Nación (2016). Situación de salud de las y los adolescentes en Argentina. Recuperado de https://uni.cf/2gymjhp.

Observatorio Social (2015). Juventud y Vulnerabilidad social en Argentina. *Serie Informes de Coyuntura del Observatorio Social*, informe 45. Recuperado de https://bit.ly/2LC2JLW.

Pérez Sosto, G. y Romero, M. (2013). Jóvenes y trabajo precario: centro de gravedad de la cuestión social. En Pérez Sosto, G. (2013), *Capitalismos volátiles, trabajadores precarios. Crisis financiera global y cuestión social* (pp. 311 y ss.). Buenos Aires: Catálogos. Recuperado de https://bit.ly/2wxCxwm.

Reguillo, R. (2013). *Culturas juveniles. Formas políticas del desencanto*. Buenos Aires: Siglo Veintiuno Editores.

Rizzo, N. (2015). Una mirada relacional sobre la desigualdad y la pobreza. Aportes teóricos a un análisis en curso. Trabajo presentado en III Seminario Internacional Desigualdad y Movilidad Social en América Latina, 13 al 15 de mayo de 2015, Bariloche, Argentina. Recuperado de: https://bit.ly/2C0zcvI.

Strasser, G. (2011). *Prácticas y representaciones en torno a los procesos de salud-enfermedad en la población de Azampay* (Tesis de doctorado). UNLP. Recuperado de https://bit.ly/2Mb33BA.

Svampa, M. (2010). Certezas, incertezas y desmesuras de un pensamiento político: conversaciones con Floreal Ferrara. Buenos Aires: Biblioteca Nacional. Recuperado de https://bit.ly/2PiJYPK.

Tolcachier, J. (06/06/2017). Informe CEPAL Panorama Social 2016: una lectura complementaria y crítica. *Nodal*. Recuperado de https://bit.ly/2N0ZqCK.

Vasilachis, I. (coord.) (2006). *Estrategias de investigación cualitativa*. España: Gedisa.

Representaciones sociales sobre los jóvenes sometidos a procesos de judicialización en ámbitos penales

ALDANA ROMANO

Introducción

En la actualidad de la provincia de San Luis, incluida la ciudad de Villa Mercedes que es la segunda en importancia sociodemográfica, muchos jóvenes de 16 a 26 años atraviesan diariamente un proceso judicial, en su mayoría en relación con delitos penales. Algunos de ellos como denunciantes y otros en gran parte como denunciados de cometer hechos delictivos.

Ante la inminente discusión doctrinal, jurisprudencial y política que tiene lugar actualmente a nivel nacional sobre la baja de la edad de punibilidad, nuestra provincia no es ajena. Los agentes que intervienen en la justicia, tanto jueces como empleados judiciales, manifiestan representaciones sobre la situación actual del régimen penal juvenil vigente y los motivos por los cuales una parte de la juventud atraviesa un proceso penal que develan un desconocimiento de sus condiciones sociales y de los factores que inciden en ellas.

Las opiniones de los agentes judiciales se dividen entre aquellos que sostienen que se debe crear un aparato penal especializado en llevar delitos en el cual intervengan los mismos jóvenes, como modo efectivo de hacer cumplir la justicia –ya que muchos de ellos atraviesan los procesos y al no tener antecedentes penales pueden acceder a una *probation* o *suspensión del juicio a prueba*–, y quienes sostienen que la solución ante la judicialización de los jóvenes no está en crear un nuevo aparato especializado de punibilidad, sino en implementar políticas públicas que eviten que la juventud llegue a atravesar un proceso penal.

Por lo tanto, ante este debate que se encuentra en auge, se plantea en este texto un análisis de la representación social que construyen los agentes judiciales en la ciudad de Villa Mercedes en torno a las juventudes judicializadas, por cuanto se considera que desentrañar esas significaciones permitirá comprender las percepciones sobre el régimen penal dirigido a los integrantes del colectivo sociogeneracional. El enfoque al que se acudirá para llevar a cabo dicho análisis es de corte cualitativo, dado que tiene por objetivo la descripción de las cualidades de un fenómeno social, buscando abarcar una parte de la realidad. Para ello, en esta etapa de exploración inicial, se propusieron los siguientes ejes de análisis que presentamos a modo de interrogantes: ¿cómo es el trato recibido por los jóvenes –ya sea como denunciados o denunciantes– de parte de los agentes judiciales? ¿Se los informa correctamente cuando consultan por una denuncia? ¿Cuáles son las actitudes de los agentes estatales frente a reclamos? ¿Qué comentarios realizan sobre la situación de los jóvenes?

A fin de responder a estas inquietudes de investigación, se recurrirá como técnica de recolección de datos a la observación participante. Dicha técnica consiste en observar a la vez que participamos como investigadores en las actividades del grupo que se está investigando (Guber, 2010). Las observaciones se realizaron en un juzgado con jurisdicción penal y correccional de la ciudad de Villa Mercedes, en donde se ubica la Segunda Circunscripción Judicial. Asimismo, el acceso al contacto con los agentes judiciales y los jóvenes que concurren al poder judicial ha sido posible dado las actividades que se han desarrollado en el marco de prácticas profesionales de la carrera de Abogacía –Universidad Nacional de San Luis (UNSL)– y como pasante en un juzgado penal.

La representación social de la juventud

Cuando se hace referencia al término juventud se habla de un concepto multívoco. De acuerdo con Mariana Chaves (2005), el discurso en torno a dicho concepto puede ser variado si se considera la representación social que tengamos sobre el mismo. La juventud, en palabras de Pablo Vommaro (2015), "es una noción dinámica, sociohistórica y culturalmente construida, que es siempre situada y relacional" (p. 17).

Las representaciones sociales son una forma, tal como expresa Chaves (2005), de conocimiento de lo cotidiano, o bien, en palabras de Denise Jodelet (1986), un conocimiento práctico dentro de un movimiento social que forja evidencia de nuestra realidad consensual. La representación social es aquella imagen colectivamente construida, históricamente definida y socialmente reproducida. Al ser una imagen, es un fragmento de la realidad que es atravesado por el sujeto que le otorga un significado, la carga de sentido. La idea de juventud ha adoptado diversos modos de representarse, pasando por perspectivas constructivistas como la de Michel Foucault (1996), hasta posturas ontológicas como la que expone Henri Lefebvre (1961). A lo largo del tiempo, la imagen en torno a las juventudes fue cambiando, siendo representadas en discursos ideologizados y hasta con una fuerte mirada estigmatizante.

Cuando hablamos de juventudes, algunos autores proponen definirlas desde una perspectiva generacional.

> Una generación no como aquello ligado directamente a la edad de los individuos, o a la proximidad en las fechas de nacimiento. Una generación se configura cuando se tienen problemas en común que se expresan en una experiencia alteradora, y en ese sentido, las generaciones se caracterizan, también, por sus movimientos de ruptura. (Vommaro, 2015: 20)

Un investigador argentino que aborda el tema desde ese enfoque señala que

> ... una generación se constituye cuando el patrimonio legado se disuelve ante el embate de las circunstancias. Un saber transmitido se revela insolvente. Tenemos un problema: de esto no se sabe. Si nos constituimos subjetivamente como agentes de lo problemático del problema, advenimos como generación. (Lewkowicz, 2004: 6)

Tomando lo que explica Moscovici (1979) acerca de la modalidad de construcción de las representaciones sociales, podemos analizar el modo en que esta se produce, que es mediante la objetivación y el anclaje. La objetivación es la incorporación por parte de un sujeto o grupo de sujetos de la información y las actitudes que infieren sobre cierto individuo, las cuales ordenan para luego otorgarles significado dentro de su propio lenguaje. Mientras que, cuando hablamos de anclaje, es el proceso por el cual la imagen construida se nos hace real, la información y actitudes son incorporadas a la práctica. Esto puede verse reflejado en el estudio realizado por Michel Foucault (1996) respecto a las culturas juveniles, partiendo del concepto ontológico brindado por Henri Lefebvre (1961) quien expresa: "la juventud es un concepto mítico, que tiene un ser propio, se define a ella misma y para ella misma" (p. 13). Foucault (1996), al tomar este concepto, señala informaciones que giran en torno al colectivo para brindar un panorama más amplio de este campo de estudios, es así como:

Se entiende, en primer lugar, a los jóvenes como seres inseguros de sí mismos –expresando que los adultos intervienen en su vida–, siendo muchas veces utilizados como chivo expiatorio de los males sociales causados realmente por los adultos.

En segundo lugar, se entiende a la juventud como una etapa de transición desde lo biológico –niñez, pubertad, adolescencia y vida joven–, siendo al mismo tiempo representada como una etapa no productiva, desde el punto de vista económico, en donde quienes la conforman gozan de la libertad de ocio de la cual no se puede hacer uso ya en la vida adulta.

En tercer lugar, se presenta a las juventudes como seres incompletos, haciendo referencia a que el ser humano llega a su completitud en la vida adulta ya que en la etapa joven es un ser desinteresado con falta de deseo.

En cuarto lugar, se lo concibe como un ser desviado del camino, peligroso. Cuando se refiere al peligro se lo presenta como algo que existe en forma inminente en el joven que, ante su falta de experiencia, puede cometer errores con graves consecuencias en su vida y en relación con su entorno.

Análisis preliminar de las representaciones juveniles

Antes de comenzar el desarrollo de este fragmento, se comentará la situación particular de la observación en el trabajo de campo. A fines del año 2015 hasta fines del año 2016, se llevaron a cabo las prácticas profesionales de la carrera de Abogacía (UNSL), las cuales consisten en brindar asesoramiento y procuración jurídica –con el patrocinio de un abogado con título habilitante– en el Consultorio Jurídico Gratuito ubicado en el edificio Ramiro Podetti, Segunda Circunscripción Judicial con sede en Villa Mercedes, de la provincia de San Luis.

Durante el transcurso de dichas prácticas, se otorgó asistencia jurídica a muchos jóvenes de entre 16 y 26 años de edad, los cuales asistían a dicha oficina en búsqueda de asesoramiento jurídico ya que no podían costear los montos que requieren los honorarios de un abogado particular, y por su parte la Defensoría de Pobres, Encausados y Ausentes, como así también la Defensoría de Menores, se encontraban colapsadas para atender rápidamente cualquier consulta jurídica. Estos jóvenes asistían frecuentemente acompañados por alguna figura familiar. La mayoría de las causas que llegaban, en un número aproximado en porcentajes eran: 45% causas de índole civil –precisamente aquellas relacionadas con el derecho de familia– y el 55% restante eran de índole penal.

Una vez finalizadas estas prácticas, al advertir la problemática por la cual atravesaban gran parte de los jóvenes en la provincia en relación con el sistema penal juvenil, se comenzaron a realizar actividades para indagar esos aspectos en el marco del proyecto de investigación "Culturas juveniles" de la Universidad, con el fin de tener las herramientas epistemológicas y metodológicas necesarias para realizar un análisis más exhaustivo de los integrantes del colectivo sociogeneracional involucrados en procesos penales. Al mismo tiempo que se iniciaron las actividades de investigación en el marco de dicho proyecto –por medio de una Beca de Estímulo a ese tipo de actividades–, se accedió a la oportunidad, a fines del año 2016, de inscribirse en una pasantía educativa para trabajar en tareas administrativas como agente judicial en la circunscripción anteriormente mencionada. Dicha pasantía fue otorgada a comienzos del año 2017 y brindó las herramientas necesarias para abarcar el estudio que se llevaba a cabo a partir de una proximidad diferente, ya que como agente judicial podía inferir no solo lo que pasaba por fuera del aparato judicial con estos jóvenes –como fue durante las prácticas profesionales–, sino que ahora podía observar lo que sucedía desde dentro del propio juzgado penal.

Lo que puede evidenciarse en los diversos casos que fueron observados en el marco del trabajo de campo realizado en el juzgado son causas en donde jóvenes están involucrados en delitos penales a falta de contención del entorno en que se encuentran insertos; esto se infiere de los expedientes analizados en los cuales se observa una actitud proclive de parte de tales jóvenes a tomar contacto con el aparato judicial dado que no poseen una contención social, económica, educativa y familiar que propicie condiciones para su pleno desarrollo.

A partir de observar las prácticas e interacciones de los agentes judiciales –aspectos que conforman las representaciones sociales–, podemos incorporar las siguientes claves de análisis:

El trato recibido por los jóvenes que se encuentran atravesando un proceso judicial penal –ya sea como denunciados o denunciantes– por parte de los agentes judiciales es digno y respetuoso. Los agentes les explican cuáles son las etapas de un proceso penal y los pasos a seguir. Muchas veces, los instructores realizan un trato comprometido con la causa que se encuentra bajo su responsabilidad a fin de lograr la efectividad en el acceso a la justicia, tanto para la víctima como para la parte denunciada.

Cuando algún joven se acerca al juzgado, quienes se encuentran en mesa de entrada le informan los plazos que posee la policía para elevar, de acuerdo con el Código Procesal Criminal de la provincia de San Luis, el sumario que se produce con la denuncia realizada en sede policial. Ante la demora –ya que la policía posee 30 días para elevar dicho sumario al juzgado competente– se le informa a la persona que puede dirigirse a la Oficina de Denuncias y Avocamientos ubicada en la Fiscalía N.° 1 de la misma circunscripción judicial, con el fin de que el juez se avoque rápidamente a la causa y solicite mediante oficio que la policía remita el sumario en el término de 48 horas. También, ante aquellos casos en los cuales un ciudadano concurre a una sede policial y en la misma se niegan a tomarle la denuncia solo accediendo a redactar una exposición policial –la cual no genera un proceso penal ya que no posee los mismos efectos jurídicos que una denuncia–, se le informa que puede acudir a la fiscalía de turno y manifestar lo que desea denunciar para que el juez competente tome conocimiento del delito.

En caso de que algún joven realice un reclamo en el marco del proceso penal que atraviesa, este es recibido por el personal de mesa de entradas del juzgado, quienes le informan del mismo a su superior jerárquico (prosecretario o jefe de despacho), para que tome conocimiento y tome la resolución de lo requerido por el joven, en forma rápida.

Por último, los agentes que intervienen en la justicia, tanto jueces como empleados judiciales, manifiestan representaciones sobre la situación actual del régimen penal juvenil vigente y los motivos por los cuales una parte de la juventud atraviesa un proceso penal que develan un desconocimiento de sus condiciones sociales y de los factores que inciden en ella

No se percibe que la mayoría de los jóvenes que atraviesan procesos penales –y que fueron observados– se encuentran excluidos de instancias estatales y por consiguiente de sus políticas públicas. Tales juventudes construyen sus historias "por fuera del sistema" dado que no están insertos en la educación formal y en situación de grave vulnerabilidad socioeconómica.

Palabras finales

Las juventudes que atraviesan procesos penales son representadas, desde el aparato estatal, a partir de las percepciones y prácticas de los agentes judiciales, como sujetos que no son productivos social ni económicamente, pero no por algo inherente a ellos, sino como algo que es exclusiva responsabilidad de ellos: no son productivos económicamente porque no desean insertarse en el mercado laboral, porque desean dedicarse al ocio, aunque tales circunstancias no se presentan de ese modo en la mayoría de los casos que se observaron. Muchos de los jóvenes judicializados en ámbitos penales no son activos económicamente porque el mercado laboral los ha excluido debido a que no cumplen con los requerimientos exigidos por empresas o industrias radicadas en la provincia. El mercado cada vez exige mayor formación, especializaciones y capacitaciones en un breve periodo de tiempo, requisitos que los jóvenes suelen no lograr cumplir. Se exige experiencia laboral desde temprana edad, la cual en muchos casos es incompatible si se desea terminar una carrera de estudios. Al mismo tiempo, esa dicotomía entre trabajar y estudiar –e incluso mantener económicamente a una familia, situación en la que se encuentran la mayoría de los jóvenes que se presentan en el juzgado penal en donde cuentan con antecedentes por desobediencia a órdenes de prestación alimentaria– los lleva a una situación de desamparo total. Por otra parte, en lo que corresponde al órgano judicial, advertimos que no les brinda los recursos necesarios para resolver los problemas que los rodean y los llevaron a delinquir; solo se dedica a perseguir el delito desde una perspectiva puramente punitiva, sin concebir que tras el delito hay un sujeto en la transición a la vida adulta, con las inseguridades propias de tal etapa que necesita que aquellos adultos que los juzgan sean quienes los orienten en sus vidas y no los traten como los causantes de su propia condición, ya que –como se ha descripto anteriormente– fue principalmente la ausencia de políticas estatales que propiciaran su desarrollo en contextos inclusivos lo que los condujo a ello.

A modo de conclusión, estos jóvenes necesitan un sistema judicial y un aparato estatal que los ampare. Es aquí cuando se abre el debate. Cuando se habla de una posible nueva ley penal de responsabilidad juvenil en donde se reduce la edad de punibilidad, la discusión es inminente. Por una parte se encuentran quienes sostienen que es un avance sobre las garantías de los jóvenes que se encuentran en conflicto con la ley penal, citando fallos de la Corte Suprema de Justicia de la Nación en los cuales se convalida la privación de la libertad; ello responde a un discurso exclusivamente patológico social, en el que se concibe a la juventud como aquel sector sociodemográfico "problemático" en relación a los demás sectores de la sociedad, que es más proclive a cometer hechos delictivos; es un acercamiento al joven a partir de representarlo como el portador del daño social. Por otra parte, nos encontramos con quienes afirman que la solución no se encuentra en judicializar a las juventudes, sino que el principal debate debería girar en torno a las políticas públicas en áreas tales como educación, salud y trabajo, y en aquellos casos que es necesario que un joven atraviese el sistema judicial, crear un juzgamiento especializado a la luz de los instrumentos de derechos humanos de carácter internacional y de nuestra Constitución Nacional.

"Todos estos discursos quitan agencia (capacidad de acción) al joven o directamente no reconocen (invisibilizan) al joven como un actor social con capacidades propias" (Chaves, 2005: 19), ya que no se concibe a las juventudes como actores sociales dinámicos, empoderados, con voz propia para que puedan participar de las políticas públicas que tienen relación con aspectos de su vida, entre las cuales quedan comprendidas las penales.

¿Acaso la reforma del sistema penal debería contemplar todos los aspectos complejos que conforman a las juventudes o continuar solo con las definiciones etarias? ¿Alguien les pregunta sobre el contexto en el cual viven, cuáles son sus deseos y expectativas? ¿Les importa conocer a los expertos legales sobre los jóvenes que son excluidos socioeconómica y culturalmente?

La justicia aún no está preparada correctamente para contener a estas juventudes, escucharlas y orientarlas, pero no desde una perspectiva de "padre que castiga", sino a partir de reconocer a los jóvenes como sujetos de derecho considerando sus diferentes condiciones materiales y simbólicas, con voz propia decidiendo sobre sus vidas.

Bibliografía consultada

Chaves, M. (2005). Juventud negada y negativizada: representaciones y formaciones discursivas vigentes en la Argentina contemporánea. *Última Década*, 23, CIDPA. Valparaíso (Chile).

Foucault, M. (1996). *La arqueología del saber*. México: Siglo XXI.

Guber, R. (2010). El proyecto de investigación en ciencias sociales: acepción, concepción y redacción. *Construcción de proyectos en Ciencias Sociales: investigación cualitativa, acción social y gestión cultural*. CAICYT-CONICET.

Jodelet, D. (1986). La representación social: fenómenos, concepto y teoría. En Moscovici, S. (dir.), *Psicología social vol. 2* (pp. 469-494). Barcelona: Paidós.

Lefebvre, H. (1961). *Critica de la vida cotidiana*. México: Siglo XXI.

Lewkowicz, I. (2004). *Pensar sin Estado*. Buenos Aires: Paidós.

Moscovici, S. (1979). *El psicoanálisis, su imagen y su público*. Buenos Aires: Huemul.

Vommaro, P. (2015). *Juventudes y políticas en la Argentina y en América Latina: tendencias, conflictos y desafíos*. Buenos Aires: Grupo Editor Universitario-Consejo Latinoamericano de Ciencias Sociales.

Las juventudes y su vínculo con la burocracia estatal

Entre marcas generacionales y redes de sociabilidad

YUSSEF BECHER

El despertador (con ese sonido que todos detestamos) suena a las 06:00 de la mañana. Lili comienza a desperezarse y disponerse para iniciar un día más en su vida cotidiana, y por consiguiente, en sus actividades en el marco del plan. Como buena madre cuidadora, su primera tarea es despertar a su hija pues de ninguna manera se permitiría que llegue tarde al colegio. Mientras su hija se viste prepara unos mates –los primeros de unos cuantos más que la acompañarán en el transcurso de este día– y no puede dejar de experimentar un poco de angustia, aunque en realidad lo que siente es hastío... si bien no cree poder salir del plan pues necesita el dinero para enviar a su hija al colegio, el carácter alienante de las tareas que realiza le producen tales sentimientos: "Es siempre lo mismo: agarrás, cortás el nylon, pones la plantita y que lo tapen, pones la plantita y que lo tapen y caminar, caminar, caminar...". Mientras deja a su hija en el colegio se encuentra con su amiga –que fue quien la informó sobre la posibilidad de ingresar al plan– y juntas van a tomar el colectivo para ir a la Cuenca El Morro[1]. Allí las bajas temperaturas –en el invierno– o las altas temperaturas –en el verano– las obligan a tomar los recaudos necesarios, pues si bien el Estado no las

---

[1] Se trata de un territorio en donde el caudal de un nuevo río –no registrado en los mapas hidrográficos de la provincia– supera las napas existentes. A partir del año 2016 el gobierno comenzó a ejecutar un plan de forestación –como medida para apaciguar la crecida del río– al cual fueron afectados receptores del Plan de Inclusión Social.

provee con los recursos que requiere la tarea, ellas llevan sus imprescindibles bufandas y abrigos –en el invierno– y gorras y botellitas de agua en el verano. Mientras van juntas en el colectivo no pueden evitar conversar sobre La Pedrera –complejo urbanístico construido por el gobierno en el año 2016– pues son conscientes de que esa es su última posibilidad de adquirir mayor estabilidad laboral. Lili sueña con poder proveer a su hija de una obra social y poder contar con sus propias tarjetas de crédito. Ya en el lugar se disponen a iniciar sus tareas al mejor estilo de Charles Chaplin en *Tiempos Modernos*. (Lili. 36 años. Destinataria del Plan de Inclusión Social).

Introducción

El primer aspecto que puede llamar la atención de quienes generosamente dediquen parte de su tiempo a la lectura de este texto es la edad de la protagonista de la historia que intentamos reconstruir en el fragmento anterior. Ya mucho recorrido bibliográfico ha dedicado la producción científica sobre el tema para señalar que la edad es uno de los principales ejes en la construcción de las subjetividades juveniles, pero no el único. Ello permite aseverar que en la conformación del concepto intervienen otros aspectos distintos del etario en donde adquieren relevancia tanto condiciones materiales o simbólicas específicas de los grupos juveniles que integran la investigación. Desde perspectivas sociohistóricas –que conforman las socio-antropológicas propias de la epistemología de las juventudes– se propone incorporar una perspectiva generacional a partir de la cual se puedan explorar procesos de construcción de subjetividades e identidades incorporando los elementos propios de cada escenario social en donde se construyen los diferentes modos de vivir tal etapa cronológica social.

En nuestro artículo, los recorridos de investigación a los que acudimos provienen de una tesis doctoral en curso en el programa de formación de la Facultad Latinoamericana de Ciencias Sociales (FLACSO Argentina). En tal propuesta hemos incorporado como casos de estudio –desde una perspectiva cualitativa– dos programas sociales con impacto sobre el territorio sanluiseño. Tales programas son el Plan de Inclusión Social Trabajo por San Luis (PISTS) y el Programa de Respaldo a Estudiantes Argentinos (PROGRESAR). Entre los criterios metodológicos que exige la comparación de estudios de caso es la semejanza uno de los aspectos que se propone observar. En tal sentido podemos mencionar que ambos programas son transferencias condicionadas –en un caso con una condicionalidad laboral y en el otro con una educativa– pero son principalmente sus diferencias lo que enriquece la comparación, pues uno de ellos –el PISTS– no es un programa propiamente juvenil, pero en un determinado momento de su implementación obtuvo una importante recepción por parte de los miembros de aquel colectivo y otro dirigido propiamente a las juventudes. Asimismo, implementados en contextos sociopolíticos disímiles, pues el plan provincial inició en el periodo inmediato posterior al de la crisis argentina de 2001-2002 y el otro, a inicios del año 2014. Ahora bien, retomando las particularidades propias que implica trabajar con el concepto juventudes debemos advertir que en un caso se trata de miembros del colectivo sociogeneracional cuya pertenencia a una generación joven actual es distinta respecto de quienes integran el otro programa. De modo que para poder abordar tal situación en la producción científica y a partir de las categorías teóricas que la conforman, debemos distinguir las diferencias contextuales de quienes en un momento determinado de su vida social se encontraron más cercanos a esa generación joven actual y las peculiaridades de quienes hoy la integran.

Seleccionar la historia de Lili para comenzar este análisis no es baladí, pues en ella convergen elementos comunes de quienes son jóvenes y no solo jóvenes, sino también de quienes reciben programas sociales y son ciudadanos de la provincia de San Luis. Asimismo, en su historia se puede advertir la particularidad que adquieren los ejes propuestos en la investigación –respecto del estudio de la institucionalidad social– y de allí su presencia en la red semántica construida a partir de los discursos juveniles relevados. Por ello aparecen elementos tales como su condición de madre cuidadora, el carácter alienante de las condicionalidades propuestas en el marco del programa, las redes de sociabilidad, la inestabilidad laboral y la expectativa de mejorarla.

Al mismo tiempo, y tal como plantea Bourdieu (1998), toda experiencia y las significaciones que derivan de ellas –que desde una perspectiva socio-antropológica (interaccionista y posestructuralista) siempre son una construcción intersubjetiva y contextual– se construyen en el marco de una trayectoria social. Dicho marco –que en términos goffmanianos (1981 [2004]) equivale al escenario de interacción o *frame*– es el espacio en donde se anclan tales experiencias y significaciones. De modo que si ese espacio es común para un grupo de sujetos, es esperable que sus interacciones puedan devenir en experiencias y significaciones semejantes. Aunque es el mismo Bourdieu (1998) –como buen posestructuralista– quien complejiza la cuestión al incorporar el contexto sociocultural como un elemento que produce distinciones en dichas experiencias. De allí, el interés particular de bucear en la institucionalidad social propuesta por los programas sociales –que constituye ese escenario común– y el modo particular en que las juventudes –ámbito donde descubrir las distinciones que señala Bourdieu– se vinculan con dicha burocracia.

El acceso a información sobre los programas: Facebook y el entorno afectivo

En las experiencias juveniles de quienes integran el PROGRESAR la red social adquiere centralidad como un medio a través del cual sus destinatarios obtienen información sobre aspectos del programa. Entre las juventudes que integraron la muestra, la red social Facebook es la que aparece con mayor recurrencia en su uso e incluso el propio Estado –por medio de la Administración Nacional de la Seguridad Social (ANSES)– hace uso de dicha red para difundir diferentes aspectos vinculados al programa. Las juventudes sanluiseñas –tal como muestra un estudio realizado en el año 2012 cuyos resultados fueron publicados en 2014– hacen un uso profuso de las redes sociales, y entre ellas la más utilizada es Facebook: "Cuando se les preguntó si usaban redes sociales el 88% respondió de modo afirmativo mientras el 11% lo hizo por la negativa mencionando a Facebook como la red de mayor uso, el 98%" (Castro, 2014). Si bien esto puede ser una particularidad de San Luis, la Encuesta Nacional de Consumos Culturales muestra que coincidiría con los resultados a nivel nacional. A partir de ello, la red social, particularmente Facebook, se convierte en un claro marcador generacional que es utilizado no solo por los propios jóvenes sino también –tal como lo hemos mencionado– por la burocracia estatal.

Si bien las redes de sociabilidad en las experiencias juveniles –previas al acceso a los programas– constituyen otro de los medios de relevante significancia por medio de los cuales los miembros del colectivo acceden a información sobre los mismos, su presencia es mayor entre quienes son destinatarios del Plan de Inclusión Social que del PROGRESAR. Entre los primeros es recurrente escuchar que fueron amigos o sus propios padres quienes no solo les proporcionaron información sobre el acceso al programa sino que también los incentivaron a ingresar. Ello muestra una vez más, por una parte, la importante influencia que ejercen las instituciones tradicionales en las actitudes juveniles, pero por otra, las diferencias generacionales entre uno y otro tipo de destinatarios. Los receptores del PROGRESAR pertenecen a una generación más joven que la de los del Plan de Inclusión –pues son jóvenes que pueden ser denominados con el apelativo de *centennials*– en tanto que los otros nacieron –en algunos casos– con anterioridad a 1990 y han ido creciendo en el marco del Plan, de modo que actualmente tienen en promedio la edad de 34 años. Si consideramos particularmente la teoría bourdieusiana de los capitales sociales (1972), podemos advertir entre las juventudes la objetivación de un capital al que podemos significar como generacional, y que se constituye en un elemento diferenciador entre las distintas generaciones.

Aunque las redes de sociabilidad primen entre un tipo de destinatarios, también quienes reciben el PROGRESAR acuden a ellas, tanto para acceder a información sobre los programas como para conocer los requisitos necesarios para ingresar al sistema. En la experiencia de Nahuel puede advertirse el modo en que se objetivan tales redes como recurso de acceso a información:

> ... y mi amigo ya lo tenía y su tía trabajaba en Anses; entonces ella me dijo cómo era... todos los trámites, todas las cosas, ahí me averigüé bien (Nahuel. 20 años).

Asimismo, en el relato de Nahuel es posible identificar que las redes de sociabilidad no solo constituyen un medio de acceso a información, sino también un recurso provechoso frente a posibles dificultades que pueden surgir en el marco del programa, aunque ese contacto no ocupe un rango de jerarquía dentro de la infraestructura de la organización:

> Yo por el problema que estoy teniendo con la tarjeta me dijo el del banco que vaya a Anses; un amigo me dice que tengo que sacar turno y el turno lo tengo que sacar para dentro de bastantes días y yo necesito la plata ahora... lo que me dijo el del banco es que cambia la boca de pago; entonces, yo le pregunté a ella y ella va a hacer la consulta, no es que me va a gestionar porque no es administradora, es la empleada que limpia...

Tanto entre varones y mujeres las redes de sociabilidad adquieren una relevante significancia en el marco de sus actividades en los programas. Sin embargo –y ello surge de los propios relatos juveniles– son las mujeres quienes cuentan con menores soportes de sociabilidad, pues dichos soportes provienen de experiencias de socialización previas de las cuales las mujeres no han participado por tener que ocuparse de tareas de cuidado, ya sea respecto de sus propios hijos o de otros en el marco de empleos informales. Sin dudas, a este eje lo podremos advertir con mayor claridad cuando realicemos el análisis de las trayectorias personales de los destinatarios.

Con menor presencia pero no significancia, aparecen en escena los medios de comunicación. Estudios desde miradas socio-antropológicas han mostrado la decisiva influencia que pueden ejercer tales medios sobre la población, y en ese sentido el texto del sociólogo francés Gérard Mauger (2007) sobre las revueltas juveniles en los suburbios franceses del año 2005 destaca la importancia de las fuentes periodísticas en la construcción social del hecho, por su parte, el también francés Jean-Marie Domenach en su libro *La propaganda política* (1962) señaló la trascendental importancia que tuvieron algunos medios de comunicación durante la campaña presidencial de Hitler, y Marc Abélès (1998) hizo lo propio en su etnología sobre los políticos franceses. Entre las juventudes destinatarias de los programas son el discurso de la expresidenta Cristina Fernández –en mayor medida y entre quienes reciben el programa social nacional– y el del gobernador Alberto Rodríguez Saá –en menor medida y entre quienes reciben los programas provinciales– recursos por medio de los cuales han accedido a información sobre los programas, como así también sobre los requisitos necesarios para acceder a las prestaciones. Las experiencias de los jóvenes lo expresan del siguiente modo:

Por los medios de comunicación, cuando habló la presidenta (Lucía. 21 años. Destinataria del PROGRESAR).

Yo igual, el día que Cristina sacó el discurso (Ana. 22 años. Destinataria del PROGRESAR).

P (pregunta): Pero en televisión ¿qué estabas viendo? R (respuesta): A la presidenta... (Lucio. 22 años. Destinatario del PROGRESAR).

También, lo mismo que los chicos, me enteré cuando la presidenta lo anunció... (Analía. 23 años. Destinataria del PROGRESAR).

Yo me enteré porque viste que salió un anuncio de que iban a largar un plan... lo escuché en la radio... y después lo anunció el gobernador (Lili. 36 años. Destinataria del Plan de Inclusión Social Trabajo por San Luis).

P: ¿Cómo fue que te enteraste que existe el Plan de Inclusión Social? R: Por la tele. P: ¿Qué fue lo que escuchaste? R: El noticiero... el gobernador dijo que iba a sacar un plan social para la gente... (Dora. 34 años. Destinataria del Plan de Inclusión Social Trabajo por San Luis).

Si bien los medios de comunicación adquieren el protagonismo que comentábamos, las redes de sociabilidad no pierden eficiencia como uno de los medios predilectos para acceder a información sobre los programas y sus requisitos, por cuanto tal como comentan las mismas juventudes que señalaron haber conocido el programa por medio del discurso de la expresidenta o del gobernador "me hice averiguar con un amigo" (Nahuel. Destinatario del PROGRESAR); "uno ya lo tenía, en la comunicación con los amigos" (Ana. Destinataria del PROGRESAR) o que "por comentarios de la gente" ya sabía de la posible existencia del plan (Daniela. Destinataria del Plan de Inclusión Social Trabajo por San Luis).

Vale la pena señalar que desde hace muchos años la dinámica sociopolítica y cultural de la provincia de San Luis ha sido caracterizada como un régimen neopatrimonialista (Trocello, 2008), y respecto de las juventudes en sus diferentes modalidades de ejercicio de la dominación –en términos de hegemonía cultural– y su incidencia en la construcción de subjetividades e identidades (Castro, 2012). Sin embargo, no se ha estudiado el papel de los medios de comunicación como un elemento disruptivo en esa construcción hegemónica. Ello, pues, tal como señalan los jóvenes destinatarios del programa nacional, frecuentemente consultan los medios de comunicación y entre ellos los discursos de la expresidenta Cristina Fernández, de allí la posibilidad de acceder y conocer sobre un tipo de liderazgo político –y sus políticas sociales– distinto del provincial.

La experiencia de Corina –destinataria del PISTS– adquiere una particular significancia, por cuanto ella accede a información sobre el programa y sus prestaciones por medio de delegados sindicales quienes realizaron negociaciones con el gobierno provincial. Su historia en el programa comienza en el año 2009 cuando la fábrica en la cual trabajaba quiebra y, por consiguiente, despide a todos sus empleados. Varios meses de protesta fueron los que transcurrieron desde aquel momento respecto del cual Corina describe el repertorio que adquirieron del siguiente modo:

> *Nosotros... porque yo trabajaba en Lanín y estuve ocho años ahí y la fábrica se fue a quiebra. Entonces ahí empezaron a hacer los paros en una carpa ahí en el predio de Lanín, hacíamos ahí y en el centro cívico también... y bueno después se llegó al gobernador para que no hiciéramos tanto lío en la ciudad o en la ruta y decidió darnos los cheques y mandarnos a cursos a casi todos los que estábamos allá en la carpa.*

Tal como describe la destinataria en su relato –frente a las numerosas protestas sociales y el repertorio particular que adquirieron– el gobierno provincial –y por medio de la que en aquel entonces era su política social de bandera–

dispuso facilitar el ingreso a quienes fueron despedidos de la fábrica. Esto muestra de manera particular que el contexto sociopolítico incide en las políticas sociales, y de allí la posibilidad de afirmar que las mismas se encuentran en constante producción dados los cambios que pueden suscitarse de parte de dicho contexto. Asimismo, el modo particular en que el gobierno busca dar respuesta ante una situación que no solo impactó en la vida cotidiana de quienes trabajaban en la fábrica, sino también que evidenciaba rupturas en el modelo provincial. Ello, pues en la década de 1990 la promoción industrial fue una de las principales políticas públicas implementadas por la provincia para promover su desarrollo y generar empleo por fuera del ámbito de la administración pública.

La burocracia estatal acude a los delegados sindicales como nexo para lograr el contacto con los trabajadores y de allí negociar el fin de los reclamos al otorgarles lo que, en palabras de Corina, iba a ser una solución transitoria, aunque hasta la actualidad continúan cumpliendo tareas en el marco del Plan. Si bien no es posible identificar la negociación de la burocracia con los delegados como una práctica clientelar tradicional, podemos reconocer la presencia de algunos de los elementos que las conforman, tales como el intercambio discrecional de bienes materiales (trabajo para los desocupados y el fin de la protesta para el gobierno) y simbólicos (el gobierno provincial como el facilitador en la resolución del conflicto). De allí, la posibilidad de montar nuevamente la escena –en términos goffmanianos ([1981] 2004)– de un San Luis normal en donde los actores (los ciudadanos) no sufren crisis económicas. Esa significación respecto de la provincia se fue instalando dado que el gobierno siempre respondió activamente ante dichas crisis, ya sea por medio de facilitar el ingreso a la administración pública a quienes las padecían o por medio de políticas públicas tales como la promoción industrial –en la década de 1990– y el Plan de Inclusión Social Trabajo por San Luis en la del 2000.

Acceso a las prestaciones. Condicionalidades: del crisol de razas al crisol de experiencias

No es novedoso que el tema condicionalidades se vincule con las políticas de transferencias condicionadas –característica que reúnen los dos programas sociales–, pues dichas condiciones tienen una relevante significación en el marco de esos programas. Son ellas las que facilitan u obstaculizan el cobro de la prestación dineraria –para los destinatarios– y son ellas por medio de las cuales se plantea –por parte de la burocracia– el cumplimiento de las tareas necesarias para lograr la inclusión o el acceso a derechos, ya sea por medio de capacitación laboral o educativa o asistencia a servicios de salud.

Ya desde comienzos de la década de 1990 –periodo en el que se ubica la emergencia de las transferencias condicionadas en nuestra región– Fraser y Gordon (1992) en su texto "Contrato *versus* caridad" señalaban que aquellas transferencias suponían un contrato con el Estado en donde el sujeto acordaba recibir determinadas prestaciones a cambio del cumplimiento de obligaciones de su parte. Entonces, las filósofas posmarxistas se preguntaban: ¿en qué condiciones se realizó ese contrato? De suyo desiguales, pues suponer que un ciudadano de a pie pueda negociar en igualdad de condiciones con la burocracia estatal es una utopía aun más lejana de lo que hoy parece el comunismo que proponía el mismo Marx. De allí que ninguna política social condicionada puede ser considerada diseñada desde un enfoque de derechos y de ciudadanía social, por cuanto para ello –tal como plantea Lo Vuolo (1995)– será necesario asegurar un ingreso incondicionado para todos los ciudadanos por su sola condición de tal.

Si bien tanto en el PROGRESAR como en el programa provincial las condicionalidades tienen una importante presencia, es en el Plan de Inclusión Social en donde adquieren mayor significación, pues son las diversas experiencias de sus destinatarios y el particular contexto en que se implementó lo que dio origen a ese crisol. Por ello, el análisis –y de ese modo emerge de los relatos juveniles– se concentra más en ese programa que en el nacional.

• El empleo en las parcelas

Todos los destinatarios del PISTS que fueron entrevistados –a excepción de Corina– iniciaron sus actividades en el marco del Plan desde sus comienzos en el año 2003. Allí el modo en que se cumplieron las condicionalidades fue por medio de capacitaciones en actividades de forestación en la zona de la costanera del Río V. No es menor señalar que sobre esa zona geográfica recae una significación de territorio periférico en donde se han construido viviendas precarias y habitan ciudadanos de sectores populares. Puede ser baladí o no que allí hayan sido destinados a cumplir tareas quienes reciben el Plan de Inclusión Social.

En las experiencias de los destinatarios y las significaciones que derivan de ellas, todas coinciden –al igual que el relato de Lili con el que iniciamos el texto– en las características alienantes de la tarea, pues consistían en:

P: ¿cómo era el trabajo allí?
R: ... haciendo pozos y caminando, caminando, plantando... (Corina).

Ágnes Heller (1987) –filósofa posmarxista– en su sociología de la vida cotidiana propone considerarla como un espacio en donde es posible superar la alienación –que describía Marx en su teoría económica– pues se constituye como un espacio de creatividad que en la interrelación con las otras esferas y con el contexto posibilita la superación de esa experiencia. Ello muestra que el contexto social es una dimensión de significancia en orden a superar la alienación. Ahora bien, dicho contexto –en el marco de los programas sociales– proviene de las actividades que la propia burocracia estatal les propone –de allí la relación con la noción de trayectorias sociales que plantea Bourdieu (1998)– de modo que si tales actividades contribuyen a la alienación será dificultoso construir sentidos de autonomía en el marco de esas acciones estatales. De todos modos, ello no significa que la vida cotidiana en su totalidad se encuentre alienada –pues tal como señala Heller (1987)– son las otras esferas las que pueden contribuir a superar dicha alienación.

En cuanto a las condiciones en que debían realizar tales tareas, los destinatarios coinciden en que las inclemencias del tiempo –ya sean las bajas temperaturas en inverno o elevadas en verano– eran uno de los principales factores que dificultaban su realización:

> *P: ¿Vos cuando comenzaste en el Plan, tuviste que trabajar en las parcelas? ¿Y cómo era el trabajo allí?*
> *R: Duro, me acuerdo. En la parte del tiempo. Las inclemencias del tiempo.*
> *P: Las cuestiones climáticas.*
> *R: Sí, se notaba mucho el frío, siempre me acuerdo del frío, en aquellos tiempos, fue fuerte el frío que nos agarró.*
> *P: En ese periodo hacía mucho frío porque era todo a la intemperie.*
> *R: Sí, y a la orilla del río.*
> *P: ¿Y les daban algún tipo de material para que se protejan del frío?*
> *R: No. (Ema. 32 años).*

Asimismo, se agregan otras condiciones insalubres por cuanto no contaban con baños en donde realizar sus necesidades fisiológicas:

> *... allá en el río no, éramos mujeres y hombres, no teníamos baño, había que aguantarse, o había una señora que sabía llevar una bolsa de papas de esas blancas; entonces ella hacía así y nos cubríamos entre tres o cuatro mujeres para orinar así ahí, y después no íbamos, sí en el río era feo. (Dora. 34 años).*

Muchas de las mujeres que desarrollaban tareas en el marco de las parcelas cuando tuvieron la oportunidad de modificar su lugar de trabajo e ingresar en otro programa social –denominado Seguridad Comunitaria– no dudaron en hacerlo. En cuanto a las características de ese segundo

programa, surgió en el año 2004 –por medio de la Ley N°
X-0340-2004 (5385)– y tenía por objetivo: "El Mediador
Comunitario intervendrá en aquellos hechos que, no cons-
tituyendo delitos, alteren el orden y la pacífica convivencia
entre los vecinos del barrio o zona donde ejerza su función, procurando la solución pacífica de los mismos" (art. 5).
Los destinatarios de dicho programa podían ser fácilmente
identificados, pues solían estar parados en las esquinas de
las calles y utilizaban pecheras verdes con el nombre del
programa –en el frente– y del gobierno de la provincia de
San Luis en el dorso. El motivo por el cual las mujeres
del Plan de Inclusión decidieron ingresar al Programa de
Seguridad Comunitaria fue porque pudieron trabajar en
lugares cercanos (principalmente escuelas) a sus hogares,
de modo que podían cumplir de manera más sencilla con
las actividades propuestas por el Plan y las tareas de cuidado. Asimismo, se construyeron redes de sociabilidad en
torno al cuidado, de manera tal que quienes son cuidados
(ya sean descendientes directos o indirectos) acompañaban
a sus cuidadoras en su empleo, y si bien esta situación no
es la ideal, es posible dados los vínculos construidos con
sus compañeros y con quienes controlan el cumplimiento
de las tareas.

En el marco de tales condicionalidades no podemos
afirmar que el PISTS constituya –desde una perspectiva
marxista– un consumo de bienes de uso por parte del Estado, pues no se trata de tareas que para el funcionamiento de
la burocracia signifiquen una utilidad. Dice Seiffer (2008):
"Son una de las formas que las sociedades han encontrado para 'dar respuesta', parcial y contradictoriamente, a la
forma mercancía de la fuerza de trabajo garantizando su
reproducción 'sin costo directo' para el capital individual"
(parte I). En lugar de ello, nos parece –ya desde una perspectiva foucaultiana (1988)– que se trata de un modo de
contribuir a la relación de significación y poder construida
con los ciudadanos sanluiseños, y de allí la posibilidad de
continuar alimentando aquel simbolismo de un San Luis

normal. En las experiencias de Dora y Lili podemos advertir el modo en que ellas mismas experimentan y significan la labor en las parcelas como un empleo no útil:

> ... *cortábamos yuyos, otros tejían, yo estaba con un grupo de mujeres grandes y ahí empecé a tejer, y ahí tejí todas cositas para poner en la mesa, los caminitos, que ahora si me ponés a hacer eso no lo sé, en ese entonces sí lo hacía... no había nada útil para hacer.* (Dora).

> *En un tiempo en parcela estuvimos en la base (se refiere a la V Brigada Aérea) y los chicos aburridos habían hecho pozos, tipo subterráneo, habían hecho banquitos, todo... si no había nada para hacer, era cumplir horario.* (Lili).

De este modo podemos advertir que las tareas realizadas en el marco del Plan implican la puesta en escena de una *performance* particular –pues lo importante es que estén allí– que supone para la burocracia estatal evidenciar los procesos inclusivos y de acceso a derechos, aunque con ello se busque principalmente contribuir a aquella significación sobre la provincia y no tanto la efectividad de dichos procesos.

• Los cursos de capacitación

Transcurridos los primeros años de implementación del Plan de Inclusión Social y de cumplimiento de condicionalidades en las parcelas, comienzan a ofrecerse diversos cursos de capacitación para sus destinatarios. Tales cursos –como comenta Ema– podían ser de cocina o repostería o costura para las mujeres y de electricidad o albañilería para los varones. Si bien –luego de realizar las correspondientes consultas– dichos cursos podían ser realizados de modo indistinto tanto por varones como por mujeres, el modo en que los significa Ema (estos para varones y estos otros para mujeres) muestra, por una parte, la reproducción de estereotipos de género –tanto de su parte como del Estado– como así también la intención de la burocracia de conservar a sus destinatarios en empleos de baja cualificación. De allí que –tal como hemos señalado anteriormente– advertimos que persiste la significación en torno a ese empleo como poco útil.

En la experiencia de Corina –quien ingresó al Plan en el año 2009– solo desde comienzos del año 2016 asiste a los cursos y cumple con las condicionalidades, aunque ello también se vincula con su particular modo de ingreso. Asimismo, esto incide en la significación –que se realiza desde el mismo Plan– de sus posibilidades de reinserción laboral en otros ámbitos por medio de capacitaciones, pues durante siete años no cumplió con ningún tipo de capacitación, de todos modos, ello le permitió trabajar en otros ámbitos de informalidad laboral. Ella lo comenta del siguiente modo:

> ... tenés un curso de capacitación que después no lo siguieron más porque se ve que no le pagaron al profesor y después seguimos cobrando así como si nada hasta este año que nos mandaron a los cursos.
> P: ¿Pero ustedes cumplían tareas?
> R: No, como que nos venía de arriba digamos.
> P: ¿Y vos qué hacías en ese tiempo?
> R: Y trabajaba en otros lados, en una pollería...
> P: ¿Y ahora de vuelta tienen que tomar esta capacitación y después cumplir con estas tareas?
> R: [Asiente]. (Corina).

Asimismo, comenta Corina –lo cual coincide con el relato de los otros destinatarios entrevistados– que desde su ingreso al programa nunca les preguntaron cuáles serían los cursos de su interés. Ello muestra la ausencia de una perspectiva generacional en el tipo de cursos que se ofrecen, pues no responderían –al no consultarles a los propios jóvenes– a sus intereses. Ya desde el año 2006, Mariana Chaves insistía en que en el marco de procesos inclusivos y de acceso a derechos comúnmente la burocracia impone las modalidades mediante las cuales considera que las juventudes serán integradas sin otorgarles ningún tipo de participación en su definición.

Si bien Corina ha cursado las diferentes propuestas de capacitaciones que se proponen en el marco del Plan, considera que solo la capacitación sobre seguridad e higiene –las otras no– ha sido útil para un posterior trabajo. Ello se vincula con su propia experiencia de trabajadora en una fábrica y con la significación que se construye de tal ámbito laboral –vinculado históricamente al trabajo forzoso y a la posibilidad de ascender mediante criterios meritocráticos– de manera tal que considera la posibilidad de buscar actualmente trabajo en una fábrica.

Corina –al igual que otros destinatarios– pertenece a aquel grupo de receptores que por no haber integrado convenios o cooperativas –modalidad de trabajo que comentaremos a continuación– continuaron en los cursos de capacitación. Quienes continuaron en esa condición, a partir del año 2016, debieron comenzar a cumplir parte de sus actividades en la denominada Cuenca El Morro y otra parte en los nuevos cursos de capacitación, pues en ese año se realizó una consulta a los destinatarios sobre cursos de su interés, aunque los que posteriormente se implementaron son similares a los que comentaba Ema. Dicha Cuenca conforma un espacio geográfico ubicado del lado norte de la provincia y en una zona rural –cercana a una localidad del mismo nombre– en donde se identificó la creciente de un nuevo río que no conformaba su mapa hidrográfico. De allí que la acción estatal propuesta para apaciguar la nueva corriente del río, y que no exceda las napas existentes, fue implementar un plan de forestación al cual fueron afectados

400 destinatarios del PISTS[2]. En cuanto a las condiciones de dicho empleo las mismas son similares a las de las parcelas, pues como comenta Corina:

> *P: ¿Cómo son las tareas en el Morro?*
> *R: En invierno es frío el aire allá, hace mucho frío allá y del Morro se vienen para acá, para la ruta 7, la 55, la 33 y bueno y así van rotando.*
> *P: ¿Y en esta época hace mucho calor?*
> *R: Sí...*
> *P: ¿Y ustedes cuentan con alguna medida de protección frente al calor o el frío?*
> *R: Nos dan botellitas de agua, nos llevan agua, de esas de medio litro pero no frías sino así al natural, y bueno y la gorra y todo eso lo llevamos nosotros. Nos dijeron que nos iban a dar remeras pero hasta el día de hoy no lo vemos...*

A comienzos del año 2017 algunos pudieron optar por continuar en los cursos y otros por realizar las tareas de forestación, pero esto produjo conflictos interministeriales entre la cartera de inclusión social, cuyo interés estaba puesto en la realización de los cursos de capacitación, y la de medio ambiente, cuyo interés estaba puesto en que los destinatarios del Plan cumplieran tareas en la cuenca El Morro, pues de ese modo podrían ejecutar el plan de forestación. De modo que la respuesta institucional –al mejor estilo salomónico– fue que la mitad de los destinatarios cumplieran las tareas en los cursos de capacitación mientras la otra mitad continuaba en la Cuenca. Al cumplimiento de las condicionalidades en el marco de los cursos se agrega una particularidad, pues les informaron que su salario se iba a reducir pero al momento de las entrevistas aún continuaban cobrando el mismo monto. De ese modo podemos advertir cómo la experiencia de capacitación es significada

---

2   Tal dato proviene de información oficial publicada mediante folletos –que llevan por título *Emergencia ambiental: Cuenca El Morro*– por el Ministerio de Medio Ambiente, Campo y Producción del Gobierno de la Provincia de San Luis.

por el Estado y por los propios jóvenes como un empleo no útil, pues no muestran resistencias evidentes ante tales reducciones y la burocracia las justifica en la falta de realización de tareas de empleo activas o útiles, tales como las de forestación ya sea en las parcelas o en la Cuenca El Morro. Por otra parte –si bien la oferta de cursos es amplia– ante la posibilidad de ingreso al complejo urbanístico provincial La Pedrera –lo que supone adquirir mayor estabilidad y al cual haremos referencia en otra sección– la mayoría opta por el de forestación, pues esas son las tareas para las que serían contratados. Ello muestra una restricción que la misma burocracia estatal coloca a la experiencia inclusiva de las juventudes y de superar la alienación en la construcción de su cotidianidad.

En cuanto al cumplimiento de las condicionalidades en el marco de la asistencia a los cursos, los destinatarios coinciden en que conocen casos de incumplimiento pero que desde hace un tiempo el control de la asistencia es más estricto. Ello nos permite inferir –en conjunto con otros datos contextuales– la intención del gobierno de reducir la cantidad de destinarios. Entre tales datos contextuales, podemos advertir el modo en que desaparece el Plan como significante del discurso oficial, al mismo tiempo que existe una reducción sostenida de sus destinatarios dado el ingreso de muchos de ellos en la administración pública luego de haber transitado por los convenios. Sin embargo, se presentan situaciones particulares y Lili nos comenta una de ellas. Se trata de una amiga que desde hace un año no cumple actividades en el marco del programa, pero continúa cobrando pues se encuentran al momento de firmar las planillas para hacer efectivo el pago de la prestación dineraria. Su amiga cobra el dinero y una de sus primeras tareas es arreglarse el cabello en la peluquería y comprar regalos para su hija, pues no lo necesita para otros gastos: es propietaria de un negocio gastronómico y administra los ingresos de su esposo. Esta última es

una de las circunstancias que más afecta a Lili, pues
–como buena madre cuidadora– no poder otorgarle a
su hija las mismas condiciones que la de su amiga –ella
necesita ese dinero para gastos elementales– marca una
distinción que le es difícil de tolerar.

• El empleo en las cooperativas

Esta es otra de las modalidades que podía asumir
el cumplimiento de las condicionalidades, que adquiría
particulares características significantes principalmente
en cuanto a las modalidades de empleo. En nuestro caso
contamos con la experiencia de Lili, quien nos cuenta:

> P: ¿Y en cuanto a la posibilidad de independencia o autonomía
> era mejor el trabajo en cooperativas o es igual que ahora?
> R: No, en cooperativa. Vos ahora hacés lo que te dicen, o sea, no
> te queda otra. En cooperativa, no, en las cooperativas empezás,
> que sé yo, la peleás, discutís o iban a San Luis y hablaban con
> el jefe de medioambiente y le decían esto o lo otro.
> P: ¿Y entre ustedes se reunían y debatían?
> R: Se peleaban, nos amigábamos, tomábamos mate, habíamos
> hecho un lindo grupo.

El empleo en cooperativas les brinda la oportunidad
de distribuir sus propios horarios y organizar la tarea de
acuerdo con estos. Al mismo tiempo les da la posibilidad
de ser ellos quienes entablan el contacto con sus con-
tratantes –en la experiencia de Lili, la propia burocracia
estatal– y de distribuir el dinero que percibían.

En esa experiencia Lili encontró la posibilidad de
construir autonomía en su cotidianidad –y respecto de
esa esfera– y superar la alienación propia de las modalidades de empleo que se proponían en las parcelas,
aunque luego tales cooperativas hayan sido disueltas por
la actual gestión que inició en el año 2016. De allí que
tuvieron que regresar a las actividades propuestas por

el Plan, pero ya no en las parcelas, sino en la Cuenca El Morro, cuyas características –similares a las de las parcelas– describe en su relato de comienzos del texto.

Dicho sentido de autonomía individual con respecto al empleo que se construía en el marco de las cooperativas luego se encontraba frente a la restricción de prestar tareas para el Estado, pues eran contratadas por aquel. Sin embargo, ello no es significado como un aspecto negativo por parte de Lili y esto puede vincularse con que su experiencia de empleo siempre ha sido en el marco del Plan y también a sus propias condiciones juveniles y de cuidado. El trabajo en el sector privado suele exigir mayor cualificación y suelen ser menos considerados con los horarios de quienes son madres cuidadoras, más aún cuando tal actividad –como es la experiencia de Lili– ocupa una importante jerarquía en la construcción de la estructura de su vida cotidiana. Asimismo, en las experiencias de otros destinarios se percibe cierto temor por dejar de cumplir actividades en un vínculo estrecho con el Estado, y ello fue lo que les impidió experimentar el empleo en las cooperativas:

> P: También estaba el tema de las cooperativas, ¿no?
> R: Eso yo directamente no me animé. No me animé porque sabía que es cooperativa y tanto tiempo y ya te quedás solo.
> P: Y además tenían que administrarse ustedes mismos.
> R: Exacto y tenías que ser monotributista, y si sos monotributista ya sabés que te largás solito. (Ema).

Si bien quienes optaron por las cooperativas significan dicha experiencia como la oportunidad de adquirir mayor autonomía, no dejan –tal como muestra el relato de Lili– de construir un vínculo de dependencia con la burocracia. Esta es una restricción que el mismo Estado coloca al contratar las cooperativas, pero al mismo tiempo son también los propios jóvenes quienes prefieren esa modalidad de empleo, pues surge el mencionado temor a perder esa protección.

- El empleo en el marco de los convenios

Esta es otra posibilidad por medio de la cual se corrobora el cumplimiento de las condicionalidades. En tales casos, el Ministerio de Inclusión Social –ámbito en el cual se desarrolla el Plan– principalmente desde comienzos del año 2011 celebra convenios con otros ministerios (comúnmente los de educación o salud o medio ambiente) para que sus destinatarios puedan cumplir actividades en esos ámbitos sin dejar de pertenecer al programa. Tales destinatarios perciben un leve incremento en sus transferencias de ingresos por la realización de tareas respecto de las cuales si se ocupara a quienes no tienen esa característica el salario debería ser mayor. En esta oportunidad podemos corroborar aquello que señalaba Marx y, respecto de las políticas sociales, la cita de Seiffer (2008). Aunque al mismo tiempo no podemos obviar que quienes cumplen tareas en el marco de los convenios pudieron construir otra significación respecto del empleo y del programa:

> P: Con respecto a las actividades que vos estás cumpliendo hoy tienen que ver principalmente con estar a cargo de la farmacia en este centro de salud, ¿y qué implica estar a cargo de la farmacia? ¿Qué tenés que realizar?
> R: Recibo la medicación tanto de provincia como de nación, que la de nación es Remediar. Soy la encargada de hacer las planillas, soy la única que recibe los botiquines, despacho a la gente y hago la parte de los pacientes crónicos que me fijo a quiénes les hace falta, quiénes son los que tienen mutual y quiénes no, si les llegan los aparatitos para la diabetes y todas esas cosas.
> P: Y a vos te gusta ese trabajo. Además hiciste el curso.
> R: Sí, es mi rama. (Ema).

Asimismo, quienes cumplieron tareas en el marco de los convenios –y de acuerdo con un anuncio del gobernador publicado en el diario provincial oficialista en febrero de 2017– tienen la posibilidad de ingresar a la administración pública. Allí debe agregarse que un fallo del Superior

Tribunal de Justicia de la Provincia de San Luis del año 2014 –"Carduner, María Soledad Belén/ASOCIART S.A. ART s/ accidente o enfermedad laboral-conflicto de competencia"– definió como relación laboral a la que reunía las características antes descriptas, y de allí la posibilidad de inferir la intención de la burocracia de evitar ser condenada al pago de indemnizaciones por situaciones similares. Son 4500 destinatarios los que finalmente ingresaron a la administración pública, lo cual nos permite inferir que era un número elevado –similar al mencionado– el de receptores del Plan que cumplía tareas en esas condiciones.

En la experiencia de Ema, quienes quedaron en la misma situación que cuando ingresaron al Plan –es decir, no se incorporaron en convenios o cooperativas– son significados como "cómodos o vagos":

> *P: ¿Y todos ustedes que estaban trabajando en un principio en parcelas se pudieron incorporar en algún ministerio?*
> *R: Algunos, otros no, otros se quedaron donde estaban.*
> *P: ¿Y eso por qué pasó?*
> *R: Comodidad más que todo.*
> *P: ¿Pero ustedes tenían la posibilidad de ingresar a un ministerio?*
> *R: Sí, teníamos muchas posibilidades de irse para todos lados, tanto como en fábricas, como en plantaciones, como en proyectos que salían, tenías posibilidades de irte a varios lados.*

Aquellos que no cumplieron tareas en el marco de los convenios y, por consiguiente, no cuentan con la posibilidad de ingresar a la administración pública, son los que ahora cumplen tareas en la Cuenca El Morro. De allí que el recorrido desde los convenios hasta la administración pública es significado como un camino meritocrático, pues para llegar a esa instancia deben sacrificarse. Ello podemos advertirlo con mayor claridad en la experiencia de Dora. Su historia comienza cumpliendo tareas en las parcelas. Ella es de las mujeres que decidieron pasar del Plan a Seguridad Comunitaria porque de ese modo podía cumplir actividades en una escuela cerca de su hogar, y de allí que las tareas de cuidado como madre se facilitaban. Mientras cumplía las tareas en la escuela como mediadora comunitaria, el director del establecimiento le ofrece realizar tareas de limpieza con el compromiso de que en algún tiempo ella podría adquirir mayor estabilidad. De modo que transcurrieron seis años en los cuales Dora todos los días de su vida cotidiana cumplió –pues no se permitía faltar– con esas tareas de limpieza bajo la promesa de que en algún momento ingresaría como trabajadora de la escuela:

> P: ¿Y por qué decidiste pasarte a la sección de limpieza?
> R: Porque tenía esa posibilidad, cuando yo había hablado con el gobernador Poggi (periodo 2011-2015) en ese entonces me dijo que había posibilidades de quedarse en la escuela, entonces me quedé ahí.
> P: Vos dijiste "bueno, frente a la posibilidad de quedar efectiva prefiero trabajar más".
> R: Sí, aunque cobre lo mismo que los otros que estaban al pedo.

Cuando Dora logra finalmente –por medio de un convenio– ingresar al ámbito del Ministerio de Educación –sin pertenecer aún a la administración pública– reconoce que posee mejores condiciones que antes, pero en su significación se trata de un trabajo en negro, pues no cuenta con un recibo de sueldo. Algo que para quienes nos desarrollamos en el ámbito de la formalidad laboral puede ser tan común, en el universo simbólico de Dora es un elemento de distinción significativo.

De modo que en las experiencias de ese grupo de destinatarios que no lograron ingresar en los convenios –y que actualmente cumplen tareas en la Cuenca El Morro– La Pedrera aparece de modo recurrente en sus interacciones como un significante de mayor estabilidad, pero al mismo tiempo tal como la describe Ema: "La Pedrera, la última posibilidad como quien dice". Esa denominación es la que recibe un complejo urbanístico de una amplia extensión construido a las afueras de la ciudad de Villa Mercedes en el lado sur, donde ya se realizó la construcción de una pista de automovilismo y de otros espacios para la práctica de diferentes deportes, como así también para la realización de partidos de fútbol de equipos de la primera división y un escenario para la organización de conciertos musicales con figuras nacionales e internacionales. Todos esos son los imaginarios –tanto instalados por el Estado como por los propios ciudadanos sanluiseños– que rondan en torno a La Pedrera. Algunos dicen que ingresarán 180 (Corina) u 80 (Lili), pero todos coinciden en que esa es la oportunidad laboral no de modificar las actuales actividades que realizan en el marco del Plan –pues seguirían siendo de forestación, respecto de las cuales manifestaron expresamente su disgusto– sino de mayor salario y estabilidad.

- Los cheques de inclusión social y las tarjetas de débito y crédito

El modo por el cual se hace efectivo el pago de la prestación dineraria en el caso del Plan de Inclusión Social es por medio de los denominados cheques de inclusión social. Tales cheques pueden ser utilizados libremente por los destinatarios –en los comercios en los que estén dispuestos a recibirlos– previo a retirarlos en el lugar establecido por la administración pública (suelen ser escuelas o el centro deportivo de la ciudad) mediante su firma en una planilla. Algo que parece sencillo puede ser bastante engorroso en las experiencias de los destinatarios:

P: Ustedes reciben los cheques del Plan de Inclusión...
R: Sí [ríe].
P: ¿Por qué sonreís?
R: Cómo nos costaba con el tema de los cheques... ay qué manera de renegar, me acuerdo, en los primeros tiempos tenías que buscar los lugares que te los recibían. El Vea (cadena de supermercados) por ejemplo te los recibía, te hacían descuento en otros lugares, directamente te cobraban plata aparte, te descontaban plata por recibirlos, en algunos lugares no te quieren dar vuelto por los cheques de inclusión. Sí, fue muy problemático lo de los cheques. (Ema).

Tal como señala Dubet (2015), son las propias instituciones las que muchas veces mediantes particulares significantes refuerzan la condición de vulnerados o excluidos de parte de quienes transitan esas experiencias y, en consecuencia, dificultan los procesos inclusivos. Al mismo tiempo, estas particulares significaciones –como es la de los cheques de inclusión social– que utiliza la burocracia para etiquetar a los destinatarios de un programa contribuye de manera negativa a construir lazos de solidaridad social y redes de sociabilidad, por cuanto el otro deja de ser significado como un par: "… la lucha por las desigualdades supone un lazo de fraternidad previo, es decir, el sentimiento de vivir en el mismo mundo social" (p. 12). Si con quien comparto el mundo intersubjetivo deja de ser concebido como un congénere –en términos schützianos (1993)–, y mediante el uso de símbolos el Estado contribuye a ello al etiquetarlos de un modo particular, será dificultoso promover procesos inclusivos y de acceso a derechos. En la experiencia de Ema es posible identificar el modo en que se significa el rechazo por parte de comercios que se negaban a recibir los cheques:

P: *¿Te ha pasado ir a un comercio y que no te los reciban?*
R: *Sí, varias veces, que me tenía que pegar la vuelta.*
P: *¿Y cómo te sentías frente a eso?*
R: *Mal, porque ya tenés la compra hecha o ir con las chicas a comprar y te dicen "no, no recibimos cheques". Caras largas salías de ahí.*

Si bien los destinatarios podían efectuar el cambio de los cheques –los quince de cada mes– en un banco nacional que ha celebrado con ese fin un convenio con la provincia, quienes fueron entrevistados comentan que es imposible esperar hasta ese día pues deben realizar pagos urgentes, tales como impuestos de servicios públicos o compras de alimentos en los supermercados. De modo que ante tal circunstancia –y la necesidad de contar con dinero en efectivo para comprar en determinados comercios– se producen situaciones irregulares. Son Lili y Ema quienes nos cuentan algunas de ellas. Las posibles modalidades consistían en recibirles un cheque equivalente a $300 y cobrarles un 10% (Ema) o bien una "señora" les cambiaba hasta la suma de $1000 a cambio de un porcentaje que no recuerda (Lili). Sin embargo –como señala Ema– estas situaciones y sus modalidades también se producían en el intercambio con algunos comercios.

La posibilidad de acceder a tarjetas de débito y crédito y préstamos dinerarios es otro elemento de interés en el marco de los procesos inclusivos, pues estudios sociales han mostrado que el acceso a esas modalidades de pago y crediticias –en el marco de las políticas sociales– contribuye a construir sentidos de autonomía e igualación respecto de quienes se desarrollan en el ámbito del mercado laboral formal (Mazzola, 2012; Pautassi *et al.*, 2013; Becher, 2017). Los destinatarios del Programa de Respaldo a Estudiantes Argentinos cobran su prestación dineraria por medio de tarjetas de débito y en efectivo. En sus experiencias comentan que hacen uso de estas:

> P: *¿Y esta tarjeta les permite hacer compras?*
> Virginia: *Sí.*
> P: *¿Y la utilizan para eso?*
> Ana: *Sí, en mi caso, sí, mayormente saco del banco para tener el efectivo, pero por ahí cuando me queda un restito compro por débito como para cerrar el mes, antes del próximo pago, cierro con débito pero yo saco el efectivo.* (Virginia. 20 años. Ana. 22 años).

El uso de tarjetas magnéticas para el cobro de la prestación dineraria –modalidad que inició en nuestro país con la Asignación Universal por Hijo para Protección Social– no solo es una importante medida inclusiva, sino también contribuye a reducir la posibilidad de construcción de redes clientelares, lo cual no es detalle menor considerando el modo histórico en que se han implementado las políticas sociales en Argentina (Auyero, 2001).

En el caso del Plan de Inclusión –tal como hemos señalado– el pago de la transferencia de ingresos se realiza por medio de los cheques de inclusión social, aunque pueden acceder a tarjetas de crédito nacionales (tales como Naranja o Nevada) y pequeños préstamos dinerarios. No son los medios oficiales los que dan a conocer tales oportunidades –cuyos efectos inclusivos ya hemos señalado–, sino que es por medio de sus propias redes de sociabilidad construidas en el marco del programa que los destinatarios acceden a ese tipo de información:

> P: *¿Y cómo fue que vos te enteraste que podías obtener la tarjeta Naranja?*
> R: *Por otra persona del Plan que la había sacado. Fui y la saqué.*
> P: *¿Pero esto es una posibilidad que se les da a todos?*
> R: *Sí.* (Dora).

Ahora bien, de entre quienes conformaron la muestra, son las mujeres las que en mayor medida desconocían sobre la posibilidad de acceder a tarjetas y préstamos. Ello se vincula –tal como hemos señalado previamente– a que son quienes cuentan con menores soportes de sociabilidad –dado que ese es el medio por el cual circula ese tipo de información– pues ocuparse de las tareas de cuidado restringe esa posibilidad dado que ello las repliega al ámbito de lo privado y condiciona la oportunidad de compartir mayores espacios de socialización con sus compañeros.

Agentes estatales

Son tales agentes quienes representan –con su corporalidad– la burocracia estatal o la institucionalidad social en el ámbito de los programas sociales. Dado que las políticas sociales son una construcción en la cual intervienen diferentes actores, y entre ellos los estatales, deviene de interés considerar el modo en que se vinculan con las juventudes en el marco de los programas sociales. Sumado a ello, la carga simbólica que recae sobre su figura y presencia en el marco del cumplimiento de las condicionalidades. Tal como señala Paula Isacovich (2013) en referencia a su investigación etnográfica sobre políticas sociales de juventudes: "... para comprender este proceso era necesario hilar prácticas y relaciones sociales que produjeron y van produciendo, reproduciendo y dando forma a las políticas de juventud. En estas relaciones, fueron y son fundamentales los trabajadores estatales..." (pp. 41-42).

En las experiencias de los destinatarios del Programa de Respaldo a Estudiantes Argentinos, la presencia de los agentes estatales se advierte principalmente en su vínculo con la burocracia estatal al momento de cumplir con las formalidades propuestas por el programa. De modo que muchos de ellos caracterizan a tales agentes con el conocido estereotipo de "típicos empleados públicos" (Ana). Por su parte, Virginia comenta que el trato no es agradable, pues menciona que tuvo que concurrir en reiteradas oportunidades a ANSES para completar los requisitos de ingreso al programa, como así también para gestionar reclamos:

> Te tratan como si no supieras lo que tenés que hacer o cuáles son tus derechos. Después cuando vas un par de veces y se dan cuenta de que no van a llegar a buen puerto por ahí, te dan las consultas, la mayoría de las veces es de mala manera, hasta que en mi caso, no sé, se habrán acostumbrado, se habrán resignado, que ya después me atendían bien y lo intentaron solucionar. Calculo que para que ya no vaya más [risas].

Asimismo, comentan que frente a posibles dificultades que puedan surgir en el marco del programa, no cuentan con un funcionario público que los oriente. En tal caso, la mayoría menciona que conoce a algún amigo que puede guiarlos. De allí que las redes de sociabilidad con que cuentan las juventudes se convierten en un capital que no solo posibilita el acceso a información sobre los programas, sino también a las prestaciones. Ya anteriormente Nahuel nos había contado que cuando tenía inconvenientes vinculados al programa acudía a su tía –Analía también lo hizo– y ahora nos comenta que también conoce a una amiga que lo ayuda:

> *R: Si tienen alguna dificultad en el programa, ¿hay alguna persona a la cual ustedes puedan concurrir para consultarle?*
> *Nahuel: Yo el problema ahora que tengo, primero tenía mi tía, pero ahora tengo una amiga que justo trabaja en Anses... y yo busco mis amigos de Anses [risas].*
> *Analía: El año pasado teníamos una conocida que por cualquier cosa vamos a ella.*
> *P: Pero no hay una persona establecida.*
> *R: [Varios] No.*

Tal como señalan Núñez *et al.* (2015), dado el modo en que se experimentan las condiciones juveniles actuales –en donde priman significantes tales como los que provienen de la heterogeneidad de los medios de comunicación masiva y la precarización laboral– es importante que los miembros del colectivo cuenten con instancias de orientación que sean personalizadas. En tal sentido, destacan la experiencia del Plan Jóvenes con Más y Mejor Trabajo –programa de transferencias condicionadas nacional implementado en el año 2008–, en donde se propuso para los jóvenes un acompañamiento personalizado.

En el marco del Plan de Inclusión Social Trabajo por San Luis –si bien aparecen similares experiencias y significaciones en torno a los agentes estatales– la mayoría de los receptores comenta que ante una dificultad sabe que debe acudir al jefe del programa social –un funcionario estatal– quien suele responder de modo favorable ante sus inquietudes, aunque las mismas se limitan a justificación de inasistencias o bien permisos para retirarse antes del horario estipulado. Todos los entrevistados señalaron que ese funcionario no consulta sobre su interés acerca de los cursos o el modo en que se desarrollan en el cumplimiento de las condicionalidades. Al mismo tiempo, mencionan que son pocas las veces que los han visitado en estos treces años y desde inicios de 2016 hasta fines de 2017 –que es el período que comprendió las entrevistas a los destinatarios– no los han visitado en ninguna oportunidad. A esta figura del jefe del programa se añade otra, que no es ejercida por un funcionario estatal, que es la del referente-coordinador. En los inicios del programa, tales referentes eran profesionales desempleados (principalmente docentes de colegios secundarios e ingenieros) que cumplían con la función de distribuir la tarea y controlar la asistencia. Ese capital cultural y simbólico con el cual contaban –dado sus títulos universitarios– funcionaba como recurso que legitimaba el ejercicio de sus funciones:

> *El que era coordinador... guau... se le debía respeto... claro porque cobraban otra plata. Eran designados y eran elegidos de ellos o eran gente que se había inscripto anteriormente, profesionales inscriptos anteriormente que los pusieron a ser coordinadores.*
> *P: ¿Y esto en cierta medida marcaba una diferencia respecto de ustedes?*
> *R: Sí.*
> *P: ¿Y a vos qué te parece esa situación?*
> *R: En ese tiempo estuvo bien porque hubo... se les daba el lugar... había respeto, se respetaba al coordinador. (Ema).*

Cuando la figura del referente-coordinador deja de ser ejercida por tales profesionales (pues la mayoría de ellos abandonaron el programa al poco tiempo de superada la crisis económica de 2001-2002) y comienza a ser ejercida por un par o congénere, si bien las funciones continúan siendo las mismas y no se generan conflictos significativos, tal figura pierde la legitimación con la que contaba antes:

> *P: ¿Los coordinadores tienen algún vínculo con el gobierno?*
> *R: No. Eran uno del montón y le decían, vos tomá asistencia. Al principio sí fue elegido y cobraban más que nosotros y después una vez que los sacaron a ellos era uno de nosotros mismos que tomaban lista o uno renunciaba, y teníamos que elegir otro de nuestros compañeros para que vaya, busque las planillas y tome lista. (Ema).*

Aunque dentro de nuestros campos semánticos la noción de referente o coordinador nos remita a un agente que debería orientar los procesos de inserción juveniles, lejos de cumplir con aquella función, dichos referentes eran reducidos a cumplir la tarea de tomar asistencia a sus compañeros. Nunca fueron capacitados para ejercer esa función –de acuerdo con la significación que comúnmente se le otorga a quien es considerado un referente– como así tampoco se incrementó su salario. De modo que son pocos los destinatarios –incluso quienes tienen más experiencia en el programa– que están dispuestos a cumplir con tal función por voluntad propia, y de allí que son elegidos para ejercerla por el jefe del programa. En cuanto a las condiciones, según el relato de los propios destinatarios, que tienen en cuenta desde la burocracia para designar al referente o coordinador es su mayor conocimiento respecto de la tarea requerida, pero también en algunos casos el haber ocupado un cargo de jerarquía cuando se conformaron cooperativas. Allí nuevamente desde la burocracia es el capital cultural –respecto de la tarea– o simbólico –por la función que ejercían anteriormente– lo que funciona como el recurso que legitima a la figura de referente o coordinador, aunque las experiencias juveniles actuales –tal como señalábamos– no lo signifiquen de ese modo.

Coyuntura sociopolítica (2016)

Los cambios producidos a nivel nacional –con la modificación del gobierno a fines del año 2015 al asumir la presidencia Mauricio Macri– introdujeron modificaciones significativas en programas nacionales. El PISTS no tuvo alteraciones por cuanto quien era gobernador hasta el año 2015, Claudio Poggi, era un representante del partido justicialista provincial y del proyecto político de los hermanos Rodríguez Saá, y quien asume posteriormente es Alberto

Rodríguez Saá. Distinto fue lo que sucedió a nivel nacional, pues los jóvenes destinatarios del Programa de Respaldo a Estudiantes Argentinos comentan que en ese período se suscitaron bajas e irregularidades en el cobro de la prestación dineraria. Ana comenta que conoce casos de amigos a quienes les han suspendido el pago de tal prestación y Virginia menciona que ella es uno de esos casos:

> *A mí me suspendieron el pago hace poco porque supuestamente el sistema se había saturado, hubo como demasiadas inscripciones porque no encontraron motivo, hicieron el reclamo y me pagaron el retroactivo pero tengo que esperar a fin de año.*
> *P: ¿Lo estás cobrando en este momento?*
> *R: No, tengo que esperar, creo que a fines de noviembre cobro lo que me sale ejecutado.*
> *P: ¿Pero les dieron alguna explicación?*
> *R: Yo cuando fui a preguntar me dijeron eso, que evidentemente el sistema de tantos ingresos que tuvo, dejó afuera, no sabía...*

El motivo por el cual se habría llevado a cabo la suspensión sería –de acuerdo con la respuesta de parte de la burocracia estatal– una falla en el sistema dada la acumulación de inscripciones. Aunque Analía y Nahuel –quienes participan activamente en una agrupación estudiantil– afirman que fue producto de una decisión política del gobierno nacional actual:

> *Analía: Sí, yo en realidad no creo que fue un problema, fue una decisión política de querer sacar el Progresar.*
> *P: ¿Eso fue a partir del cambio de gobierno?*
> *Nahuel: Sí.*
> *Analía: Sí, nosotros como agrupación a nivel nacional, porque no fue acá nada más, fue en todo el país, fue muy alevoso, no es que fue el "caso de ella", fue todo el mundo se había quedado sin, o te sacaban un mes, o no te pagaban y te ibas a Anses y te decían un problema administrativo.*
> *Nahuel: A nosotros nos decían que no nos habían depositado.*

Analía menciona que los representantes de su agrupación a nivel nacional se reunieron con la Ministra de Desarrollo Social –Carolina Stanley– y el director de ANSES nacional –Emilio Basavilbaso– y la respuesta que obtuvieron fue que los inconvenientes se irían solucionando con el transcurso del tiempo, aunque en el mientras tanto, como comenta la joven, muchos destinatarios dejaron de percibir las prestaciones. A ello agrega Virginia que en su caso se pudo resolver parcialmente –pues hasta el momento de la entrevista solo cobraba el retroactivo– dadas sus reiteradas insistencias ante la Administración Nacional de la Seguridad Social, y nos cuenta:

> Yo en Anses a los chicos que van a reclamar, ellos intentan gestionar pero van chicos que preguntan "¿Por qué me sacaron?", y no saben darle explicación y por ahí ya no vuelven o se cansan de ir para que lo reintegren.

De modo que si bien se suscitaron inconvenientes diversos ante el cambio de la gestión nacional, también las experiencias que los propios jóvenes construyen en su vínculo con la burocracia –respecto de la cual ya hicimos referencia con el relato de Virginia– funciona como un aspecto que obtura la posibilidad de que ante la reiteración de los reclamos –aunque sea hasta el hartazgo– puedan ser reincorporados.

Conclusión

Si bien –tal como señalan Leccardi y Feixa (2011)– la noción de generación reconoce tres momentos históricos que se encuentran ligados a contextos sociopolíticos particulares, en el marco de nuestra investigación pudimos identificar la existencia de un capital generacional que produce distinciones al interior de una misma generación o intergeneracionalmente. Si consideramos la teoría bourdieusiana de campo (1972), podemos afirmar que la vida cotidiana en el marco de los procesos inclusivos y de acceso a derechos se constituye en un campo en donde los diferentes capitales funcionan como recursos que diferencian las posiciones de unos y otros actores. Por ello, al igual que con otras marcas generacionales, entre los destinatarios del Programa de Respaldo a Estudiantes Argentinos priman las redes sociales como una huella generacional, que se constituye en un capital particular, que los diferencia de los destinatarios del Plan de Inclusión Social Trabajo por San Luis. Pero como advierte el mismo Bourdieu (1972), todo capital se encuentra interrelacionado con otro y de allí que este al que denominamos generacional se podría relacionar, en nuestra investigación, con un capital cultural que es mayor entre quienes son destinatarios del programa nacional que del provincial.

Por otra parte, las redes de sociabilidad –ya sean preexistentes o construidas en el marco del programa– son un elemento que define el acceso a información general sobre las acciones estatales, pero también información específica sobre el acceso a las prestaciones y a los derechos que son brindados en el marco de los mismos –como sucede con las tarjetas de crédito y los préstamos dinerarios– por la burocracia estatal. Aunque tales redes no necesariamente suponen el contacto de los jóvenes con las altas esferas de dicha burocracia, sino, tal como comentaba Nahuel, con el último eslabón, no deja de ser un elemento que funciona como un facilitador del vínculo que construyen con dicha institucionalidad. Asimismo, otra constante, en todos los temas y, por consiguiente, en lo referido a los soportes de sociabilidad, es la condición de madre cuidadora, principalmente porque esa condición obtura la posibilidad de contar con mayores redes de sociabilidad, dado que las tareas de cuidado las repliega al ámbito de lo privado.

Al mismo tiempo, otra marca generacional significativa que ejerce una influencia decisiva en las experiencias de los procesos inclusivos de las juventudes es la condición de empleo signada por la precarización –promovida, tal como hemos visto, por los propios programas sociales– y el constante deseo de adquirir mayor estabilidad. Aquel significante, tal como señalan Núñez *et al.* (2015), desde hace más de una década integra las condiciones juveniles actuales, y ello supone la existencia de generaciones completas signadas por la experiencia de la precarización. Si bien los programas sociales inclusivos y de acceso a derechos implementados a partir del año 2003 han contribuido favorablemente a mejorar tales condiciones, se han concentrado más en el plano de la subjetividad que en el de mejorar condiciones objetivas de vida (Salvia y Tuñón, 2006 y 2007; Llobet, 2013).

En el marco del programa provincial –ámbito propicio para indagar con mayor profundidad las particularidades que aporta la provincia de San Luis– la marca generacional ligada a la precarización juvenil encuentra terreno fértil en el modo en que se han dispuesto las tareas, de manera tal que tanto de parte de los miembros del colectivo y de la burocracia –en distintas circunstancias y con algunas excepciones– son experimentadas y significadas como empleo poco útil. Ello incide tanto en su situación de empleo actual como en su posible futura inserción laboral.

Bibliografía consultada

Abélès, M. (1998). Rituales y comunicación política moderna. En Ferry, J. M.; Wolton, D. y otros (comps.), *El nuevo espacio público*. Barcelona: Gedisa.

Auyero, J. (2001). *La política de los pobres. Las prácticas clientelistas del peronismo*. Buenos Aires: Manantial.

Becher, Y. (2017). *Cartografías socio-estatales y subjetividades. Un recorrido sobre programas sociales en la contemporaneidad*. Buenos Aires: Teseo.

Bourdieu, P. (1972). *Esquisse d'une théorie de la pratique.* Paris: Droz.

Bourdieu, P. (1998). *La distinción. Criterios y bases sociales del gusto.* Madrid: Taurus.

Castro, G. (2012). *Los jóvenes y la vida cotidiana. Construcción de la subjetividad y la identidad social en sociedades con cambios socioculturales* (Tesis de doctorado sin publicar). Universidad Nacional de San Luis.

Castro, G. (2014). Juventudes contemporáneas en la provincia de San Luis. En Castro, G. (comp.), *Con voces propias. Miradas juveniles contemporáneas en San Luis* (pp. 55-84). San Luis: El Tabaquillo.

Chaves, M. y Faur, E. (2006). *Informe: Investigaciones sobre juventudes en Argentina. Estado del arte en Ciencias Sociales.* La Plata – Ciudad de Buenos Aires: UNSAM, Ministerio de Desarrollo Social, DINAJU, UNICEF.

Domenach, J. M. (1962). *La propaganda política.* Buenos Aires: Editorial Universitaria de Buenos Aires.

Dubet, F. (2015). *¿Por qué preferimos la desigualdad? (aunque digamos lo contrario).* Buenos Aires: Siglo Veintiuno Editores.

Fraser, N. y Gordon, L. (1992). Contrato versus caridad: una reconsideración de la relación entre ciudadanía civil y ciudadanía social. *ISEGORÍA*, (6), pp. 65-82. Traducción de Pedro Francés Gómez.

Foucault, M. (1988). El sujeto y el poder. *Revista Mexicana de Sociología*, 50 (3), pp. 3-20.

Goffman, I. ([1981] 2004). *La presentación de la persona en la vida cotidiana.* Buenos Aires: Amorrortu.

Heller, A. (1987). *Sociología de la vida cotidiana.* Barcelona: Ediciones Península.

Isacovich, P. (2013). Hacer el estado, regular la vida: una etnografía de políticas de juventud. *Avá*, 22, 33-56. Consultada el 09 de Mayo de 2015, https://bit.ly/2PnEweH.

Leccardi, C. y Feixa, C. (2011). El concepto de generación en las teorías sobre la juventud. *Última Década*, 34, pp. 11-32. CIDPA. Valparaíso, Chile.

Lo Vuolo, R. (1995). A modo de presentación: los contenidos de la propuesta del ingreso ciudadano. En Lo Vuolo, R. *et ál.*, *Contra la exclusión: propuesta del ingreso ciudadano* (pp. 17-47). Buenos Aires: Ciepp-Miño y Dávila.

Llobet, V. (2013). Estado, categorización social y exclusión de niños, niñas y jóvenes. Aportes de los debates sobre la exclusión social a los estudios de infancia y juventud. En V. Llobet (comp.), *Sentidos de la exclusión social. Beneficiarios, necesidades y prácticas en políticas sociales para la inclusión de niños y jóvenes* (pp. 23-50). Buenos Aires: Biblos.

Mazzola, R. (2012). *Nuevo paradigma: la Asignación Universal por Hijo en Argentina*. Buenos Aires: Prometeo Libros.

Mauger, G. (2007). *La revuelta de los suburbios franceses: una sociología de la actualidad*. Buenos Aires: Antropofagia.

Núñez, P.; Vázquez, M. y Vommaro, P. (2015). Entre la inclusión y la participación. Una revisión de las políticas públicas de juventud en la Argentina actual. En Cubides C., H.; Borelli, S.; Unda, R. y Vázquez, M. (eds.), *Juventudes Latinoamericanas. Prácticas socioculturales, políticas y políticas públicas*. Buenos Aires: CLACSO.

Pautassi, L.; Arcidiácono, P. y Straschnoy, M. (2013). *Asignación Universal por Hijo para la Protección Social de la Argentina. Entre la satisfacción de necesidades y el reconocimiento de derechos*. Santiago de Chile: Naciones Unidas-CEPAL.

Salvia, A. y Tuñón, I. (2006). Los jóvenes y el mundo del trabajo en la Argentina actual: joven argentino. *Encrucijadas*, 36. Universidad de Buenos Aires.

Salvia, A. y Tuñón, I. (2007). Jóvenes excluidos: Límites y alcances de las políticas públicas de inclusión social a través de la capacitación laboral (en línea). *Revista de estudios regionales y mercado de trabajo*, 3, pp. 51-68. Disponible en https://bit.ly/2NURfVU.

Schütz, A. (1993). *La construcción significativa del mundo social. Introducción a la sociología comprensiva.* Barcelona: Paidós.

Seiffer, T. (2008). Población sobrante, políticas sociales y construcción de la subjetividad. *Margen. Revista de Trabajo Social,* 51.

Trocello, G. (2008). *La manufactura de "ciudadanos siervos". Cultura política y regímenes neopatrimonialistas.* San Luis: Nueva Editorial Universitaria-UNSL.

Fuentes consultadas

Secretaría de Cultura de la Nación – Sistema de Información Cultural de la Argentina – Dirección Nacional de Industrias Culturales. (2013). *Encuesta Nacional de Consumos Culturales y Entorno Digital.*

Datos sobre los/as autores/as

Arito, Sandra

Magíster en Salud Mental (UNER). Lic. en Trabajo Social (UNER). Profesora titular e investigadora de la Facultad de Trabajo Social (FTS) de la Universidad Nacional de Entre Ríos (UNER). Directora de proyectos de investigación. Directora de tesistas de posgrado, becarios y pasantes de investigación. Evaluadora de tesis de posgrado y artículos científicos. Decana de la FTS-UNER. Coordinadora del Comité Ejecutivo del Consejo de Facultades de Ciencias Sociales y Humanas de la República Argentina (CODE-SOC). Autora de artículos publicados en revistas científicas nacionales e internaciones y libros. Sus temas de interés y prácticas investigativas giran en torno al análisis institucional y los efectos psicosociales e intervención profesional en situaciones de emergencia, desastre y catástrofe.

Becher, Yussef

Doctorando en Ciencias Sociales (FLACSO Argentina). Magíster en Sociedad e Instituciones (UNSL). Diplomado en Métodos Cualitativos (CONICET-UNLP). Abogado (UCCuyo). Becario doctoral del Consejo Nacional de Investigaciones Científicas y Técnicas (CONICET). Docente investigador de la Facultad de Ciencias Económicas, Jurídicas y Sociales (FCEJS) de la Universidad Nacional de San Luis (UNSL). Coordinador de la Maestría Sociedad e Instituciones (FCEJS-UNSL). Codirector de becarios y pasantes de investigación. Evaluador de artículos científicos. Coordinador de edición de Kairós-Revista de Temas Sociales (UNSL). Integrante de la Red de Investigadores/as en Juventudes Argentinas. Autor de artículos publicados en revistas científicas nacionales e internaciones y libros. Sus temas de interés y prácticas investigativas giran en torno a la producción de subjetividades juveniles en programas sociales condicionados e involucramientos sociales.

Castro, Graciela

Doctora en Psicología (UNSL). Magíster en Sociedad e Instituciones (UNSL). Lic. en Psicología (UNSL). Profesora Titular e investigadora de la Facultad de Ciencias Económicas, Jurídicas y Sociales (FCEJS) de la Universidad Nacional de San Luis (UNSL). Investigadora categoría I del Programa Nacional de Incentivos a Docentes Investigadores. Directora de proyectos de investigación sobre juventudes desde el año 2000. Directora de la Maestría Sociedad e Instituciones (FCEJS-UNSL). Directora de tesistas, becarios y pasantes de investigación. Evaluadora de proyectos e investigadores, tesis de posgrado y artículos científicos. Editora Responsable de Kairós-Revista de Temas Sociales (UNSL). Integrante de la Red de Investigadores/as en Juventudes Argentinas. Autora de artículos publicados en revistas científicas nacionales e internacionales y libros. Sus temas de interés y prácticas investigativas giran en torno a las juventudes y los involucramientos sociales.

Cerini, Lucrecia

Magíster en Salud Mental (UNER). Lic. en Psicología. Docente e Investigadora de la Facultad de Trabajo Social de la Universidad Nacional de Entre Ríos (UNER) y de la Facultad de Humanidades, Artes y Ciencias Sociales de la Universidad Autónoma de Entre Ríos (UADER).

Cordero, Mariela

Magíster en Salud Mental (UNER). Lic. en Psicopedagogía. Docente de grado y posgrado de la Facultad de Trabajo Social de la Universidad Nacional de Entre Ríos (UNER). Docente de Universidad Adventista del Plata, Universidad Católica de Santa Fe, Universidad Católica Argentina.

Pautassi, Laura

Doctora en Derecho en el área de Derecho Social (UBA). Especialista en Planificación y Gestión de Políticas Sociales (UBA). Abogada (UNC). Investigadora Independiente del Consejo Nacional de Investigaciones Científicas y Técnicas (CONICET). Investigadora Permanente del Instituto de Investigaciones Jurídicas y Sociales Ambrosio Lucas Gioja (UBA). Docente de la Universidad de Buenos Aires. Directora de proyectos de investigación. Directora de tesistas, becarios y pasantes de investigación. Evaluadora de proyectos e investigadores, tesis de posgrado y artículos científicos. Directora del Grupo de Trabajo Interdisciplinario Derechos Sociales y Políticas Públicas. Experta independiente –cargo honorario– del Grupo de Trabajo sobre análisis de informes nacionales presentados en el marco del Protocolo de San Salvador (OEA). Autora de artículos publicados en revistas científicas nacionales e internacionales y libros. Sus temas de interés y prácticas investigativas giran en torno a los derechos sociales, las políticas sociales y el género.

Rígoli, Analía

Doctoranda en Ciencias Sociales (UNER). Lic. en Psicología. Docente e investigadora de la Facultad de Trabajo Social de la Universidad Nacional de Entre Ríos (UNER) y de la Facultad de Humanidades, Artes y Ciencias Sociales de la Universidad Autónoma de Entre Ríos (UADER).

Romano, Aldana

Maestranda en Sociedad e Instituciones (UNSL). Abogada (UNSL). Becaria de Investigación de la FCEJS-UNSL en el proyecto de investigación "Juventudes contemporáneas: políticas, desafíos y tensiones", dirigido por la Dra. Graciela Castro. Pasante docente de la Facultad de Ciencias Económicas, Jurídicas y Sociales (FCEJS) de la Universidad Nacional de San Luis (UNSL) en el Trayecto Curricular Derechos Humanos y Ciudadanía. Expositora en congresos, seminarios y reuniones científicas. Autora de artículos publicados en revistas científicas. Sus temas de interés y prácticas investigativas giran en torno a las representaciones sociales sobre y de las juventudes ligadas a procesos judiciales y en situaciones de violencia de género en el marco de relaciones afectivas.

Velazquez, Rocío

Maestranda en Sociedad e Instituciones (UNSL). Diploma-
da en Gestión y Control de Políticas Públicas (FLACSO
Argentina). Lic. en Psicología (UNSL). Becaria de Investigación de la FCEJS-UNSL en el proyecto de investigación "Juventudes contemporáneas: políticas, desafíos y tensiones", dirigido por la Dra. Graciela Castro. Docente de
la Facultad de Ciencias Económicas, Jurídicas y Sociales
(FCEJS) de la Universidad Nacional de San Luis (UNSL) en
Psicología Social y Vida Cotidiana. Expositora en congresos, seminarios y reuniones científicas. Autora de artículos
publicados en revistas científicas. Sus temas de interés y
prácticas investigativas giran en torno a las juventudes en
condiciones de vulnerabilidad social y el acceso a la salud.

Vommaro, Pablo

Posdoctor en Ciencias Sociales, Niñez y Juventud (CINDE-
Universidad de Manizales, COLEF, PUC-SP). Doctor en
Ciencias Sociales (UBA). Profesor de Historia (UBA). Investigador Adjunto del Consejo Nacional de Investigaciones Científicas y Técnicas (CONICET). Cocoordinador del
Equipo de Estudios de Políticas y Juventudes del Instituto de Investigaciones Gino Germani (UBA). Docente de
la Universidad de Buenos Aires. Director de proyectos
de investigación. Director de tesistas, becarios y pasantes
de investigación. Evaluador de proyectos e investigadores,
tesis de posgrado y artículos científicos. Coordinador de
los Grupos de Trabajo del Consejo Latinoamericano de
Ciencias Sociales (CLACSO). Integrante del Comité Nacional de la Red de Investigadores/as en Juventudes Argentinas. Autor de artículos publicados en revistas científicas

nacionales e internacionales y libros. Sus temas de interés y prácticas investigativas giran en torno a las juventudes y la participación política.

Este libro se terminó de imprimir en septiembre de 2018 en Imprenta Dorrego (Dorrego 1102, CABA).

www.ingramcontent.com/pod-product-compliance
Lightning Source LLC
Chambersburg PA
CBHW020336270326
41926CB00007B/201